MESSAGE EN PROVENANCE DE L'ÉTERNITÉ

Du même auteur
aux Éditions J'ai lu

Message des hommes vrais, *J'ai lu 4406*

MARLO MORGAN

MESSAGE EN PROVENANCE DE L'ÉTERNITÉ

TRADUIT DE L'AMÉRICAIN
PAR JOSIANE DESCHAMPS

J'AI LU

Titre original :

MESSAGE FROM FOREVER
Publié par Harper Collins, New York avec l'accord de Linda Michaels Ltd, International Literary Agents

Ce livre est dédié à Burnum Burnum,
un Ancien appartenant à la tribu Wurundjeri.

1

La peau sombre du visage de la jeune femme de dix-huit ans luisait, et des gouttes de sueur ruisselaient le long de ses joues jusqu'à son menton tremblotant. Nue, elle se tenait accroupie, jambes écartées au-dessus d'un lit d'herbes qui se consumaient lentement. Les volutes de fumée l'enveloppaient et pénétraient à l'intérieur de son corps. Ses bras entourant son ventre rond, elle serrait à deux mains une solide branche plantée dans le sol. Ses halètements semblèrent ralentir momentanément le rythme des contractions. C'était son premier accouchement, un événement qu'elle n'aurait pas dû affronter seule.

En levant les yeux, elle vit les ondulations de chaleur, dues à la température suffocante du désert, s'élever de la terre brun rougeâtre jusqu'au ciel brun bleuté, les deux se fondant sans qu'aucune ligne nette ne les sépare. Bien que le soleil eût entamé sa descente vers l'horizon, l'air était toujours aussi chaud.

Elle avait eu beaucoup de mal à gagner ce lieu sacré, les douleurs qui lui déchiraient le ventre et le dos rendant sa marche de plus en plus difficile. À la vue de l'arbre de naissance, elle avait éprouvé une grande tristesse : il était mort. Il n'avait plus une feuille et ne lui procurerait pas d'ombre. Il ne restait pas le moindre signe de vie dans cette grande carcasse grise dont les fourmis blanches affamées avaient dévoré le cœur. Seuls quelques très gros rochers qui bordaient le ruisseau à sec la protégeraient un peu du soleil. Elle avait planté une grosse branche dans le sol. Les jeunes femmes se cramponnaient toujours à quelque chose en donnant naissance à leur enfant ; elles tenaient parfois la main d'une compagne ou enlaçaient le tronc d'un arbre, mais elle n'avait ni l'un ni l'autre.

En découvrant l'arbre familial sans vie, dépouillé de son cœur et de ses veines, elle avait compris que c'était là un signe du destin, l'expression de la volonté de l'Unique : elle devait affronter seule ce moment si important de son existence. Elle y avait vu le présage d'une épreuve douloureuse et avait eu la sinistre impression que l'esprit de l'arbre s'en était allé. Une partie de sa foi religieuse était basée sur le fait qu'elle se trouvait sur terre pour éprouver des émotions. Les siens ne cachaient ni ne niaient jamais leurs sentiments. Ils en étaient responsables et apprenaient à maîtriser les actes qui en résultaient. Elle s'était sentie triste, non seulement pour cet arbre mort, autrefois si majestueux, cet ami qui avait produit ombre et oxygène, mais également pour les autres morts qu'il symbolisait.

Les contractions se firent plus fortes. Son enfant à l'étrange totem, avec ses mouvements violents, refusait de naître. Elle s'éloigna du lit d'herbes fumantes et creusa un trou dans le sable chaud au-dessus duquel elle s'accroupit de nouveau, le dos appuyé contre un rocher. Tandis qu'elle commençait à pousser, elle songea aux mois qui venaient de s'écouler, au moment où son mari et elle avaient décidé de ne plus mâcher la plante contraceptive que tous les couples du désert utilisaient en attendant d'être prêts à prendre la responsabilité du voyage d'un esprit et à lui procurer une enveloppe charnelle en concevant un enfant. Son mari avait rêvé d'un étrange oiseau blessé, avec une seule aile, qui ne pouvait ni voler ni construire un nid. Battant frénétiquement de son aile, il courait si vite qu'il en était devenu flou, et son image s'était dédoublée. C'était un rêve déroutant. Elle était alors partie dans le désert en quête d'un signe qui lui permettrait de mieux interpréter le rêve de son mari. Aucun animal ni reptile particulier ne lui étant apparu, le couple avait consulté les membres les plus âgés et les plus sages de leur communauté, et appris que ce rêve n'était autre que la voix d'un esprit éternel leur demandant d'être ses parents. Comme d'habitude, l'esprit désireux de s'incarner faisait d'abord connaître son intention, l'acte de la conception n'intervenant que plus tard.

Les membres de sa tribu se montraient très attentifs aux désirs, aux messages, et à l'éveil progressif d'un enfant à naître. Elle était venue accoucher en cet endroit sacré parce que le lieu de la naissance était très important. Il ne dépendait pas uniquement de la décision de la mère, l'esprit jouait également un rôle dans ce choix et s'exprimait à travers les mouvements du bébé. Le lieu où la mère sentait pour la première fois son enfant remuer dans son ventre était un signe révélateur. Cet endroit et l'emplacement de la naissance déterminaient le totem et le chant du nouveau-né. La place des étoiles dans le ciel définissait son caractère et sa personnalité.

Le premier mouvement de son enfant n'avait pas été une gentille poussée mais un coup brutal, et cela avait continué jusqu'à la fin de sa grossesse. Souvent, son ventre ondulait d'un côté à l'autre et de haut en bas, ce que les femmes de la tribu et les guérisseurs jugeaient anormal. La future mère était toute petite et son très gros ventre la laissait rarement en paix. Plusieurs personnes avaient estimé que la force qui se trouvait en elle bataillait constamment soit pour sortir prématurément, soit pour exiger plus de place que l'élasticité de la peau ne pouvait le permettre.

Au cours des derniers mois, la jeune femme avait souvent demandé conseil. Elle n'était pas encore très experte dans l'art d'interpréter les messages venus des étoiles, mais elle s'efforçait d'apprendre. Souvent, quand elle ressentait une intense activité dans son ventre, elle fixait le ciel pour étudier la configuration stellaire, mais elle était vite étourdie. Sa vue se troublait, et au lieu de points bien précis, distincts, elle ne voyait qu'une énorme masse confuse et lumineuse. Si elle ne baissait pas aussitôt la tête, elle était prise de vertiges, près de s'évanouir. Tout ce qui concernait cet enfant semblait brusque, changeant et déroutant.

Selon les dires des Anciens, l'année précédente avait été la plus difficile que son peuple eût connue, physiquement et spirituellement. Depuis plusieurs années, les bâtons à messages apportés par les courriers parlaient d'hommes blancs comme des spectres, qui faisaient beaucoup de mal en tuant ou capturant des tribus entières. Cette année même, des groupes voisins et, récemment, les membres de sa propre tribu avaient été regroupés de force et enfermés derrière des barrières et des murs.

La douleur revint. Tout en s'efforçant d'expirer de petites bouffées d'air afin de mieux la contrôler, la jeune femme parvint à murmurer : « Bienvenue, petit, tu peux sortir. Aujourd'hui est un bon jour pour naître. » Après quelques halètements et un long gémissement, elle vit enfin apparaître une petite fille parfaitement constituée, au large nez épaté caractéristique de ses ancêtres.

Prenant dans ses bras le bébé encore tout visqueux, la mère plongea son regard dans les yeux noirs et brillants de l'enfant silencieuse et dit : « Tu as été et tu seras aimée et encouragée tout au long de ton voyage ! Je parle de derrière mes yeux, depuis la part de l'Éternel qui est en moi, et je m'adresse à ce qui se trouve derrière tes yeux. »

Tenant sa fille au creux de son bras droit, elle ramassa un peu de sable chaud et se mit à frotter doucement le corps du bébé. La couche de mucus et de matière mêlée de sang disparut, révélant la tendre peau du nouveau-né. L'enfant se mit à remuer. La mère inspecta sa création tout en continuant à frotter gentiment. Elle remarqua d'abord la tête ronde et lisse, suffisamment grande pour contenir le savoir et un esprit pacifique, puis la petite poitrine saillante et le ventre rond qui abriteraient respectivement un cœur chaleureux et un solide appétit. La petite fille avait de longues jambes de coureur, de grands orteils bien larges et de minuscules mains qui s'agitaient avec force, profitant de leur nouvelle liberté de mouvement. Son corps était parfait, sans le moindre défaut physique susceptible de menacer sa vie.

Plaçant sa bouche sur les minuscules lèvres, la jeune mère lui transmit cette pensée : « Je mêle mon souffle à celui de toute vie pour pénétrer en toi. Tu ne seras jamais seule ; tu fais partie de l'Unique. » Tout en nettoyant avec précaution les yeux et le nez de son enfant, elle lui murmura : « Cette nuit, tu dormiras au-dessus des tombes de nos ancêtres, et un jour tu marcheras parmi eux. La nourriture que tu mangeras poussera sur les os et le sang des grands-parents de nos grands-parents. » Puis, regardant les parties génitales du bébé, elle ajouta : « Esprit de l'Éternel, tu es ici pour vivre une expérience de fille et de mère ; je suis très honorée que tu m'aies choisi pour venir au monde. »

Le bébé émit un petit gargouillis comme s'il voulait tester ses cordes vocales, et sa mère continua à le frotter avec du sable chaud jusqu'à ce que son corps fût impeccable et chacun de ses nerfs stimulé. Elle le coucha ensuite dans un plat creux en bois qu'elle avait placé à côté d'elle et qui lui servait ordinairement à regrouper le produit de ses cueillettes, et le déposa dans un trou de façon que les pieds du bébé soient plus hauts que sa tête.

Elle reprit alors son rythme respiratoire saccadé afin d'expulser le reste du placenta, mais au lieu de matière fœtale, elle vit apparaître une tête, des bras et des jambes. C'était un nouvel enfant, légèrement plus gros que le premier : un garçon. Elle pensa aussitôt : d'où viens-tu ? Mais tout haut, comme si elle avait été programmée, elle répéta les paroles de bienvenue qui, depuis la nuit des temps, étaient les premières qu'entendaient les nouveaux membres de la tribu : « Tu as été et tu seras aimé et encouragé tout au long de ton voyage ! » Elle souffla dans la bouche de l'enfant et se mit sans tarder à frotter son corps avec du sable chaud. Ses pensées et ses mimiques oscillaient entre la joie et la perplexité. Deux bébés en même temps ! Ils étaient beaux, mais tout de même, deux bébés à la fois ! Habituellement, cela ne se passait pas ainsi chez les êtres humains. Tandis qu'elle frottait sa peau, l'enfant inattendu dressa la tête avec une force et une détermination extraordinaires. Son corps était parfait, sans le moindre défaut physique. Telle une chrysalide qui se transforme en papillon, le petit garçon étira ses bras, écarta les doigts, et donna des coups de pied. Il n'aimait pas être limité dans ses mouvements. C'était lui et non sa sœur qui était responsable de l'agitation qu'elle avait ressentie dans son ventre au cours de sa grossesse.

La jeune mère ramassa un petit sac qu'elle portait ordinairement autour de la taille et en sortit une fine tresse de cheveux noirs qu'elle noua autour du cordon ombilical de sa fille après l'avoir coupé avec ses dents. Elle murmura : « Les cheveux du clan de ton père te libèrent du lien qui te rattache au clan de ta mère. Ma fille, tu partageras la vie, la compagnie et les usages de tous ceux de ta tribu. »

À son fils, elle dit : « Pourquoi t'es-tu glissé hors de moi alors que j'avais déjà donné mon cœur à mon premier enfant ? Tu es arrivé non comme un meneur mais comme un suiveur, sans emprunter ton propre chemin, dans le sillage de quelqu'un d'autre. Pourquoi m'avoir choisie pour venir au monde ? Je respecte ta décision, mais je ne la comprends pas. Tu es le plus gros et pourtant tu es venu comme si le moment, le lieu et les circonstances n'avaient aucune importance pour toi, comme si seul comptait le fait d'arriver. Tu continues à bouger comme si tu avais besoin de te prouver que tu es vraiment né. Tu veux vivre une expérience humaine, et je respecte ta décision mais je ne la comprends pas. Je n'ai jamais entendu parler d'une double naissance. Je ne suis pas prête à t'accueillir. Je vais me servir de la lanière de mon sac. Elle est faite des cheveux de nombreuses personnes, et de la peau de plusieurs animaux. Elle est grosse, solide et rugueuse. Peut-être est-ce de cela que tu as besoin pour te séparer de mon ventre et te préparer à entrer dans le monde. Tu sembles avoir envie, ou besoin, de plus de choses que les autres ; tu es venu au monde d'une manière tellement inhabituelle. »

Elle se trouva aussitôt confrontée à un premier problème : celui des prénoms. Tous ses plans étaient dérangés. Elle aurait eu besoin de conseils, mais il n'y avait personne pour l'aider. Elle oublia momentanément ses soucis car le processus de l'accouchement continuait.

Quand son corps eut enfin rejeté tout le placenta, elle l'enterra comme les femelles des animaux avaient appris à son peuple à le faire. Pour la sécurité des nouveau-nés, il fallait effacer tout signe et toute odeur. Elle s'allongea ensuite auprès de ses enfants. En regardant le petit garçon, elle pensa : j'espère que ton choix est judicieux car ta présence pourrait se révéler déconcertante pour bien des gens. Exténuée, elle s'endormit aussitôt, et la petite fille entreprit de la vider de son fluide vital. Le soleil se coucha et le ciel s'assombrit. Cette nuit serait la première et la dernière, la seule, que cette mère et ses enfants passeraient ensemble.

Au matin, tandis que la couleur du ciel changeait et que le jour naissait, la jeune femme prit ses bébés dans ses bras, se tourna vers l'est et dit : « Nous marcherons aujourd'hui pour honorer tout ce qui vit sur cette terre. Que ce soit pour notre plus grand bien ou pour celui de tous, nous sommes prêts à connaître une nouvelle expérience. »

Ayant ainsi conclu son rituel matinal, elle s'en retourna vers le lieu d'où elle s'était enfuie. Elle n'avait nul autre endroit où aller. Son peuple avait été en partie anéanti, son mari tué, et elle avait à présent deux enfants, nés le même jour.

Son corps fatigué était drapé dans un haillon, et elle avait attaché un petit sac en poils et peau de kangourou à sa taille. Elle sentit ses seins gonfler et, sans s'arrêter, nourrit ses enfants l'un après l'autre.

Elle marcha pendant des heures, portant tout d'abord l'un de ses bébés dans le plat en bois et l'autre dans son haillon. Puis elle finit par les réunir dans le plat. Il est vrai, pensa-t-elle, qu'une femme n'est pas censée avoir deux enfants à la fois.

Au moment le plus chaud de la journée, elle décida de prendre un temps de repos et mit son haillon sur sa tête afin qu'ils puissent se protéger tous les trois du soleil. Elle laissa ses deux bébés serrés l'un contre l'autre dans le plat creux car le sable était trop chaud pour les poser à même le sol.

Un lézard aux écailles grises, long d'une vingtaine de centimètres, passa comme une flèche devant elle puis fit demi-tour et vint s'arrêter à côté de son pied. Elle l'attrapa vivement d'une main et de l'autre lui tordit le cou. Il mourut instantanément. Elle s'adressa à l'animal en pensée : merci d'être venu à moi. Tu es né pour que nous puissions manger aujourd'hui. Ta vie va se fondre dans l'eau blanche qui nourrira ces deux petits. Ils te sont reconnaissants de leur offrir ta chair. Ton esprit d'endurance en ces temps de sécheresse leur donnera des forces pour les jours à venir. Ils feront preuve de la même énergie que toi, honorant ainsi ta raison d'être. Elle mordit dans le flanc rugueux du lézard, couvert d'écailles en dents de scie, aspira toute l'humidité qu'il contenait et se mit à grignoter sa chair.

2

Lorsque le soleil entama sa descente vers l'horizon, la jeune mère se leva et reprit sa route. Il faisait presque nuit quand elle arriva aux abords de la Mission. Perché sur un château d'eau, l'un des enfants l'avait aperçue et annonça son retour. En voyant ses trois sœurs venir à sa rencontre pour l'accueillir, elle se couvrit la poitrine de son haillon. Dans sa tribu, la coutume voulait que toutes les femmes de la même génération se considèrent comme des sœurs. Même si elles n'étaient pas parentes, ces trois femmes étaient la seule famille qui lui restait. Elles cherchaient ensemble des ignames dans le désert quand des fonctionnaires fédéraux blancs les avaient trouvées et conduites de force à la Mission. Il y avait cinq mois de cela. Depuis, elle avait appris que tous les autres membres de sa tribu avaient été tués.

En constatant qu'elle ne revenait pas avec un enfant mais avec un plat contenant deux têtes, quatre bras et quatre jambes, l'une de ses sœurs s'arrêta net et fit signe aux autres de l'imiter.

Elles ont vu mes deux bébés, pensa la jeune mère, et, se redressant, elle les dépassa et franchit la palissade avec assurance.

À l'intérieur de l'enceinte, Mrs Enright, la femme du pasteur, s'approcha d'elle. Le visage impassible, elle choisit le plus gros des nouveau-nés, le prit dans ses bras et se dirigea vers l'abri couvert de tôle ondulée que tous appelaient « l'endroit où l'homme blanc garde les malades ». La jeune femme la suivit.

La nouvelle s'était répandue, chacun voulait à présent venir jeter un coup d'œil par la porte ou les ouvertures qui servaient de fenêtres. « Ne dérangez pas le révérend Enright », lança la femme blanche en direction de tous ces yeux qui la fixaient.

« Voyons ce que nous avons là », déclara-t-elle en déposant sur une table grossière l'enfant qu'elle portait. Elle alluma une lanterne, prit l'autre bébé des bras de la jeune mère et l'allongea à côté du premier. « Il y en a deux, un garçon et une fille ; bon, ça aurait pu être pire ! J'ai entendu dire que les Noirs pouvaient en avoir jusqu'à trois. Ceux-là paraissent en assez bonne santé.

— La fille est née la première, murmura la mère.

— Quoi ?

— La fille est née la première, répéta-t-elle en montrant l'enfant.

— Oh, ça n'a aucune importance... strictement aucune », répondit la grosse femme au visage placide.

Tu ne comprends rien, pensa la jeune mère. Tu n'essaies même pas. Vous êtes venus sur notre terre et vous avez amené beaucoup de vos semblables à votre suite. Puis vous nous avez dit que notre façon de vivre était mauvaise. Vous avez précipité ceux de mon peuple du haut des falaises pour qu'ils s'écrasent sur les rochers en contrebas ; d'autres ont attrapé vos maladies et sont morts. Les rares survivants sont obligés de parler avec vos mots et de vivre comme vous. Et maintenant, tu me dis qu'il n'est pas important d'identifier mes bébés. Tout cela est tellement étrange et si difficile pour nous ; et tu n'essaies même pas de comprendre !

Dans un coin, il y avait un vieux lit de camp rouillé dont la toile, d'un vert olive fané, était tachée et usée. D'un signe de la tête, Mrs Enright enjoignit à la jeune femme d'aller s'y allonger. Dormir à l'intérieur était une chose épouvantable à ses yeux mais, ne voulant pas quitter ses enfants, elle tituba jusqu'au lit de camp, se coucha et s'endormit aussitôt.

Mrs Enright abandonna la jeune femme exténuée, allongée sur le vieux lit de camp de l'armée, dans un coin de l'infirmerie de la Mission. Elle ne savait pas si elle dormait ou avait perdu connaissance, mais cela ne lui paraissait pas vraiment important. Des gouttes de transpiration couvraient le visage et la poitrine de la jeune mère. La sueur suivait les sillons partant de son nez, coulait dans son cou et gouttait sur la toile puante. Je m'occuperai d'elle plus tard, se dit Mrs Enright.

Peu après, la jeune mère, sentant ses seins gonfler, fut certaine que ses bébés étaient auprès d'elle et tétaient. Elle entendit des voix dans la pièce. Tout d'abord celle d'un Ancien, puis celle d'un autre, tous deux appartenant à des tribus différentes de la sienne. Tandis que son esprit partait à la dérive, elle perçut également la voix grinçante du révérend Enright. Elle se réveilla au milieu de la nuit et, pendant un moment, ne sut pas où elle se trouvait. Sa poitrine la faisait souffrir. La pièce était noire, et l'odeur rappelait celle de l'antre d'une chauve-souris. Elle discerna le rectangle de la porte ouverte éclairée par la lune et devina la table, sur sa droite. Elle réussit à l'atteindre et chercha ses enfants à tâtons. Ils n'étaient plus là.

3

La Mission avait été construite par des religieux venus dans cette région perdue de l'Australie pour sauver les âmes des Noirs australiens, des païens. Par la suite, le gouvernement fédéral avait pris en charge son fonctionnement car le rôle de la Mission s'inscrivait tout naturellement dans son programme destiné à réaliser l'intégration de tous les citoyens. Pourtant, il ne fut jamais question d'accorder la citoyenneté australienne aux premiers habitants de ce continent. Par contre, après un vote du Parlement, ils furent finalement inclus dans la loi sur la protection de la faune et de la flore.

La Mission était un véritable camp de détention avec clôture et châtiments corporels en cas de désobéissance. Toute visite officielle débutait par l'édifice appelé « école de plein air », un simple toit posé sur quelques poteaux de bois grossier. Les responsables de la Mission étaient fiers de préciser que tous les Aborigènes, quel que soit leur âge, devaient s'efforcer de s'instruire. La Bible servait de texte de base. L'idée fondamentale était de bien faire comprendre aux indigènes que les coutumes tribales étaient l'œuvre du démon, et donc strictement interdites. Les visiteurs étaient ensuite conduits jusqu'à la petite chapelle, une construction qui ne comportait que trois côtés et pas de façade. La première chose que l'on voyait en arrivant était un immense Christ en croix, couvert de sang, et, au-dessous, un lutrin en bois. De chaque côté du lutrin étaient plantées deux chaises rouges aux pieds chromés. Les membres de la congrégation étaient censés rester debout ou s'asseoir sur le sol en terre battue. La visite se poursuivait ensuite par l'infirmerie où il n'y avait ni instruments de chirurgie ni matériel médical, les bandages, baumes et onguents étant apportés, et remportés, selon les besoins. Ce bâtiment n'existait que pour être montré, et il était signalé par un grand X blanc. Depuis un certain temps, les Aborigènes avaient remarqué que beaucoup de ceux qui entraient à l'infirmerie en marchant en sortaient les pieds devant.

La Mission comptait également une grande maison où logeaient les Enright et deux plus petites, réservées aux familles des autres pasteurs. Dans les années trente, plus une habitation était construite loin de toute civilisation, plus elle différait, par son apparence et ses matériaux, des maisons en grès d'un jaune crémeux que l'on voyait dans les villes. Les bâtiments de la Mission ne comportaient aucun ornement. La maison des Enright était de plain-pied, avec un toit pentu en tôle ondulée qui débordait largement sur les quatre côtés. On avait dit aux Enright qu'il fallait absolument protéger par un auvent les fenêtres qui devaient demeurer ouvertes afin de laisser circuler l'air chaud. Mais comme ils ignoraient presque tout des saisons, des vents et de la direction dans laquelle ils soufflaient, ils avaient demandé aux ouvriers de construire un auvent tout autour de la maison.

On entrait directement dans le salon où trônait un harmonium noir, destiné à l'origine à la chapelle. Avant même l'arrivée de l'instrument, retardée par la taille de la caisse et l'inscription « Fragile » marquée dessus, l'administration avait décidé que ce serait un véritable gâchis de réserver un objet aussi magnifique à l'usage de la population aborigène qui n'avait ni le sens du ton ni celui du rythme. En fait, ces gens-là ne connaissaient aucun chant de nature religieuse et semblaient posséder une culture des plus rudimentaires. L'harmonium était donc resté sous la garde du pasteur, bien à l'abri dans son salon.

Les pièces étaient dotées de planchers, et toute une collection de meubles européens y était entassée. Dans les deux chambres à coucher, on trouvait la traditionnelle table de toilette avec cuvette en faïence, mais dans la chambre d'amis, le pot de chambre était décoré de roses peintes à la main, et assorti au bol à barbe destiné aux visiteurs de sexe masculin.

À l'extérieur, du côté nord, un réservoir d'eau était posé sur une plate-forme, des tuyaux amenant l'eau jusque dans la maison. Ainsi, véritable progrès dans une région aussi reculée, la cuisine bénéficiait de l'eau courante. Le château d'eau destiné à la population tout entière était beaucoup plus élevé et sa contenance bien supérieure, pourtant les Enright étaient toujours mieux alimentés que les autres.

Au centre de la Mission, un carré de terre battue avait été recouvert d'un toit posé sur quatre poteaux en bois. On avait tenté de créer là un lieu public où toute la population était censée prendre ses repas, mais sans succès. Les administrateurs blancs avaient du mal à comprendre qu'il était impossible de regrouper de petites tribus, dont certaines étaient rivales depuis toujours, et de les obliger du jour au lendemain à vivre en harmonie, et selon les critères de paix des Blancs. Pour les Enright et leurs amis européens, tous les Noirs australiens se ressemblaient. Il leur avait fallu beaucoup de patience pour apprendre à ces indigènes à se servir d'une cuillère, d'une fourchette et d'un bol. Les couteaux étaient interdits.

Les Aborigènes avaient construit un peu partout dans l'enceinte de la Mission des petites habitations éparpillées que les Blancs appelaient des « bosses ». C'étaient des structures rondes rudimentaires qui faisaient penser à des tas de cartons, de tôles ondulées et de morceaux de bois qu'on aurait jetés depuis le ciel. Les Aborigènes ne voyaient aucun intérêt à disposer de cloisons ou de murs. Ces abris les protégeaient du soleil et des intempéries.

Les survivants de dix tribus différentes, chacune ayant ses coutumes spécifiques, ses croyances et son dialecte, se trouvaient réunis à la Mission. Ils ne se comprenaient pas très bien les uns les autres, et très peu d'entre eux parlaient l'anglais, seule langue autorisée. Quelques-uns, comme la jeune mère, étaient particulièrement doués et apprenaient vite. Tous étaient d'une nature accommodante, avaient des personnalités sympathiques, et la plupart se montraient honnêtes et dignes de confiance.

Mais les Blancs ignoraient que les Aborigènes avaient conscience de se trouver au sein d'une tribu étrangère, sur une terre quadrillée d'itinéraires chantés, une terre d'où ceux qui veillaient sur elle avaient disparu. Les Blancs étaient maîtres de la situation, mais ils ne prenaient pas soin de la terre. Les Aborigènes savaient qu'ils étaient prisonniers, mais ils croyaient devoir se comporter comme des invités appelés à vivre dans un monde qui n'était pas le leur.

Il était facile de les convertir au christianisme ; il suffisait de leur faire comprendre que c'était la nouvelle loi à laquelle ils devaient obéir, et surtout de leur expliquer que Jésus était un héros. En effet, les Aborigènes éprouvaient un grand respect pour les héros. Les chants et les danses qu'ils se transmettaient depuis des millénaires évoquaient quantité de personnages et de faits héroïques. Pour eux, Jésus était un grand guérisseur capable de ressusciter les morts. Leurs propres guérisseurs les avaient habitués à de pareils exploits. Puisque le père de Jésus avait créé le monde, il devait être l'un de leurs ancêtres.

Le révérend Enright, avec sa barbe et ses cheveux roux, se montrait terriblement persuasif quand il leur affirmait qu'il n'existait qu'une alternative face à l'éternité. Ils pouvaient soit aller au paradis grâce à l'intervention de Jésus, soit au contraire être précipités en enfer s'ils s'étaient mal conduits. Ils comprenaient très bien ce que représentait l'éternité, mais avaient du mal à concevoir l'idée d'un endroit tel que l'enfer.

Affolée, la jeune mère passa la matinée dans la plus totale confusion. Elle ne retrouvait ni ses bébés ni ses sœurs. Elle n'avait personne à qui parler, et il lui était interdit de franchir la barrière qui entourait la maison des Enright. Cherchant éperdument ses enfants, elle alla d'un lieu à l'autre, interrogeant tous ceux qu'elle rencontrait. En vain essayait-elle de découvrir le moindre indice sur le sort réservé à ceux qu'elle aimait.

Terriblement angoissée, elle ne mangea rien ce jour-là. Des gouttes de lait coulaient de ses seins ; des mouches tournaient autour d'elle et couraient sur son corps. Elle n'arrivait pas à comprendre ce qui se passait. C'était en totale contradiction avec tout ce que les siens lui avaient appris. Elle se souvenait que l'Ancien lui avait dit : « Les Blancs ne sont pas mauvais. Ils choisissent de faire des choses qui ne sont pas de notre goût. » Mais il lui était difficile de ne pas les juger. L'Ancien lui avait également dit : « Je pense que les Blancs représentent pour nous une épreuve terrestre. Nous devons nous entraider pour la surmonter. »

Mais il n'y avait personne pour la soutenir. Elle était seule.

À la fin de la journée, elle se trouva dans une disposition d'esprit qu'elle n'avait encore jamais connue. Elle venait de découvrir qu'il lui était possible de vivre dans le passé, le présent n'offrant plus aucun intérêt. Partout où elle regardait, elle ne voyait rien de ce que la vie était censée représenter pour elle. Elle se rappela avoir déclaré la veille : « Si c'est pour le plus grand bien de toute vie, mes bébés et moi sommes prêts à faire cette nouvelle expérience. » Et à présent, on lui avait enlevé ses enfants. On lui avait tout pris.

Je serai triste, je pleurerai cette perte, pensa-t-elle. J'en ai le droit puisque c'est ce que je ressens, mais mon cœur répétera sans cesse que l'éternité est un long, très long temps. Mes enfants et moi sommes pour toujours des esprits. D'une façon ou d'une autre, l'amour et un soutien invisible, imperceptible, accompagnent ceux qui ont entrepris ce mystérieux voyage si douloureux. Quelle est la raison d'être de nos vies ? Je l'ignore. Mais je suis sûre que tout cela doit avoir un sens, et je l'accepte dans la tristesse.

Quelques mois plus tard, on l'envoya travailler sur un ranch, et elle passa ses journées vêtue d'une robe de calicot, un tablier noué derrière le cou et au creux des reins. À l'aube, elle mettait des chaussures noires qui l'emmenaient du fourneau à la lessiveuse, de la corde à linge au potager, puis de nouveau à la cuisine. Sa routine quotidienne variait peu.

C'était une personne calme, mais elle n'accueillait plus le matin avec le rituel ancestral. Pour elle, il n'y avait pas de jour nouveau. Elle ne parlait plus, ne rêvait plus, et ne participait à aucune activité hormis son travail. Elle semblait avoir abandonné tout espoir, perdu tout intérêt pour la vie, et parfois même la raison. En réalité, elle avait simplement abdiqué face à une situation qu'elle était incapable de surmonter et, fidèle à ses convictions religieuses, elle ne gaspillait pas son énergie pour quelque chose à quoi elle ne désirait pas accorder plus d'importance encore. Elle respectait sa propre douleur, et ne tentait jamais d'influencer ni de gêner la vie d'autrui. Elle revivait dans le silence les événements passés, veillant seulement à préserver son engagement spirituel. Elle ne comprenait pas ce qui lui était arrivé, c'était injuste et en contradiction avec ce qu'elle croyait et ressentait, mais elle l'acceptait parce qu'elle savait qu'il existait une raison d'être à cela. Il s'écoulerait beaucoup de temps avant que le respect pour toute forme de vie ait une chance de pouvoir s'exprimer dans cette minuscule partie du monde.

4

La nuit où elle abandonna la jeune mère épuisée sur le lit de camp de l'infirmerie, sans même se préoccuper de savoir si elle était vivante ou morte, Mrs Enright s'activa, essayant de décider quoi faire de ces nouveau-nés.

Il me faut une corbeille dans laquelle les mettre, pensa-t-elle. Elle en avait une dans sa cuisine qui ferait l'affaire. Elle se dirigea vers la maison puis, changeant d'avis, revint chercher les deux bébés. Ils étaient trop jeunes pour rouler et tomber de la table, mais le garçon paraissait exceptionnellement fort. « On ne sait jamais avec ces indigènes, ils sont tellement différents de nous. Mieux vaut les emmener », marmonna-t-elle.

Elle n'avait pas loin où aller pour atteindre la barrière en bois qui entourait sa maison. Portant les deux enfants, elle batailla un moment avant de réussir à ouvrir le portail, puis le referma d'un coup de reins. Une fois à l'intérieur, elle se rendit dans la chambre, hésita un instant et posa les bébés nus sur la courtepointe multicolore que sa grand-mère lui avait offerte quatre ans plus tôt, quand elle avait quitté l'Angleterre pour l'Australie. C'était son bien le plus précieux.

La corbeille était rangée en haut d'une étagère, et elle dut grimper sur une chaise pour l'attraper. Elle l'emporta dans la chambre d'amis, prit l'un des oreillers qui se trouvait sur le lit et en garnit le fond. Puis elle alla chercher sur la véranda un carton vide qui avait contenu de la farine et du sucre. Poussant un profond soupir, elle se saisit du second oreiller et prépara le carton qui servirait à coucher et transporter l'autre bébé. Il ne serait pas facile de remplacer ces deux oreillers moelleux en duvet d'oie, mais c'était un problème qu'elle résoudrait plus tard. Elle confectionna des couches en coupant un torchon en deux et entortilla dedans chacun des bébés endormis. Elle n'avait jamais vu un nouveau-né aborigène enveloppé dans une couverture ; ces deux-là n'en auraient donc pas besoin non plus.

Alice Enright tâchait de régler seule les petits problèmes qui se présentaient de temps à autre. Son mari était très occupé à diriger la vie religieuse de la communauté. Il lui répétait souvent combien il était important pour sa carrière de ne pas être dérangé par des broutilles. Elle s'efforçait donc de lui rendre l'existence aussi confortable et paisible que possible dans cette région isolée et étrangère, tellement éloignée de leur chère Angleterre. Lorsqu'ils s'étaient mariés, certaines personnes avaient pensé qu'elle était trop jeune et trop émotive pour partager la vie d'un homme plus âgé qu'elle ; elle ne semblait pas prête à être la digne compagne d'un pasteur. Tous les jours, elle s'efforçait de faire ses preuves. Elle avait parfaitement conscience que son mari ne l'avait jamais vraiment aimée. C'était un homme qui ne manifestait aucune passion sexuelle, mais il lui fallait bien admettre qu'elle ne l'avait pas véritablement aimé non plus. Elle était jeune et désirait ardemment partir de chez elle, voyager et voir le monde quand l'occasion d'épouser le révérend Enright et d'aller vivre en Australie s'était présentée.

Alice s'empara du téléphone et appela l'opérateur pour obtenir une communication longue distance. Elle savait pertinemment qu'il resterait en ligne pour connaître les derniers événements survenus à la Mission. Mais, Dieu merci, ils étaient tellement éloignés les uns des autres que l'essentiel de ses bavardages tomberait dans les oreilles de quelqu'un que les péchés de ses voisins immédiats intéressaient bien davantage.

« Birdie, Alice Enright à l'appareil. Je suis désolée de vous déranger une fois encore, mais j'ai vraiment besoin de votre aide. J'ai un nouveau-né, un garçon, dont il faut que je me débarrasse. En réalité, il y a deux enfants, des jumeaux. L'orphelinat catholique acceptera de prendre la fille. Je leur ai téléphoné la semaine dernière et ils m'ont confirmé qu'ils avaient de la place, mais évidemment nous n'avions prévu qu'un seul enfant, pas deux. Le camion qui ravitaille la Mission chaque semaine passera demain matin, toutefois je peux demander à Alex de vous apporter ce garçon dès ce soir. Pensez-vous pouvoir trouver un endroit où on se chargerait de lui ? Vous nous tireriez d'embarras. »

Birdie était l'épouse du révérend Willett, un collègue du révérend Enright et son aîné. Elle avait l'habitude de recevoir les appels d'Alice et des autres femmes de pasteur. Après tout, son mari était le doyen des membres de la délégation anglaise désignée pour cette mission à l'étranger. Cela faisait d'elle le personnage féminin le plus important. Elle était fière de ne jamais refuser son aide, et relevait toujours un défi. Elle aimait entendre ces femmes plus jeunes qu'elle dire : « Il n'existe pas de problèmes que Birdie Willett ne puisse résoudre. »

Au cours des quarante dernières années, l'Église anglicane avait bâti des missions pour héberger, civiliser, et instruire les Aborigènes adultes arrachés à leur désert, et sauver leurs âmes. Les catholiques avaient créé des orphelinats pour les enfants. Quelques Aborigènes avaient été élevés dans ces institutions d'où ils étaient sortis à l'âge de seize ans. Jusqu'ici aucune amélioration sociale n'avait été constatée si ce n'était que, au strict sens biblique, ceux qui avaient faim étaient nourris et ceux qui avaient soif, désaltérés. Mais à seize ans passés, les Aborigènes demeuraient affamés et assoiffés, et comptaient toujours sur la communauté blanche pour subvenir à leurs besoins. Personne ne pouvait prédire quand tout cela se terminerait, quand le dernier des sauvages serait gagné à la civilisation et les coutumes païennes vaincues, un certain contrôle s'exerçant enfin sur cette population.

Birdie s'étant engagée à trouver un lieu d'accueil pour cet enfant, Alice raccrocha. Elle sortit en agitant les bras. « Allez me chercher Alex », cria-t-elle dans la nuit noire, sachant pertinemment que l'un des Aborigènes, désireux de faire bonne impression, saisirait cette chance de lui plaire. Peu lui importait lequel ; il y en avait toujours un ou deux qui rôdaient autour de la maison. Elle les considérait en bloc comme des êtres presque humains, étranges et provocateurs, qui représentaient un défi pour elle.

Peu après, Alex frappa à la porte de la cuisine. Il était mince, paraissait plus que ses soixante ans et avait toujours l'air d'avoir besoin d'un bain. Alice lui dévoila son plan, et il accepta de partir pour Sydney après avoir pris une heure de repos. Elle avisa alors un pot en verre contenant de l'eau et du miel. Grâce à un biberon qu'elle avait utilisé pour sauver un bébé kangourou mourant, elle nourrit les jumeaux avant d'aller déposer la corbeille et le carton sur le siège avant de la Ford.

Alex était un ancien convict, fils et petit-fils de convict. Quand il était sorti de prison, après avoir purgé une peine de dix-huit ans pour vol, il s'était retrouvé sans toit, sans métier, sans amis ni parents pour l'aider. Il s'était attiré des ennuis en buvant trop, avait été impliqué dans de nombreuses rixes et avait failli à plusieurs reprises piquer la caisse des pubs et des tavernes qu'il fréquentait. Puis il avait rencontré Dieu, ou du moins des personnes qui avaient elles-mêmes rencontré Dieu. Il avait apparemment répondu correctement à leurs questions car elles avaient offert de s'occuper de lui et de lui trouver du travail. La Mission, perdue au milieu du désert, utilisait parfois les services d'un chauffeur, et Alex leur avait paru convenir pour cet emploi, au moins à titre temporaire. Il achetait son whisky lorsqu'il se rendait en ville, mais buvait toujours en cachette. Jusque-là tout s'était très bien passé.

Une fois les deux nouveau-nés à bord de la voiture — la fille dans son carton, prête à être livrée à l'orphelinat, le garçon dans sa belle corbeille, qu'il fallait emmener jusqu'à Sydney —, Alex se mit en route. Le trajet devait durer huit heures. Après avoir roulé presque deux kilomètres, il s'arrêta pour se boucher les oreilles avec des tampons de laine. Pour l'instant, les bébés dormaient, mais il s'attendait à les entendre brailler tôt ou tard. Il sortit une bouteille de sous son siège et, après avoir avalé deux grandes lampées, la cala entre les enfants et lui. Puis il repartit à travers cette terre aride, suivant la piste partiellement empierrée et juste assez large pour une voiture. Le vent souffla d'abord par les portières de droite ; puis Alex ne sentit plus le moindre courant d'air. Quelques kilomètres plus loin, le vent souffla de nouveau, mais par les portières de gauche cette fois. Le monde invisible semblait encercler les occupants de la voiture. Le silence n'était perturbé que par le rugissement du moteur. Seule une volute de fine poussière rouge, qui suivait la voiture en tournoyant comme une toupie, troublait la noirceur de la nuit. Là-haut, les nuages filaient beaucoup plus vite que le véhicule. Lorsque l'un d'entre eux couvrait momentanément la lune, le vaste horizon disparaissait totalement. Alex avait l'impression que dans le ciel une main géante masquait le rayon d'une torche céleste. Le nuage passait rapidement, et la lumière réapparaissait. On dirait un message en morse — point, point, trait... — transmis par la nature, se dit-il. Il but une nouvelle gorgée de whisky. Il n'aimait pas du tout l'impression sinistre que cette pensée provoquait en lui. « J'espère que ce n'est pas un signal de détresse », marmonna-t-il.

L'orphelinat se trouvant à mi-chemin, Alex livra d'abord le carton contenant la petite fille. Il accepta la tasse de thé et les deux biscuits que lui offrit la sœur de garde, mais ne s'attarda pas et, son haleine empestant l'alcool, il fit bien attention de se tenir à distance. Quand il regagna la voiture, le garçon semblait dormir, pourtant la poussière, les vapeurs d'essence et le manque de nourriture devaient commencer à se faire durement sentir.

Le bébé ne poussa pas le moindre cri durant tout le reste du trajet ; il remua seulement un peu lorsque l'aube se leva. La voiture remonta enfin une allée privée qui longeait de magnifiques maisons construites en haut d'une falaise dominant le plus beau port du monde. La demeure des Willett était une bâtisse en pierre de taille avec une façade ornée de quatre grandes colonnes blanches. On entendait le grondement lointain des vagues qui venaient se fracasser dans la crique en contrebas. Le spectacle de l'océan était réservé aux rares privilégiés qui pouvaient le contempler depuis les fenêtres du dernier étage, à l'arrière de la maison, ou à ceux qui étaient invités à se détendre sur la terrasse taillée à même la falaise. La vaste pelouse de devant et les plates-bandes fleuries conduisaient à une rangée de grands arbres bordant l'allée d'accès. Celle-ci tournait ensuite pour dépasser deux garages et aboutir sous un portique. Alex longea le côté de la maison et s'arrêta enfin devant une porte en bois sculpté. Sur une plaque en cuivre était inscrit le mot « Livraisons ».

L'estomac distendu par le liquide sucré qu'il ne parvenait pas à digérer, le corps tordu de douleur, le bébé suffoquait à présent, cherchant désespérément à respirer un peu d'air pur. Il fit pourtant une entrée silencieuse dans la maison, renonçant à lutter.

Birdie Willett se considérait comme la femme la plus influente de la communauté religieuse australienne. Elle contrôlait absolument tout. Les épouses des autres pasteurs étaient toutes ses cadettes, et elle ne laissait à aucune la possibilité de briguer un second mandat de présidente d'un comité quelconque. Elle leur permettait d'acquérir une certaine expérience, mais pas suffisamment pour prendre de l'assurance, s'attirer des sympathies et éprouver assez de plaisir pour souhaiter renouveler leur mandat. Elle supervisait le programme des cours de l'école du dimanche d'un bout à l'autre du pays, et décidait de la localisation des nouvelles missions, y compris de l'emplacement des bâtiments. Tous les programmes concernant les personnes âgées, toutes les campagnes caritatives, toutes les sorties, et même la décoration des temples devaient d'abord obtenir son approbation. Elle se mêlait de tout sauf de la façon dont s'habillaient les pasteurs et leurs épouses, mais compensait cela en surveillant de près tout ce que portait le révérend Willett, jusqu'à ses chaussettes et ses caleçons gris.

Elle était tellement occupée par l'organisation des comités des fêtes, le choix des tenues des chantres et la composition des menus de fête, qui devait être décidée des mois à l'avance, qu'elle n'avait vraiment pas de temps à consacrer au placement d'un bébé aborigène abandonné, mais pour soutenir sa réputation, il lui fallait donner à Alice Enright la preuve de son efficacité. Elle enverrait donc cet enfant à la campagne et s'occuperait de lui plus tard,

Elle prévint son mari qu'il avait un baptême à célébrer le jour même. La cérémonie pouvait très bien se passer dans la cuisine, au-dessus de l'évier. Donner un prénom chrétien à un sauvage serait du gaspillage, estima-t-elle ; elle se décida donc pour Geoff, un prénom suffisamment anodin. Elle lui trouverait un nom de famille plus tard, si cela s'avérait nécessaire. La plupart du temps, ce n'était pas le cas, les Aborigènes ne se sentant pas concernés par les questions d'état civil.

Le révérend Willett dit les prières de circonstance et versa un peu d'eau sur la tête inerte du bébé prénommé Geoff. Personne ne savait pourquoi cet enfant réagissait aussi peu. De nombreux bébés aborigènes mouraient en bas âge, et ce serait probablement le cas de celui-ci. Le pasteur était pressé. Il consigna le baptême dans le registre paroissial et partit précipitamment, sachant que Birdie s'occuperait de tout et serait ravie de le faire. Quant à lui, il devait tenter de sauver l'âme d'une pécheresse prénommée Shirley qui venait le voir pour la sixième fois et voulait renoncer à sa vie de prostituée pour devenir une honnête fille. Jusqu'à présent, elle n'y était pas vraiment parvenue et semblait mener ce cher révérend en bateau.

Geoff ne resta dans cette magnifique demeure que le temps d'un baptême et celui de contacter une famille, venue de la campagne faire ses courses à Sydney, qui voulut bien accepter d'ajouter une corbeille contenant un nouveau-né aborigène à ses nombreux paquets. Les Hanover avaient une fille de neuf ans, Abigail, qui se vit confier la tâche de nourrir le petit garçon à la peau brune et d'en prendre soin durant le voyage de retour en train. Elle le fit avec plus d'attentions qu'elle n'en accordait à sa poupée à la tête en porcelaine, et le bébé réagit bien.

Aussitôt arrivés chez eux, et en dépit du long trajet en train, les Hanover chargèrent un ouvrier d'emmener l'enfant, qui s'était presque rétabli, jusqu'à l'étape suivante de son voyage. À l'âge de soixante-douze heures, ce bébé aborigène, séparé de sa sœur jumelle et coupé de tout ce qui le rattachait aux siens, avait déjà parcouru plus de six cents kilomètres, reçu le prénom de Geoff, et était sur le point de devenir le pupille d'une riche famille de la campagne : celle de Matty et Howard Willett, la sœur et le beau-frère de Birdie.

5

Son souvenir le plus ancien était l'image de la masse de chair blanche qui pendait sous le menton de Doreen quand elle l'avait ramassée sur le carrelage pour la plonger dans la grande bassine en fer-blanc remplie d'eau froide. Debout, cramponnée au rebord, elle regardait, fascinée, l'eau mousseuse qui lui arrivait au cou. Le produit huileux donnait à l'eau les couleurs de l'arc-en-ciel. En essayant d'attraper un reflet chatoyant ou en voulant avancer d'un pas, elle avait soudain perdu l'équilibre et s'était retrouvée sous l'eau. Plus tard, elle se rappela s'être débattue pour pouvoir respirer, avoir cherché quelque chose à empoigner, et elle se souvint de ce gris flou qui l'entourait tandis que la peur envahissait son cœur et l'eau ses poumons. Miraculeusement, elle avait réussi à agripper le rebord de la bassine. Elle avait toussé et s'était mise à crier jusqu'à ce que Doreen revînt dans la pièce. Le premier souvenir qu'elle gardait de ce monde était empreint de terreur. Elle avait alors deux ans.

Elle était toujours la dernière, parmi le groupe de petites filles confiées à l'orphelinat des Sœurs de la Miséricorde, à faire trempette, ou plus exactement à prendre son bain. Doreen prétendait qu'il en était ainsi parce qu'elle était la plus petite, mais les autres fillettes disaient que c'était parce qu'elle était la plus laide. Laides, elles l'étaient toutes. Elle le savait pour l'avoir souvent entendu dire par les adultes. Mais elle commençait à comprendre ce que cela signifiait d'être la plus laide. Elles avaient toutes une couleur de peau différente, chacune d'un ton de noir particulier, comme le thé que buvait chaque jour Doreen et dans lequel elle ajoutait quelques gouttes de crème qui en variaient la nuance. Mais dans leur cas, cette différence venait d'une mère perdue ou d'un père inconnu.

Elle était devenue pupille de l'Église catholique quelques heures seulement après sa naissance. À l'orphelinat, on prénommait les fillettes selon l'ordre alphabétique, en commençant chaque année par la lettre A. Étant née au mois de janvier 1936, et arrivée la deuxième, elle avait reçu le prénom de Beatrice. Elle ne savait rien de ses parents ni du reste de sa famille. Des années plus tard, elle essaya d'imaginer ce que cela pouvait représenter d'avoir des parents, une mère aimante, un père attentif, peut-être même un frère ou une sœur. Mais c'était encore plus difficile que de dormir les yeux ouverts. Elle avait vécu jusque-là comme la fille de personne et s'était toujours sentie très vieille.

Tandis qu'elles priaient à la messe ou au moment des repas, Beatrice observait souvent les mains jointes de ses compagnes. La peau était jolie et semblait douce, mais des veines saillaient à la surface, dessinant des petites collines comme celles qui entouraient l'institution. Elles lui rappelaient les mains de la supérieure, la vieille sœur Agatha, qui était toute desséchée. Les sœurs portaient de longues robes noires, et leur tête était couverte d'un voile fixé sur un bandeau blanc amidonné. On ne voyait jamais les cheveux de la sœur Agatha, mais son visage, qui ressemblait à un vieux pruneau, et ses sourcils blancs trahissaient son âge.

Toute jeune encore, Beatrice sut qu'elle était née pour être une médiatrice. Lorsque des disputes divisaient les enfants ou que l'une d'elles était mise à l'écart, il lui paraissait naturel de s'en mêler pour apaiser les esprits et tenter d'établir une compréhension mutuelle. Elle avait toujours été très attentive aux sentiments d'autrui ; elle savait ce que les autres éprouvaient en prêtant attention à leur regard et en écoutant le son de leur voix, plutôt que leurs paroles. Elle ne prit conscience de cette sensibilité particulière que plus tard et l'accepta comme un don.

Elle était toujours très entourée et se retrouvait rarement seule dans une pièce, mais cela ne comblait pas l'impression de vide qu'elle ressentait. Un jour, un visiteur avait déclaré : « Ce que les orphelins n'ont pas connu ne leur manque pas. » Elle avait noté cette phrase, mais elle lui paraissait fausse. Elle ignorait ce qui lui manquait, mais elle avait le sentiment de ne pas être complète.

Un jour, elle entendit une sœur dire : « L'intérêt que Beatrice montre pour ses camarades me semble bizarre », et insinuer que cela la conduirait à devenir lesbienne. Elle ne connaissait pas la signification de ce mot, mais cette remarque la toucha profondément. D'après le ton et l'attitude de la sœur, ce ne pouvait pas être quelque chose de bien.

6

Howard, le frère du révérend Willett, et Matty, sa femme, possédaient une grosse exploitation agricole et un important élevage d'ovins et de bovins. Respecté et craint, Howard régnait en maître sur sa famille, son ranch et les environs. C'était un homme grand, musclé, avec une épaisse tignasse blond roux qui donnait toujours l'impression d'avoir besoin d'un coup de peigne. Il avait les jambes arquées à force de se tenir en selle. Il passait ses journées en plein air, par tous les temps, et sa peau ressemblait à du cuir parcheminé. Lorsqu'ils s'étaient mariés en Angleterre, dix ans plus tôt, Matty était une jeune fille petite, fragile, au corps parfait, sur qui les hommes et les femmes se retournaient. À présent, privée de tout luxe, après des années de corvées quotidiennes et la naissance de ses deux fils, Abram, trois ans, et Noah, sept ans, elle ne conservait plus que la particularité d'être petite. C'était une personne chaleureuse et agréable, ce qui compensait, aux yeux des voisins, la dureté et le caractère impitoyable du chef de la dynastie des Willett.

Matty avait accepté d'accueillir le nouveau-né aborigène, qu'elle croyait abandonné, après avoir assuré à Howard que ce serait momentané, ou du moins que l'enfant ne resterait chez eux que s'il ne causait aucun ennui. Dès que son âge le lui permettrait, avait-elle ajouté, il abattrait sa part de travail. Les Willett n'avaient aucune expérience des Aborigènes — il n'y en avait pas dans la région où ils vivaient — mais ils avaient entendu raconter plusieurs histoires sur leur compte et ne s'étaient pas fait une bonne opinion d'eux. En résumé, ils croyaient tout ce qu'on leur avait dit : « Les Abos[1] sont stupides. La plupart d'entre eux se montrent paresseux et, même adultes, gardent un caractère insouciant et infantile. Ils sont incapables d'évoluer et ne deviennent jamais des êtres responsables. »

En ce qui concernait Geoff, il n'était nullement question d'adoption ni même de la signature d'un quelconque papier officiel. Dans les années trente, le sort d'un enfant se réglait avec quelques coups de téléphone, une poignée de main, un entrefilet de trois lignes dans le journal de la Mission, et une inscription sur le registre des baptêmes. À son arrivée, Geoff fut confié à une employée de la cuisine qui commença par le nourrir avec le lait de différents animaux, jusqu'à ce qu'enfin, le quatrième jour, son système digestif finisse par s'adapter à ce régime. Par la suite, on le baigna quotidiennement, on changea ses couches, et on le mit dans un berceau, à l'ombre d'un grand faux-poivrier qui poussait à côté de la porte de la cuisine. Il restait là toute la journée, depuis le lever jusqu'au coucher du soleil, et les employées qui passaient par là venaient lui parler. Et puis un jour, il apprit à se hisser hors de son berceau. À partir de ce moment-là, on le laissa marcher à quatre pattes sur une couverture étalée sur le sol, l'extrémité d'une corde étant attachée à sa taille et l'autre au tronc de l'arbre. À l'âge de deux ans il était passé maître dans l'art de dénouer le nœud qui le retenait captif. Pourtant, cet arbre demeurait son seul ami. Il avait appris à courir se jeter dans ses bras, à se serrer contre lui et à se laisser bercer lorsqu'il faisait la sieste.

Le périmètre de quatre mètres cinquante dans lequel on lui permettait de se promener lui parut bien vite trop petit. Quand elle le découvrit, explorant librement son nouveau monde, une des employées de

1. Abréviation péjorative pour Aborigènes (*N.d.T.*).

la maison, une femme d'une cinquantaine d'années prénommée Maude, l'initia aux travaux domestiques. Il l'aida à arracher les légumes du jardin, à ramasser les œufs dans le poulailler et à empiler du petit bois. Elle lui confia un balai au manche cassé, qu'il réussit à manier. Geoff était un petit garçon de deux ans, actif et heureux, livré à lui-même la plupart du temps.

Maude travaillait déjà pour Howard Willett bien avant que celui-ci ne revînt d'Angleterre avec sa jeune épouse. Elle aimait croire qu'ils avaient grandi ensemble. En réalité, Howard avait six ans de plus qu'elle, et il avait toujours été riche. Après la mort de son père, il avait repris seul la propriété familiale. Birdie, l'épouse de son jeune frère, tenait en main les rênes du ménage et ne désirait nullement quitter Sydney. Elle obligea son mari à renoncer à une grande partie de son héritage en échange des bijoux de famille, de la vaisselle en porcelaine, et du linge de maison importé d'Europe. Après l'enterrement, Howard l'avait laissée circuler librement dans la maison de ses parents, et elle avait réussi à trouver suffisamment de choses à emporter pour remplir l'arrière d'un camion de location qui devait livrer le tout à Sydney.

Maude était d'une origine bien plus modeste. Ses parents s'étaient installés sur une propriété proche de ce qui allait devenir le lieu de rassemblement de tout le bétail de la région. À l'origine, cet endroit, situé près d'une rivière bordée de magnifiques arbres, était très beau, et les parents de Maude disposaient de toute l'eau dont ils avaient besoin pour irriguer leurs champs. Mais la propriété se révéla être sur le trajet naturel, presque en droite ligne, que les gros propriétaires empruntaient avec leurs troupeaux pour se rendre à la gare ou au marché aux bestiaux. C'était à peine si le jeune couple réussissait à protéger son jardin potager. Ils devaient constamment se battre contre les bêtes qui piétinaient tout, autour de la maison et entre leur porche et la rivière. Même leurs poulets avaient du mal à survivre.

Le problème s'aggrava encore quand il ne plut pas pendant deux ans et que le niveau de l'eau baissa fortement. Les autres propriétaires obtinrent du gouvernement l'interdiction de tout système d'irrigation ou de barrage sur la rivière. Les parents de Maude n'avaient pas suffisamment d'argent pour quitter la région ou construire leur maison ailleurs.

Maude, leur fille unique, allait à l'école et au temple avec les frères Willett. Elle était probablement tombée amoureuse de Howard alors qu'il avait quatorze ans et elle huit. Le petit nombre de garçons vivant dans les environs avait facilité son choix. Au cours des années suivantes, elle n'avait guère eu l'occasion de s'éprendre de quelqu'un d'autre. Quand la mère de Howard tomba malade, Maude alla travailler chez les Willett. Elle y resta après la mort de la mère, puis celle du père.

Howard s'était toujours montré poli et réservé envers Maude. Il s'abstenait de jurer lorsqu'elle venait servir le thé ou de la bière à ses amis masculins. Il ne lui avait jamais fait d'avances. Une fois, avant son départ pour l'Angleterre, il était entré dans la cuisine et avait raconté une histoire drôle à l'une des employées. Maude était certaine qu'il lui avait fait un petit clin d'œil. Quand il était revenu d'Angleterre, accompagné de sa jeune épouse, elle avait été surprise et bouleversée. Elle s'était retrouvée seule avec son désir d'avoir des enfants, mais sans mariage en perspective.

Son intérêt pour ce petit garçon de deux ans était donc naturel. Certes, elle n'arrivait pas à accepter totalement cet enfant à cause de sa peau noire, mais elle faisait de son mieux pour l'occuper et lui éviter tout danger. Elle pensait qu'il était content de se promener librement. Il ne semblait jamais malheureux de ne pas avoir de mère, ni de famille, ni quelqu'un à qui donner la main. Personne à embrasser ni dans les bras de qui se blottir.

Tout enfant, on asseyait Geoff dans une chaise haute pour le nourrir. Plus tard, il apprit à grimper sur un tabouret de la cuisine et à se servir d'une planche à pain escamotable en guise de table. Il entendait Abram et Noah appeler Matty « maman » et Howard « papa », mais on lui avait appris à s'adresser aux propriétaires du ranch en les appelant « madame » et « monsieur ». Il avait très peu de contacts avec les autres membres de la famille qui le chassaient ordinairement comme un insecte nuisible. Personne en particulier n'avait été chargé de prendre soin de Geoff. Les femmes qui travaillaient sur la propriété arrivaient et repartaient selon les saisons, et celles qui lui tenaient lieu de mère se succédaient. Il était toujours seul même si, d'une certaine manière, on le soignait bien.

À l'âge de trois ans, il commença à prendre ses repas avec les ouvriers saisonniers, soit dans un grand hangar, soit à l'ombre des arbres, sur des tables de pique-nique rudimentaires. Il aimait les entendre raconter ce qui s'était passé dans la journée. Il y avait souvent des gens de passage qui, en échange d'un repas composé de ragoût de mouton, de patates sautées, de légumes frais, de scones, de jambon et de miel, effectuaient une journée de travail et se faisaient héberger pour la nuit. Ces étrangers parlaient toujours de lieux lointains et fascinants, et d'événements passionnants. La plupart d'entre eux étaient des conducteurs de troupeaux, des hommes seuls, à cheval, avec un sac de couchage et une poêle à frire accrochés à leur selle. Parfois, certains arrivaient en automobile ou dans un chariot tiré par un cheval. Des pots et des poêles, pendus tout autour du chariot, formaient une sorte de guirlande métallique qui produisait un bruit qu'on aurait volontiers attribué à un batteur inexpérimenté. Ces hommes étaient quelquefois accompagnés d'une solide compagne qui paraissait avoir besoin d'un bon décrassage et d'une nouvelle paire de chaussures. Leurs enfants, quand ils en avaient, se montraient extrêmement timides et se cachaient pendant tout le temps où leurs parents demeuraient au ranch.

Une fois, deux enfants vinrent travailler avec leur père pour la journée, mais Geoff ne réussit pas à les faire parler. Quand l'homme s'assit pour boire de la bière, raconter des histoires et promettre aux employés des Willett de porter un message à leurs parents, ses enfants se cachèrent derrière un arbre et refusèrent d'en sortir. Ils ignorèrent même l'offre de Geoff de leur montrer quelques magnifiques têtards noirs très rares. Geoff n'avait jamais vu de regard aussi triste ni entendu un être humain gémir de la sorte.

Une activité continuelle régnait au ranch des Willett. La maison des maîtres comportait deux étages ; au dernier, de petites lucarnes éclairaient une immense salle de bal rarement utilisée. Les deux autres niveaux de cette imposante bâtisse avaient de hautes fenêtres étroites avec des volets en bois vert que l'on fermait pour se protéger de la chaleur l'été et des pluies torrentielles durant la saison humide. Sur la véranda, qui occupait tout le devant de la maison, des fauteuils importés d'Europe étaient disposés de façon à former deux coins séparés pour les thés. Les quatre côtés de l'habitation étaient bordés de fleurs aux couleurs éclatantes : des roses blanches, roses et de différents tons de rouge ; des œillets d'Inde où se mêlaient le jaune citron et le jaune pâle. De chaque côté de l'allée d'accès gravillonnée se dressaient de grands eucalyptus hauts de quinze mètres.

Derrière la maison, il y avait deux énormes citernes. On se servait de cette eau pour boire et faire la cuisine, et les Willett l'utilisaient pour leur toilette. L'eau de pluie était bien trop rare et précieuse pour en abreuver les animaux ou irriguer les champs. Deux puits profonds donnaient une eau qui empestait le soufre. Elle était destinée au bétail et aux cultures. Les humains ne la consommaient pas, mais ils étaient bien obligés de manger les œufs et la viande qui contenaient des résidus sulfureux. En réalité, il régnait sur toute la propriété une odeur de pourriture plus ou moins forte selon les saisons.

La maison comptait douze pièces qu'il fallait épousseter chaque jour, cinq chambres à coucher dont les draps devaient être changés régulièrement, et l'on voyait souvent apparaître des gadgets modernes comme ce tout premier lave-linge électrique. La poussière était le principal ennemi à combattre. Durant la saison sèche, elle était si fine qu'il devenait presque impossible de la faire disparaître. Elle s'accumulait sur les planchers, les meubles, et dans les plis des rideaux et des serviettes de toilette. Le matin au réveil, elle avait tracé le contour de la tête du dormeur sur l'oreiller.

L'une des tâches quotidiennes consistait à changer les papiers tue-mouches. Dans chaque pièce, une longue spirale de papier collant pendait du plafond, et toutes les mouches assez téméraires pour s'en approcher s'y faisaient prendre. À la fin de la journée, il ne restait plus la moindre place pour un autre insecte. La plupart des mouches mouraient très vite, mais Geoff était toujours triste de voir le papier bouger encore, une fois dans la poubelle.

À l'arrière de la maison, au-delà des citernes, s'étendait le reste de l'empire Willett, presque une ville en soi. De véritables rues séparaient la forge des ateliers de réparation et des hangars abritant les machines agricoles ; il y avait également des granges, les logements des gardiens de troupeaux, une écurie, un dortoir pour les employées de maison, des chenils, des porcheries, des poulaillers, des enclos pour les ânes, un bâtiment pour l'abattage des porcs et un autre pour celui du bétail, et des kilomètres de corrals pour les bêtes. Les moutons avaient leur bergerie et la laiterie se trouvait dans une autre partie du domaine. Tous ces bâtiments, construits au fil des années, étaient disposés selon un ordre précis, à l'ombre des faux-poivriers.

Des employés permanents veillaient sur les moutons et s'occupaient de la reproduction, de l'agnelage et des contrôles sanitaires. À l'époque de la tonte, des saisonniers venaient les aider. Il fallait donc prévoir des plantations, des récoltes, des mises en conserves et des réserves suffisantes pour nourrir tout ce personnel et la famille Willett.

Geoff suivait les hommes et les femmes qui travaillaient sur la propriété et étudiait ainsi toutes les facettes de la vie du ranch. Il aidait les uns et les autres quand cela était possible, et prenait autant de plaisir à voir les poussins éclore qu'à regarder farcir des boyaux pour en faire de la saucisse. Personne ne le surveillait, et il passait une partie de son temps à observer les kangourous sauter les barrières avec aisance, ou à ramasser les œufs gris et noir, en forme de ballon de rugby, pondus par les émeus. Malgré tous ses efforts pour les ramener à la maison, il finissait toujours par les casser avant d'arriver à destination. Fasciné, il s'asseyait pour admirer les termites qui élevaient de grandes sculptures ou les araignées qui tissaient leur toile ronde ; il capturait des lézards, des sauterelles et des libellules. Chaque fois que l'on trouvait un serpent près des habitations, il écoutait attentivement les commentaires des uns et des autres afin de pouvoir discerner les reptiles inoffensifs de ceux qui étaient venimeux. Les adultes lui répondant souvent d'un ton brusque, il préférait apprendre par lui-même. Il aurait beaucoup aimé avoir quelqu'un à qui raconter ses aventures quotidiennes. Ainsi un matin, en se réveillant, il avait fait fuir une petite araignée qui s'était posée sur lui. Elle avait disparu dans un trou creusé dans la terre et fermé par une trappe. Une autre fois, il avait découvert à ses côtés une grosse araignée velue, plus grande que sa main. Dans les champs, il voyait des oiseaux de toutes les couleurs, toujours différents selon les saisons, et apprenait à imiter leurs chants. Il connaissait les endroits où ils allaient se nourrir et, les poches remplies de friandises, il réussissait à en attirer quelques-uns, plus courageux que les autres, qui venaient manger dans la main innocente qu'il leur tendait, paume grande ouverte. Il possédait depuis sa naissance une telle patience et une telle faculté d'adaptation qu'il parvint à se faire accepter par une cane et à nager au milieu de ses canetons.

Il comprit que lorsqu'il se tenait au bon endroit, sans parler ni gêner personne, il pouvait observer toutes les activités sans qu'on lui pose la moindre question, ou sans qu'on s'aperçoive même de sa présence. Durant la saison de la tonte, quand il fallait séparer et sélectionner des milliers de moutons, quantité de gens allaient et venaient. Des bruits de pas retentissaient dans la cuisine, l'eau giclait, le sol disparaissait sous les épluchures de pommes de terre, et de merveilleuses odeurs montaient des fourneaux. La tonte elle-même, véritable concours de vitesse et d'adresse, durait plusieurs jours et se déroulait dans un grand hangar. Personne alors ne prêtait plus attention à Geoff et nul ne se souciait de savoir où il se trouvait. Il se rendait à la cuisine où on lui donnait tout ce qu'il désirait, puis il rejoignait la foule bruyante ou se réfugiait dans un coin tranquille pour faire un petit somme. Il était capable de vivre totalement solitaire au milieu d'une multitude de gens.

Tout ce qu'il savait, il le tirait de sa propre expérience, comme ce jour où la terre et l'air étaient si secs, et où le ciel s'était assombri, laissant présager des pluies torrentielles. Des éclairs ne cessaient d'éclater, et soudain un arbre qui se dressait à quelques mètres de lui prit feu. Les animaux coururent se mettre à l'abri en hurlant. On aurait dit que l'air était aspiré dans une direction puis refoulé avec dix fois plus de force. Geoff se cacha sous une bâche qui pendait du hayon arrière d'un vieux chariot. L'orage dura toute la journée, mais pas une goutte de pluie ne tomba. Finalement, quand sa faim fut plus forte que sa peur, il se précipita vers la cuisine. Aucun adulte ne le consola et pas un ne lui demanda d'où il venait, mais en les écoutant il comprit qu'il avait assisté à un orage sec. À partir de ce jour, il s'efforça de plus en plus de se suffire à lui-même.

Geoff aimait bien les agneaux et assistait souvent à l'agnelage. Il observait les bergers lorsqu'ils les identifiaient et les marquaient. Les agneaux poussaient de petits cris aigus quand on leur enserrait la queue dans un anneau de métal. Deux jours plus tard, elle enflait et semblait infectée mais, au bout d'un certain temps, elle commençait à s'atrophier et finissait par tomber. Dès l'âge de quatre ans, il participa à l'une des activités les plus sanglantes et, pendant des mois, fit d'horribles cauchemars. Tous les agneaux de sexe mâle, à l'exception de quelques-uns, devaient être castrés. Il y en avait des centaines, et ce travail s'accomplissait en un seul jour. Les hommes utilisaient la méthode la plus couramment employée sur les ranchs. Ils attrapaient l'agneau, le retournaient et lui arrachaient les testicules d'un coup de dent. Geoff était chargé de ramasser ce qu'ils recrachaient et de le mettre dans un seau. Il se sentait terriblement malheureux mais faisait ce qu'on lui demandait. À qui aurait-il pu poser les questions qui l'assaillaient ? Il n'avait personne à qui parler de ses expériences, heureuses ou malheureuses ; personne avec qui les partager.

À la fin de la journée, ses orteils étaient collés ensemble par la boue et le sang. Un ouvrier le remarqua et vint à son secours. Roger, ou Rogg comme l'appelaient ses amis, assit le petit Geoff sur une table de pique-nique, les pieds trempant dans un seau rempli d'eau savonneuse. Il resta ainsi pendant plus d'une heure, puis Rogg, se rappelant soudain son existence, vint lui essuyer les pieds et lui dire qu'il pouvait partir. Geoff était trop petit pour prendre une douche tout seul, mais personne ne se préoccupa de savoir comment il pourrait se débarrasser du sang qu'il avait sur le corps.

Souvent, des excréments restaient collés à l'arrière-train des moutons et attiraient les mouches à viande. Tandis qu'un ouvrier tenait la bête entre ses jambes et coupait l'amalgame de crotte séchée et de laine, Geoff était chargé de ramasser cette matière puante. Il participait également au bain que l'on faisait prendre aux moutons pour éliminer les parasites, et l'on avait recours à lui pour aider les chiens à faire passer les troupeaux d'un enclos à l'autre. Mais l'abattage était ce qu'il détestait le plus.

Ce ranch, situé dans une région perdue de l'Australie, était pour ce petit garçon un lieu merveilleux, mais également un endroit horrible où l'on voyait des poulets décapités s'efforcer de courir, le sang giclant de leur cou tranché, pour finir par vaciller et s'écrouler. Un endroit où l'on voyait des animaux abattus, égorgés ou castrés d'un coup de dent. Les hommes qui commettaient ces actes étaient les mêmes qui lui faisaient signe de venir s'asseoir à côté d'eux quand quelqu'un jouait du banjo ou de l'harmonica, et que tout le monde tapait des mains en chantant. Tout cela troublait Geoff. Personne ne lui expliquait jamais ce qui était bien ou mal, juste ou non. Il savait seulement faire la différence entre ce qui lui procurait du plaisir et ce qu'il préférait éviter.

7

Alors qu'elle avait à peine atteint l'âge scolaire, Beatrice se sentait déjà très vieille. Un jour, comme elle venait de servir de médiatrice entre deux filles plus âgées qu'elle, qui s'étaient battues à coups de poing, elle fut tout à coup persuadée que son visage ressemblait à celui d'une vieille femme. Passant outre aux interdictions, elle pénétra dans le hall d'entrée. Il y avait un miroir sur le portemanteau, et elle voulait absolument voir de quoi elle avait l'air. Le miroir lui renvoya l'image d'une enfant de six ans. Lorsqu'elle s'aperçut qu'elle n'avait pas changé, elle en fut très heureuse. Ce fut pour elle une révélation : elle pouvait donc éprouver le sentiment d'être quelqu'un d'autre sans en avoir l'apparence. Elle venait de découvrir qu'il lui était possible de vivre dans deux mondes, d'être deux personnes différentes. Ce secret bien gardé allait lui être utile sa vie durant.

Les pensionnaires de l'orphelinat menaient une vie militaire. Elles devaient se tenir droit, la tête haute, et marcher en rang et au pas où qu'elles se rendent : au réfectoire, au dortoir, à l'église, en classe. Elles allaient au pas cadencé derrière des portes closes, dans de longs couloirs ou sur des terrains de jeux entourés de clôtures. L'armée de petites filles aux pieds nus marchait ordinairement sur une musique diffusée par un phonographe à manivelle. Elles vivaient à un rythme ponctué par des « Debout ! Pressons ! En rang ! Silence ! ».

Les souvenirs d'enfance de Beatrice étaient liés aux pales tournoyantes d'un ventilateur. Les salles de classe étaient de longues pièces aux fenêtres sans carreaux, toujours ouvertes, des cales maintenant les volets en bois entrouverts. Lorsque des visiteurs s'annonçaient, l'événement était marqué par l'apparition d'un ventilateur électrique qui chassait doucement l'air chaud. Il y en avait un, fixé au plafond du réfectoire, qui ne se mettait en marche que quand un invité restait prendre le thé.

La vie de l'institution était programmée de façon si rigide que les jours et les années s'écoulaient, immuables. Seuls quelques incidents frappants demeurèrent gravés dans la mémoire de Beatrice.

Il faisait extrêmement chaud l'été de ses six ans. Pendant plusieurs jours, il n'y eut pas un souffle d'air ; on aurait pu croire que Dieu avait appuyé sur un bouton, et que tout s'était arrêté. Le ciel était uniformément bleu pâle d'un bout à l'autre de l'horizon, et aucun nuage n'osait se montrer. Pas un oiseau ne chantait, et la terre était déjà si sèche que de petites crevasses s'étaient ouvertes un peu partout. Beatrice y jetait des bâtons et les regardait disparaître. Pas un ver de terre, pas un scarabée n'avait fait surface depuis une semaine ; même les mouches semblaient avoir trop chaud pour la piquer.

Un soir, juste avant d'aller se coucher, elle découvrit par hasard un vieux camion cabossé venu apporter de l'eau à l'orphelinat. Sur le plateau, une citerne était précairement arrimée avec des cordes usées. Le véhicule était garé devant les bureaux, et personne ne le surveillait. Elle remarqua un quart attaché avec du fil de fer au robinet ; le conducteur devait s'en servir pour boire à l'occasion. Il n'y avait personne en vue. Elle réussit facilement à libérer le quart et le remplit d'eau. La première gorgée lui parut tiède et terreuse, mais désaltérante. Après avoir tout bu, elle se servit un autre quart, puis un autre, et un autre encore. Son cœur battait si vite qu'elle était convaincue qu'on aurait pu s'en apercevoir en regardant sa poitrine. Pour la première fois de sa vie, elle éprouvait un sentiment de puissance. Elle pouvait boire toute l'eau qu'elle voulait, la finir si elle le désirait. Elle n'avait pas vraiment l'impression de faire quelque chose de défendu, la longue liste de ce qui lui était interdit ne mentionnant pas l'eau des camions-citernes. Personne ne la vit. Elle remit le quart rouillé en place et rejoignit ses compagnes qui se rendaient au dortoir.

Quelques heures plus tard, dans la nuit noire, elle fut réveillée par une impression de chaleur, une sensation réconfortante qui se transforma rapidement en quelque chose de froid et d'humide, à l'odeur forte. Elle avait mouillé son lit. Bien que le contact du drap trempé sur sa peau sèche lui parût très désagréable, elle resta allongée, sans bouger, pendant ce qui lui sembla une éternité.

Un peu avant l'aube, l'odeur provoqua la découverte du délit. Réveillant le dortoir entier, la jeune sœur Margaret, au visage boutonneux, se mit à hurler, comme si un incendie venait de se déclarer. Elle poussa brutalement Beatrice dans l'allée qui séparait les deux rangées de lits en fer et vociféra : « Espèce de petit démon, tu l'as fait exprès ! Tu ne t'en tireras pas comme ça, je ne nettoierai pas cette cochonnerie. Tu vas regretter ton exploit, crois-moi, je vais te le faire payer très cher. Tu es possédée par le démon. Tu es l'enfant du diable ! »

L'attrapant par les cheveux, la sœur Margaret l'entraîna jusque dans la chambre de la sœur Agatha qu'elle tira de son sommeil. Beatrice observa attentivement la vieille femme à la courte chevelure blanche. Quand elle fut informée de la raison de toute cette agitation, la mère supérieure chargea la jeune religieuse de décider du châtiment qui s'imposait, puis elle se rendormit paisiblement. En suivant la sœur Margaret, Beatrice oublia pour un moment la punition à venir. Elle pensa : je savais bien qu'elle avait les cheveux blancs !

À l'extérieur, derrière les bâtiments de l'orphelinat, deux petites portes métalliques fermaient l'entrée de deux trous creusés dans la terre, l'un mesurant environ un mètre cinquante de côté, l'autre quatre-vingt-dix centimètres seulement. En moins de cinq minutes, portant toujours ses sous-vêtements trempés d'urine, Beatrice se retrouva enfermée dans le plus petit des deux cachots, avec ses draps souillés. Elle avait déjà remarqué ces portes dans le flanc de la colline ; elle savait aussi que des petites filles avaient disparu pendant un moment et que certaines d'entre elles étaient revenues très malades, disant qu'elles avaient été punies. Mais jamais elle n'aurait imaginé qu'on les avait enfermées dans ces cercueils.

Il faisait très noir à l'intérieur, et il n'y avait pas d'air. Lorsqu'elle effleura les parois et le plafond, la terre s'effrita. Elle préféra s'asseoir, se recroqueviller et rester immobile, de peur d'être enterrée vivante si cette grotte venait à s'effondrer. Elle sentit quelque chose ramper sur sa jambe et retint son souffle, priant pour ne pas être piquée par une bête venimeuse. Dans cette atmosphère confinée et putride, elle eut bientôt des haut-le-cœur et chercha autour de la porte une fissure qui pourrait lui procurer un peu d'air frais, mais elle n'en trouva pas. Au cours de la journée, ce trou devint une véritable étuve, et la puanteur la fit vomir. Il faisait si chaud qu'elle finit par s'évanouir. Lorsqu'elle s'écroula d'épuisement, après avoir crié à l'aide pendant des heures, son visage se colla contre la porte métallique surchauffée et se couvrit de cloques.

Quand elle reprit connaissance, elle était allongée sur un lit de camp, et un médecin se tenait à ses côtés. Il lui expliqua qu'elle avait souffert d'une maladie rare et probablement contagieuse, et devait être mise en quarantaine pendant un mois.

De cette expérience, Beatrice tira la conclusion que Dieu pouvait se venger par une torture physique d'un enfant qui avait commis le péché de boire trop d'eau ou de faire pipi au lit. L'homme dans le ciel vint en tête de la liste de ceux qu'elle devait craindre.

Cette année-là, on raya son nom du registre des enfants adoptables. Périodiquement, on lui avait demandé d'enfiler une jolie robe et des chaussures qui lui serraient les pieds ; on lui avait brossé les cheveux et mis quelques rubans pour cacher les nœuds impossibles à démêler. Se tenant par la main, les petites filles défilaient devant des couples de la communauté anglicane qui les étudiaient avec soin comme si elles avaient été des objets d'exposition. Une femme ayant fait des remarques sur les traces de brûlures qui enlaidissaient le visage de Beatrice, on décida qu'il valait mieux ne plus la montrer en public.

8

Geoff avait sept ans lorsqu'il découvrit le dessin. Il n'avait jamais eu l'occasion de regarder des images ni d'ouvrir un livre. Il avait déjà vu les cuisinières suivre de temps à autre des recettes, le chauffeur livreur avoir en main la liste de ce qu'il devait rapporter la semaine suivante, et il avait aperçu de loin les fils Willett qui tournaient les pages d'un livre, mais sans vraiment comprendre ce qu'ils faisaient.

Tout cela ne présentait aucun intérêt pour lui, jusqu'au jour où, suivant un chiot, il pénétra dans le dortoir des ouvrières saisonnières. Quand l'animal se faufila sous un lit, Geoff se glissa derrière lui. Un tas de magazines aux couleurs vives attira son regard. Il en prit un, et tandis qu'il le feuilletait, il fut ébloui par toutes ces images. Une heure plus tard, il était toujours assis là quand Irene, l'une des femmes de ménage, entra. Elle le vit, l'invita à s'asseoir à côté d'elle sur le lit, et lui expliqua ce que chaque photo représentait. Puis elle prit un crayon et du papier, et traça les lettres de l'alphabet. Elle dit à Geoff que lorsqu'il aurait appris à lire, il pourrait comprendre tout seul pourquoi telle photo illustrait tel article.

Geoff commença par recopier les lettres comme Irene le lui avait montré, mais très vite il préféra reproduire les curieux animaux des magazines.

Irene lui procura d'autres feuilles de papier, et Geoff se découvrit une âme d'artiste. La jeune fille l'encouragea à observer tout ce qui se trouvait autour de lui et à dessiner ce qui lui plaisait. Deux jours plus tard, il était assis sur la pelouse de devant quand

Irene lui apporta un tas de petits crayons. Elle lui expliqua qu'il pouvait ajouter de la couleur à ses dessins et lui montra comment le faire par touches légères ou à gros traits appuyés pour obtenir des tons plus profonds.

De toute évidence, ce petit Aborigène de sept ans possédait un talent inné. Il n'avait jamais appris à dessiner, et pourtant ses œuvres étaient dignes d'être encadrées. Il était capable d'observer un cheval dans son corral et de le reproduire de mémoire, dans les moindres détails. Quand Irene lui fit remarquer que le cheval n'était pas seul, mais qu'il y avait des arbres derrière lui ou un bâtiment dans le lointain, il en tint aussitôt compte. Il sembla comprendre très vite la notion de perspective. Après quelques essais infructueux, ses dessins devinrent vivants. Il apprit à crayonner des ombres, à créer des nuances de couleur, exprimant ainsi sa vision personnelle des choses. Irene lui dit avoir entendu raconter que les Aborigènes possédaient un grand sens artistique. Il ne savait pas ce qu'elle entendait par « Aborigènes », mais il lui sourit, persuadé qu'elle lui disait quelque chose de gentil.

Sur la dernière page d'un magazine, la jeune fille lut une annonce qui disait : « Copiez-moi ! » Il y avait un dessin très simple à reproduire et des instructions pour les personnes désireuses de soumettre leur travail à une école par correspondance qui s'engageait à donner son avis. Sans lui fournir d'explications, elle demanda à Geoff de recopier le modèle, puis elle l'emballa, avec six autres de ses dessins, et expédia le tout à l'école, sous son nom à elle.

Irene était très jeune, elle aussi ; elle n'avait que dix-sept ans. Elle était l'une des douze enfants de la famille Foley. Elle avait l'habitude de travailler dur ; elle avait aidé sa mère à élever ses frères et sœurs tout en assumant les tâches ménagères et le jardinage. Lorsque les Foley avaient appris que les Willett cherchaient une servante et offraient de payer un salaire en plus du gîte et du couvert, ils s'étaient empressés de proposer les services de leur fille. Irene n'y avait pas vu d'inconvénient. Le travail au ranch était plus facile que chez elle, mais ses frères et sœurs lui manquaient. Elle avait souvent croisé Geoff alors qu'il errait sur le vaste domaine, mais n'avait jamais pris le temps de lui parler, si ce n'était un petit bonjour en passant. Elle connaissait suffisamment les enfants pour savoir que ce petit garçon possédait un talent exceptionnel.

La réponse de l'école de dessin arriva six semaines plus tard, au moment précis où l'avenir de Geoff se jouait dans le salon des Willett. Albert Marshall, un pasteur américain, et Nora, sa femme, visitaient l'Australie. À Sydney, le révérend Willett leur avait conseillé d'aller voir son frère Howard, sur son ranch. En effet, les Marshall envisageaient d'adopter un orphelin indigène, mais ils ne tenaient pas à voyager avec un bébé. Le révérend Willett avait immédiatement pensé à Geoff. C'était un enfant calme, qui ne posait aucun problème, savait se suffire à lui-même, et avait besoin d'une bonne éducation. Les Willett et les Marshall discutaient donc de cette éventualité au moment même où Irene recevait une réponse enthousiaste sur le travail de Geoff qu'elle avait présenté comme étant le sien et non celui d'un enfant de sept ans.

Irene entraîna Geoff dans la cuisine et lui apprit que l'école estimait que l'auteur des dessins était un véritable artiste et méritait de suivre des cours afin de développer son talent inné. Un cadeau était joint à la réponse : une grande boîte métallique aux couleurs vives contenant dix crayons de couleur, un pinceau, et dix godets de peinture à l'eau. Lorsque Irene lui tendit la boîte en lui disant qu'elle était à lui, les yeux de Geoff devinrent aussi gros que des œufs de poule. Fou de joie, il contempla les couleurs éclatantes et le papier blanc qu'Irene lui offrait.

Geoff était assis sur son tabouret préféré, une soucoupe d'eau posée à côté de lui, et il explorait le monde merveilleux des couleurs quand on le fit appeler au salon. Il ferma sa précieuse boîte, la première chose qu'il eût jamais possédée, et, la serrant dans sa main, se dirigea lentement vers la pièce tapissée de papier peint rouge, au plancher ciré et aux canapés capitonnés. Il était plus inquiet que s'il lui avait fallu s'approcher d'un serpent inconnu. Au salon, les Marshall se présentèrent, et Nora lui maintint fermement l'épaule tandis qu'elle lui tapotait la tête. Lorsqu'ils lui demandèrent ce qu'il tenait à la main, il desserra les doigts à contrecœur et ouvrit la boîte de métal pour montrer les précieuses couleurs. La belle récompense fut vite ignorée après un simple « C'est joli, très joli ». Et, à son grand soulagement, on le renvoya presque aussitôt.

9

Beatrice avait sept ans lorsque Freda entra à l'orphelinat. Arrivée la sixième cette année-là, la petite fille avait reçu un prénom commençant par la lettre F. Personne n'avait tenu compte du fait qu'elle avait déjà neuf ans, et donc un passé. Le règlement administratif n'admettait aucune dérogation. Freda manquait de vivacité, se déplaçait avec lenteur et bégayait. Beatrice fut la seule à lui offrir son amitié. Il se créa entre elles des liens de fraternité. Beatrice lui faisant répéter inlassablement ses leçons, Freda réussit à ne pas être trop souvent privée de repas et à ne pas recevoir trop de coups de règle sur les doigts. Elles étaient toutes les deux très fières quand Freda parvenait à retenir quelque chose.

Le moment de leur première communion approchant, les fillettes durent apprendre les prières et les réponses aux questions qu'on leur poserait. Beatrice demanda une fois ce que le terme « Saint-Esprit » signifiait. La sœur chargée de la classe de catéchisme lui répondit avec colère : « La bêtise de votre amie déteint sur vous. Sortez avant de contaminer les autres ! »

« Faire sa première communion » n'était pas quelque chose à quoi l'on pouvait se soustraire. Les règles de l'Église et celles de l'orphelinat devaient être suivies à la lettre. Bien qu'elle les connût parfaitement, Freda ne réussit jamais à donner assez promptement les bonnes réponses aux questions posées. Le privilège de recevoir le corps et le sang du Christ lui fut donc refusé. Les fillettes étaient persuadées que le corps de Jésus serait descendu de la croix, transformé en pain, puis coupé en tranches fines comme du papier ; le prêtre poserait ensuite délicatement les hosties sur leurs langues au moment de la communion.

Pour se rendre à la messe quotidienne, les pensionnaires de l'orphelinat se couvraient la tête d'un petit voile noir, mais au moment de leur première communion, elles en recevaient un blanc. C'était une humiliation de porter encore un voile noir après l'âge de la première communion, mais Freda supporta cette situation dégradante avec seulement, par moments, un léger frémissement des lèvres.

Un jour, Beatrice découvrit que Freda était capable de chanter sans bégayer. Ensemble, elles mirent au point une méthode : Freda devrait fredonner un petit air dans sa tête chaque fois qu'elle parlerait. Son discours continua à être ponctué de quelques hésitations, mais elle parvint bientôt à communiquer plus directement et clairement avec les autres. L'année suivante, elle fut enfin reçue à son examen oral. Le plus beau jour de sa vie fut certainement celui où on lui remit son voile blanc.

Freda était physiquement différente des autres fillettes. Grande, elle avait quelques kilos de trop, de longs cheveux raides auburn, la peau plutôt claire, et des yeux très verts. Beatrice ne comprenait pas pourquoi les religieuses méprisaient son amie. Elles l'appelaient si souvent « idiote » que la fillette avait fini par répondre à ce surnom. Beatrice était la seule à ne pas en user. La vue de Freda était mauvaise, de près comme de loin, mais aucune pensionnaire ne portait de lunettes. Un luxe superflu pour des orphelines.

L'institution était entourée d'un grillage disparaissant sous d'épais buissons. Dans cette région de l'Australie, la terre était si riche en minéraux que n'importe quelle végétation pouvait y pousser à condition de recevoir la quantité d'eau nécessaire. Avec cette barrière de verdure, la cour de l'école paraissait plus attrayante aux yeux des visiteurs. Sur un plan plus pratique, elle rendait toute évasion presque impossible. Les Sœurs de la Miséricorde s'aventuraient rarement dans la cour ; elles semblaient craindre la lumière du soleil, et c'était à peine si, au moment des récréations, elles acceptaient d'ouvrir la porte pour laisser sortir les élèves.

Un jour d'août, Beatrice entendit un faible gémissement venant d'un coin de la cour. Freda la suivant de près, elle se glissa sous les buissons et découvrit un chien aux poils jaune orange. Il avait apparemment reçu une balle dans le cou et s'était réfugié là pour mourir en paix. Les deux fillettes songèrent d'abord à demander l'aide d'une adulte, puis elles comprirent très vite que cela équivaudrait à précipiter la mort du chien. Elles résolurent donc de faire tout ce qui était possible pour le sauver. Dans l'après-midi, en consultant un ouvrage spécialisé, Beatrice identifia le chien comme étant un dingo.

Au réfectoire, chaque fillette était responsable de son quart et de son assiette en métal, de sa cuillère, de sa fourchette et de son couteau. Après avoir mangé, elles les plongeaient dans une bassine d'eau, les essuyaient et les empilaient sur une table pour les réutiliser au repas suivant. Aucun déchet n'était toléré. Les restes étaient mis de côté et resservis jusqu'à ce qu'ils aient disparu.

Ce jour-là, au dîner, Freda et Beatrice prélevèrent une partie de ce qu'elles avaient dans leur assiette et l'enfouirent au fond de leurs poches. Elles réussirent même à récupérer, dans une poubelle, une vieille boîte de soupe vide. Tous les soirs, avant d'aller se coucher, les fillettes étaient autorisées à passer un moment dans la cour. Tandis que Freda montait la garde, Beatrice posa près de la tête du chien la boîte remplie d'eau et les restes de nourriture. La pauvre bête demeura immobile et n'émit pas un son, mais Beatrice était certaine qu'elle respirait encore.

Le lendemain, quand elles allèrent voir celui qu'elles considéraient désormais comme leur protégé, la boîte était renversée et la nourriture avait disparu, mais entre les pattes du dingo, elles aperçurent trois chiots qui tétaient.

Ces nouveau-nés compliquaient la situation. Elles décidèrent donc de se confier à trois de leurs camarades et leur demandèrent de les aider à prendre soin de cette portée, vieille d'un jour, à l'insu de toutes les autres. Ce fut une grande aventure. Elles parvinrent même à dérober une bouteille de teinture d'iode que Beatrice réussit à verser dans la plaie du dingo blessé. Il leur fallut nourrir et abreuver la mère, masquer à tour de rôle les jappements des chiots, et prier pour que, contre toute attente, la chienne vive suffisamment longtemps pour donner à ses petits une chance d'en réchapper. Un jour, Beatrice eut l'impression que la tête de la pauvre bête avait été aspergée de riz. Quand elle prit dans sa main l'un de ces minuscules grains blancs, il se mit à se tortiller. Les vers avaient envahi la plaie suppurante. Le pauvre dingo resta dans la même position pendant cinq semaines, luttant pour manger, boire, et se maintenir en vie afin de nourrir ses petits.

Les chiots devinrent vite trop bruyants, et la sœur Margaret les découvrit. Elle demanda aussitôt à une fillette d'aller lui chercher une boîte et y déposa les trois dingos. Beatrice et ses amies pensèrent qu'elles ne reverraient plus jamais leurs petits protégés, mais elles se trompaient.

Après le dîner, ayant obtenu leurs noms en les interrogeant séparément, la sœur Margaret appela les cinq fillettes et les emmena dans la buanderie. Les trois chiots étaient couchés dans une caisse, au milieu de la pièce. La religieuse demanda alors à Beatrice de remplir la lessiveuse d'eau et à Freda d'aller chercher un vieux sac qui se trouvait dans un coin, d'y mettre une grosse pierre, et de le tenir bien ouvert pendant que les trois autres enfants y déposaient chacune l'un des dingos. La sœur Margaret ferma ensuite le sac par un double nœud et le jeta dans la lessiveuse. Les trois petits chiots se débattirent et jappèrent tandis que le sac s'enfonçait dans l'eau. L'un des coins flottant à la surface, ils luttèrent longtemps pour s'y maintenir, se battant et se griffant mutuellement pour ne pas mourir. L'air dégoûté, la sœur Margaret se dirigea vers la cuisine et en revint avec un couvercle très lourd. Elle retroussa sa longue manche noire, tendit son bras blafard, posa le couvercle sur le sac et le força à descendre au fond de la lessiveuse. Elle n'arrêta pas de parler pendant tout ce temps, mais son discours ressemblait davantage à un bredouillement. Elle marmonnait, s'en prenant aux créatures sauvages, dangereuses et corrompues ; évoquait Jésus qui tentait de sauver leurs âmes perdues ; suggérait que leurs enfants auraient mieux fait de ne pas naître.

Après avoir chargé Freda d'essuyer le sol de la buanderie, la religieuse confia le sac dégouttant d'eau à Beatrice et emmena les quatre fillettes creuser un trou pour enterrer les chiots. À chaque pelletée de terre, Beatrice sentit grandir en elle sa haine pour cette femme. À cette époque, elle ignorait l'existence du mot « haïr », mais elle en ressentait les effets.

La sœur Margaret leur ordonna ensuite d'achever la besogne en tuant la mère et en enterrant son corps avec celui de ses petits. Quand Beatrice rampa sous les buissons, la chienne était déjà morte. L'enfant lui fut reconnaissante d'avoir renoncé à lutter. Elle la déposa sur le sac contenant le corps de ses chiots, et les fillettes durent alors reboucher le trou. Le bruit de la terre qui tombait sur l'animal mort resta à jamais gravé dans la mémoire de Beatrice. Pour la première fois de sa vie, elle avait vu une mère en compagnie de ses enfants. Pour toutes les fillettes, la chienne devint une héroïne, et la sœur Margaret tint le rôle de la sorcière.

10

Le lendemain du jour où le jeune Geoff, âgé de sept ans, fut présenté au révérend Marshall et à son épouse, Matty Willett le découvrit endormi sur un tas de foin, dans un coin de l'une des granges — son endroit favori —, tenant toujours sa boîte de peinture toute neuve serrée contre lui. Elle le réveilla et lui apprit qu'il devait partir pour l'Amérique. Il n'avait jamais entendu prononcer ce mot, et il n'évoquait rien pour lui. Le jour même, Irene reçut l'ordre de lui faire prendre une douche et de l'habiller avec des vêtements, trop grands pour lui, appartenant aux fils Willett. Il dut également mettre des chaussures pour la première fois de sa vie. Elles lui parurent très inconfortables, mais quand il se mit à pleurer, Irene lui expliqua que les chaussures faisaient toujours très mal aux pieds, mais que personne ne versait de larmes pour autant. Geoff était à présent un grand garçon de sept ans, et il devait accepter cela comme une nécessité, endurer la douleur et se taire. C'est ce qu'il fit.

Rogg et plusieurs autres ouvriers du ranch vinrent lui dirent au revoir, et Irene lui remit un cadeau enveloppé dans un papier aux couleurs vives et fermé par un ruban. Puis ils agitèrent tous la main tandis que s'éloignait la voiture où avaient pris place le révérend Marshall et son épouse. L'enfant demanda alors ce qu'était l'Amérique et quand il reviendrait au ranch, mais personne ne lui répondit. Il fut très surpris lorsque, au bout d'un moment, Nora lui conseilla de dénouer le ruban et d'ouvrir son paquet. Pour lui, il ne faisait aucun doute que le cadeau n'était rien d'autre que ce joli paquet. Il fut ravi de découvrir le gros bloc de papier à dessin qu'Irene lui avait offert. Il le porta fièrement, avec sa belle boîte de peinture, de la voiture jusqu'à la gare.

Le hall de la gare était petit ; il y avait un guichet à une extrémité et à l'autre de longs bancs où quelques personnes se tenaient assises à une distance respectueuse les unes des autres. Le train ne tarda pas à arriver. Geoff n'avait jamais vu un engin aussi gros, qui crachait de la fumée et faisait autant de bruit. L'énorme machine noire tirant des wagons de passagers et de marchandises entra dans la gare en grondant, passa devant lui et s'arrêta un peu plus loin. Il constata avec étonnement que les roues étaient plus grandes que lui.

Le trajet en train dura la journée entière et une partie de la nuit. Les Marshall occupaient deux vastes sièges qui se faisaient face, et Geoff en avait un pour lui tout seul. Il trouvait passionnant de regarder par la fenêtre le paysage défiler à toute allure, mais cela lui donnait un peu mal au cœur. Il passa donc son temps à crayonner le portrait d'un homme barbu, endormi, affalé sur son siège, de l'autre côté du couloir central.

Lorsqu'ils arrivèrent enfin à destination, Geoff, impressionné par l'aspect du hall de la gare et par le fait que les Marshall continuaient à se comporter avec lui comme s'il était un parfait étranger, fut pris d'un tremblement incontrôlable, comme cela lui arrivait parfois quand il faisait très froid. Il n'avait jamais vu de bâtiment aussi vaste ni de plafond aussi haut. Il fixa avec anxiété les grosses poutrelles métalliques noires, espérant qu'elles retiendraient encore un moment le toit, lui permettant de passer en toute sécurité. Il semblait y avoir dans ce hall des centaines de personnes dont la plupart étaient pressées. Les seuls à ne pas courir étaient les voyageurs massés au pied d'un grand tableau. Un homme, portant une casquette à galon rouge, se tenait sur une haute échelle oscillante et changeait les chiffres des quatre colonnes du tableau, la première indiquant le numéro du train, les deux suivantes l'heure d'arrivée et de départ, et la dernière le numéro du quai. Le révérend Marshall annonça qu'il leur fallait se diriger vers la sortie et prendre un taxi pour se rendre au port.

Arrivé là, Geoff découvrit un bateau encore plus impressionnant que l'énorme locomotive. Il hésita un moment quand il vit les Marshall s'engager sur la longue passerelle, puis finit par les suivre et monta à bord. Après tous ces kilomètres parcourus en voiture et en train, et en voyant ce bateau, Geoff avait compris qu'on l'emmenait loin de chez lui. Ses chaussures l'avaient fait terriblement souffrir au cours des premières heures, puis ses pieds s'étaient engourdis. Personne ne lui avait conseillé de se déchausser, et avec sa démarche hésitante, il paraissait encore plus désemparé.

Il se sentait déconcerté. Il souffrait physiquement et moralement, mais était incapable de pleurer. Il se consacra alors à sa passion toute neuve pour le dessin. Ils n'étaient en mer que depuis deux jours quand il fut à court de papier. Il alla trouver le révérend et sa femme qui lisaient, assis dans des transats sur le pont, et leur demanda de quoi dessiner. Nora lui rappela la nouvelle règle, l'utilisation de la formule « s'il vous plaît ». Il ajouta donc un « s'il vous plaît » à sa requête, et Nora lui répondit : « Nous verrons, peut-être plus tard. » Il réitéra sa demande le soir même tout en cachant sa boîte de peinture sous le matelas sur lequel il dormait, au pied du lit des Marshall. Et ce furent également les premières paroles qu'il prononça, poliment, dès son réveil.

Mrs Marshall était impressionnée par la qualité des dessins de l'enfant, mais son mari jugeait que c'était là une perte de temps. Il aurait préféré que le garçon apprît à lire et à écrire. Il n'y avait aucune place dans le monde pour un artiste à la peau noire.

L'après-midi, lorsque Geoff demanda du papier pour la cinquième fois, sans oublier d'ajouter « s'il vous plaît », le révérend Marshall attrapa la boîte de peinture, se dirigea vers le bastingage et la jeta par-dessus bord. Geoff vit la boîte aux couleurs éclatantes tournoyer dans la lumière du soleil avant de s'enfoncer dans le vaste océan bleu, et tout son univers coula avec elle au fond de l'eau. Il ne pardonna jamais son geste au révérend Marshall.

Le révérend et son épouse étaient remplis de bonnes intentions. Ils voyaient dans l'adoption une façon d'offrir une chance de s'instruire à un enfant qui sans cela demeurerait un illettré, mais surtout, ils avaient conscience de sauver son âme. Ils pensaient éviter à Geoff l'existence d'un déshérité et lui épargner les flammes de l'enfer.

Le point de vue de Geoff était tout autre. Il ne se sentait pas à sa place. Il ne comprenait pas pourquoi les Marshall semblaient ne pas l'aimer. Il ne voyait pas en quoi il était différent d'eux. Le troisième jour de la traversée, une nouvelle connaissance de Nora lui fit remarquer qu'il était le seul à avoir la peau sombre. Geoff en avait parfaitement conscience, mais il considérait la chose sous un autre angle ; il comparait cela aux ombres de ses dessins. Pour lui ce n'était ni bien ni mal, c'était ainsi, tout simplement. Ce jour-là, il réalisa qu'aux yeux de certaines personnes les ombres avaient une signification particulière. Plus tard dans la semaine, la même femme tenta de lui expliquer le sens des mots « papa », « maman », « fils » et « famille », mais ils ne signifiaient rien pour lui, n'avaient rien à voir avec ce qu'il vivait.

Quelques jours plus tard, le bateau arriva aux États-Unis. Un étudiant en théologie était venu les chercher pour les conduire chez eux, dans le Vermont. Le lendemain, la voiture s'arrêta devant un petit cottage entouré d'une barrière. Nora avait décoré l'intérieur de tissu écossais, et il y avait des rideaux blancs froncés à chaque fenêtre. Tout cela était très joli. La maison sentait bon car le personnel auxiliaire du temple avait dressé la table et préparé des cookies et des muffins frais. On montra à Geoff une pièce qui servait ordinairement de bureau et de chambre d'amis, et on lui dit qu'on l'aménagerait à son intention. Il n'avait jamais eu d'endroit à lui et ne savait pas ce que cela impliquait ; il ne fut donc pas déçu lorsque la chambre resta telle qu'elle était les jours suivants.

Il vivait avec sa nouvelle famille et dans sa nouvelle maison un peu comme il l'avait fait au ranch des Willett ; il était totalement livré à lui-même. Mis à part le moment des repas, il passait ses journées dehors. Parfois, à l'heure du déjeuner, on lui apportait un sandwich et un verre de lait qu'il mangeait et buvait assis à califourchon sur la grosse branche d'un pommier, tout en contemplant les environs. Une fois ou deux, il franchit la barrière et s'aventura dans les allées et les jardins des voisins, mais Nora le gronda. Comme auparavant, il se lia d'amitié avec les oiseaux, et ajouta même au cercle de ses amis des écureuils et un chat errant.

Un mois plus tard, lorsque sa nouvelle mère l'inscrivit à l'école, il sentit aussitôt que quelque chose n'allait pas. Elle lui prit la main pour la première fois, puis, sans le regarder, expliqua à la secrétaire qu'il n'était pas son fils, mais un Aborigène que le révérend et elle avaient adopté. Geoff découvrit alors que sa naissance n'avait pas été souhaitée et qu'il avait été abandonné par les siens, par sa mère biologique. Nora insista beaucoup sur le fait que personne ne voulait de lui. Les Willett l'avaient recueilli, et à présent son mari et elle subvenaient à ses besoins. Ce jour-là, au lieu d'appeler la femme du pasteur « madame », il usa pour la première fois de son prénom : Nora. Personne ne sembla relever ce changement. Il continua à s'adresser au révérend en l'appelant « monsieur ».

Geoff enfouit les mots « Aborigène australien » tout au fond de sa mémoire. Il ressentit une certaine rancœur à l'égard de ses parents biologiques. Il croyait, comme il l'avait entendu dire, que les siens l'avaient rejeté au moment de sa naissance.

Dix mois après l'adoption de Geoff, les Marshall eurent un premier fils, et dix mois plus tard un second. L'ambiance à la maison et au temple ne fut plus la même. Geoff put alors constater la façon dont un père et une mère aimaient, choyaient et élevaient leurs enfants. Il se sentit encore plus seul. Tant que les Marshall n'eurent qu'un bébé, il dormit dans leur chambre, mais à la naissance du second, la pièce où couchait Geoff fut transformée en chambre d'enfants, et on lui aménagea un coin dans le sous-sol avec un lit, un coffre, une chaise et une lampe.

Lorsque le révérend Marshall présentait ses deux enfants aux membres de la communauté, il ne manquait jamais d'ajouter : « Et voici Geoff, le frère de cœur que nous avons adopté. » Cette formule n'avait aucun sens pour Geoff. Le pasteur précisait parfois : « Nous nous efforçons de sauver son âme. Priez pour lui et pour les sauvages du monde entier. »

Quand Geoff eut neuf ans, Mrs O'Neal, la bibliothécaire de son école, une personne vraiment serviable, s'intéressa à ses lectures. Elle lui expliqua que ses propres ancêtres venaient d'Irlande, et qu'il lui paraissait très important de s'informer sur ses racines. Elle dénicha deux livres sur les Aborigènes et conseilla à Geoff de les lire à ses moments perdus. Il les emporta et, le soir même, lorsque tout le monde fut endormi, il alluma sa lampe et, pour la première fois, entreprit de découvrir la culture dont il était issu. Ces ouvrages ne disaient absolument rien des terres confisquées ni de ce peuple, soumis par la force à une puissance étrangère. Ils présentaient les Aborigènes comme des êtres primitifs, vivant nu, mangeant des insectes, et menant une existence misérable. Geoff ressentit des émotions très contradictoires. Il ne trouvait dans ces livres que peu de choses concernant ses ancêtres dont il aurait pu être fier. Il n'appartenait sans doute pas à la famille Marshall, mais sa vie actuelle lui semblait préférable à celle qu'il aurait menée si on l'avait abandonné parmi les Aborigènes.

11

Un jour de 1945 où il faisait particulièrement chaud — Freda avait alors onze ans et Beatrice neuf —, les pensionnaires de l'orphelinat eurent droit à une agréable surprise. On les emmena passer la journée au bord d'un cours d'eau, dans une sorte de parc. Il avait plu pendant plusieurs mois, et le ruisseau, habituellement à sec, avait pris des allures de rivière, profonde d'un à deux mètres. L'eau tourbillonnait même par endroits. Vers midi, Hannah, une jeune fille de quinze ans, découvrit une vieille souche sur la rive, à peu de distance de la zone herbeuse du parc. Plusieurs fillettes accoururent pour la voir sauter à l'eau. Aucune d'elles n'avait appris à nager, mais il leur parut bientôt évident qu'en agitant bras et jambes il ne devait pas être bien difficile de regagner la rive. Et cela paraissait tellement amusant. S'encourageant mutuellement, elles finirent par vouloir toutes tenter l'expérience. Même Beatrice qui, petite, avait failli se noyer dans son bain, fut incapable de résister à l'attrait de ce jeu tellement excitant. Elle ressentit simplement un petit frisson et une sensation désagréable lorsque l'eau lui entra dans le nez.

Freda attendit sagement son tour. Toutes les filles la regardèrent sauter et disparaître sous l'eau, mais bien vite elles commencèrent à s'inquiéter en ne la voyant pas remonter. Ne sachant que faire, Beatrice se jeta dans la rivière et, tout en s'enfonçant sous l'eau, chercha son amie à tâtons. Inexpérimentée, elle manqua bientôt de souffle, se débattit et eut du mal à regagner la rive. Hannah courut alors demander de l'aide. L'une des sœurs, contrariée d'avoir été obligée d'abandonner son jeu de croquet, arriva en rechignant et commença par poser un tas de questions : étaient-elles bien sûres que quelqu'un avait sauté à l'eau ? Qui était-ce ? Depuis combien de temps cette idiote n'avait-elle pas fait surface ?

La bonne sœur s'éloigna et revint un moment plus tard avec deux autres religieuses. Après avoir attendu vingt minutes, elles réunirent les pensionnaires et leur demandèrent de rentrer à l'orphelinat. Beatrice ne voulait pas abandonner Freda ; elle se mit à pleurer, à hurler, et essaya de se jeter à l'eau, mais les sœurs la giflèrent et l'obligèrent à suivre ses camarades.

Pendant plusieurs semaines, Beatrice ne parvint pas à dormir la nuit. Elle faisait d'horribles cauchemars au cours desquels elle voyait Freda l'appeler à l'aide, la bouche remplie d'eau. Dans ses rêves, elle finissait par mêler les chiots enfermés dans leur sac et sa meilleure amie, griffant et criant au secours.

Quelque temps plus tard, elle entendit la sœur Agatha dire que l'on avait retrouvé le corps de la noyée, les pieds profondément enfoncés dans la boue épaisse. Ses cauchemars devinrent plus horribles encore. Ses nuits étaient hantées par la vision de Freda se débattant dans la boue qui lui obstruait les yeux, les oreilles, et la bouche, tandis que ses pieds restaient coincés entre d'énormes pierres.

Aucune des religieuses de l'orphelinat ne sembla prendre en considération la disparition de sa meilleure amie. Pas une messe ne fut dite à sa mémoire. Beatrice apprit ainsi que les sauvages n'avaient pas droit aux mêmes rites mortuaires que les autres chrétiens.

Toutes les nuits, elle parlait à sa sœur défunte, lui racontait sa journée. Et puis elle finit par voir Freda libérée, s'envoler vers le ciel. Elle continua néanmoins à sentir sa présence, surtout lorsqu'elle apercevait un certain oiseau blanc qui venait de temps à autre se poser sur la barrière et chanter au moment des récréations et qui, le soir, survolait souvent la cour de l'école.

Chaque fois qu'une fillette arrivait à l'institution, les sœurs lui prenaient ses affaires personnelles, brûlaient ses vêtements et lui coupaient les cheveux. Pour cette dernière opération, la nouvelle venue était attachée sur une chaise haute, en bois, installée face au bureau de la mère supérieure. Moins de trente minutes après son arrivée, on pouvait s'attendre à voir la petite fille, sanglée sur sa chaise, se débattre en hurlant, et constater que son apparence physique était aussi épouvantable après qu'avant cette séance. Beatrice réalisa qu'elle tenait là une occasion de se montrer amicale envers ces nouvelles pensionnaires. Au cours des années, elle acquit la conviction que chacune d'elles était unique, mais que toutes avaient les mêmes besoins et éprouvaient les mêmes sentiments. Pourtant, jamais plus elle ne considéra une autre fille comme sa sœur.

La plupart du temps, Beatrice évitait les ennuis. Elle n'était pas timide mais ne se montrait ni effrontée ni entêtée. Elle préférait se parler à elle-même. Elle se disait : « Ce n'est pas juste, je sais que les choses ne devraient pas se passer ainsi, mais il faut jouer à faire semblant. » Elle pensait que si elle prenait bien garde à faire la différence, feindre ne serait pas mentir. Après la mort de Freda, elle n'alla à l'église et ne dit ses prières que pour donner le change, pour donner l'impression de se conformer à ce qu'on exigeait d'elle, mais en réalité, elle faisait semblant.

Beatrice avait très vite appris à lire, et elle dévorait tout ce qui lui tombait sous la main, mais il y avait peu d'ouvrages à la disposition des élèves. Dès l'âge de neuf ans, elle commença à effectuer des tâches ménagères et se porta volontaire pour entretenir les bureaux des religieuses. Elle découvrit là de merveilleux manuels scolaires, des cartes, des magazines, des encyclopédies, et même des lettres personnelles. Une ou deux fois par an, les bonnes sœurs prenaient des vacances, et deux d'entre elles seulement demeuraient à l'institution. Beatrice avait alors accès à tout ce qui n'était pas enfermé derrière les vitres des bibliothèques. L'Église estimait que les femmes indigènes n'avaient pas besoin d'apprendre à bien lire et écrire ; il leur suffisait de savoir déchiffrer les panneaux de signalisation, les étiquettes des boîtes de conserve, et d'être éventuellement capables, ultérieurement, de signer certains papiers officiels. Par contre, il lui semblait important qu'elles sachent entretenir une maison, faire la lessive, s'occuper d'enfants, jardiner, préparer des conserves et, pour celles, très rares, qui étaient particulièrement brillantes, soigner les gens de leur race.

Par une journée froide et nuageuse, Beatrice quitta l'école avec d'autres pensionnaires pour aller couper et empiler du bois. Dans la matinée, un Aborigène assez âgé vint vers elle et se mit à lui parler. C'était la première fois qu'elle voyait un adulte de la même race qu'elle. Le jeune père Paul, qui supervisait la corvée de bois, dit à l'homme de s'éloigner car il empêchait Beatrice de travailler.

Vers la fin de l'après-midi, l'Aborigène revint, mais il marchait curieusement et dégageait une odeur bizarre. Le père Paul le repoussa, et l'homme roula par terre. Le prêtre lui cria de se relever et de s'en aller. Il lui donna des coups de pied pour essayer de le faire bouger, et l'Aborigène finit par se mettre debout et s'éloigna en titubant. Cet incident fut suivi par un discours du père Paul sur les méfaits de l'alcool.

Beatrice admit que l'alcool n'était pas une bonne chose, et cette nuit-là, en regardant les étoiles par la fenêtre, elle fit la promesse de ne jamais se laisser entraîner à boire. Cet engagement lui sembla tellement important qu'elle éprouva le besoin de le marquer par un cérémonial. Utilisant un fragment de tasse en porcelaine qu'elle avait trouvé, elle se coupa légèrement au poignet. Tandis que quelques gouttes de sang coulaient sur sa main, elle réitéra son vœu d'abstinence. Elle avait l'impression que personne d'autre avant elle n'avait eu l'idée de s'imposer une blessure physique pour sceller un engagement personnel. Des années plus tard, elle découvrit que cet acte faisait partie des traditions de son peuple depuis des temps immémoriaux.

Ces quelques gouttes de sang allaient provoquer un véritable bouleversement dans la vie de Beatrice. Le lendemain était jour de lessive pour son dortoir — les draps étaient changés toutes les deux semaines — et, sa blessure ayant légèrement saigné durant la nuit, la sœur Raphael remarqua les taches. Elle emmena aussitôt Beatrice chez la mère supérieure qui la soumit à un véritable interrogatoire. L'enfant ne pouvait pas leur expliquer qu'il s'agissait d'un geste cérémoniel, ni leur dire pourquoi elle l'avait fait, mais elle leur montra son poignet. Les deux religieuses échangèrent un regard, et elle comprit qu'elles ne la croyaient pas. Elles donnaient l'impression de partager un secret qu'elles ne tenaient pas à révéler, mais qui leur laissait penser que les taches de sang ne provenaient pas d'une simple coupure.

Une semaine plus tard, six filles — Beatrice, âgée de neuf ans, étant la plus jeune — furent réveillées de bonne heure. On leur apprit qu'elles avaient été choisies pour aller faire un tour en ville. Elles n'avaient pas le temps de déjeuner mais mangeraient plus tard. Elles se rendirent alors au vestiaire, quelques armoires en bois alignées contre un mur. Chez les Sœurs de la Miséricorde, les vêtements n'étaient pas pendus sur des cintres, mais soigneusement pliés et empilés. Ordinairement, les pensionnaires portaient un uniforme : un chemisier blanc et une jupe marron, mais en de rares occasions — comme quand elles devaient défiler devant des couples susceptibles de les adopter — on les habillait de vêtements provenant de dons faits à l'institution. Ce jour-là, Beatrice dut mettre une robe bleu marine avec un col Claudine blanc bordé d'un croquet rouge.

Le père Paul les conduisit en ville, mais en guise de divertissement, il les emmena dans un centre médical. En franchissant la porte, Beatrice fut frappée par une odeur étrange. La salle d'attente était si parfaitement propre que les enfants n'osèrent pas s'asseoir et restèrent alignées contre le mur. On les appela une par une, puis on les aida à se déshabiller et à enfiler une sorte de grande robe blanche, sans forme. On annonça à chacune d'elles qu'on allait la vacciner et lui faire subir un examen médical complet. Beatrice se souviendrait par la suite qu'une infirmière avait planté une aiguille dans son bras, puis qu'on lui avait mis un masque sur le visage.

Lorsqu'elle se réveilla, elle avait mal au cœur et son ventre était bandé. Sous leurs pansements, elles avaient toutes la même longue incision et les mêmes points. Le jour suivant, on les ramena à l'orphelinat où elles furent séparées des autres pensionnaires jusqu'à ce que leurs plaies soient cicatrisées. Cette intervention faisait partie d'un projet expérimental, mis au point par un jeune prêtre ambitieux qui désirait limiter le nombre des naissances chez les indigènes.

12

À l'école, Geoff était le meilleur joueur de base-ball de son équipe. Il apprenait avec facilité et avait toujours la meilleure note en orthographe. Mais c'était un solitaire. Les autres élèves n'éprouvaient ni amitié ni admiration pour lui. Leurs parents leur avaient expliqué que cet enfant avait la peau bien trop foncée pour faire un ami acceptable.

Geoff n'aimait qu'une chose : dessiner. Il attendait avec impatience les cours de dessin car il avait alors à sa disposition du papier, des crayons de couleur et de la peinture à l'eau. Il était en général le premier à avoir terminé ses devoirs, et le résultat était toujours superbe. Son professeur le laissait ensuite dessiner ou peindre ce qui lui plaisait.

Il ne dessinait jamais chez lui. Il n'avait pas de papier et ne savait pas comment s'en procurer car on ne lui donnait ni argent de poche, ni moyen d'en gagner. Et puis un jour, Mr Schroeder entra dans sa vie...

Mr Schroeder, un ancien combattant dont la maison était située derrière celle des Marshall, passait son existence dans un fauteuil roulant car il n'avait plus l'usage de ses jambes. Il vivait seul. C'était un homme dépressif et coléreux, qui buvait trop et avait fait le vide autour de lui.

Un beau matin d'automne, alors que Geoff était perché sur son pommier, il aperçut Mr Schroeder qui se démenait pour aller vider sa poubelle. Tenir la porte de derrière ouverte, la poubelle en équilibre sur les genoux, et descendre le plan incliné en bois qui recouvrait les escaliers en ciment représentait un véritable exploit pour cet homme handicapé. La poubelle bascula et le contenu se répandit sur le sol. Une boîte, tombée juste devant le fauteuil roulant, l'empêchait à présent d'avancer. Il n'y avait pas suffisamment d'espace sur le plan incliné pour faire demi-tour, et Mr Schroeder, pris au piège, se mit à jurer.

Fulminant, hors de lui, il leva par hasard les yeux et remarqua le garçon dans son pommier. L'arbre n'avait plus une seule feuille, Geoff ne pouvait pas se cacher. Mr Schroeder se mit à crier : « Hé, petit, viens m'aider. Allons, viens... ou va chercher quelqu'un. »

Geoff n'aimait pas beaucoup l'allure de cet adulte mal rasé, aux cheveux hirsutes. Il l'avait déjà aperçu et entendu jurer dans son jardin, tandis qu'il bataillait pour faire la moindre chose. Pourtant, aucune échappatoire ne s'offrant à lui, il se résigna à descendre de son perchoir. Il franchit la barrière entourant le jardin des Marshall, traversa l'allée où étaient alignés les conteneurs à ordures, et se dirigea vers l'infirme coincé dans son fauteuil. La roue avait en partie écrasé la boîte, Geoff voulut la dégager mais n'y parvint pas.

« Va derrière et essaie de tirer, lui expliqua Mr Schroeder. Peut-être que la boîte tombera... »

Mais elle ne bougea pas.

« Penchez-vous et essayez de l'enlever pendant que je tirerai, suggéra Geoff. Il vaut mieux s'y mettre à deux. »

Le fauteuil était très lourd, mais le garçon réussit à le déplacer, et son plan fonctionna. Aussitôt libéré, le fauteuil se mit à rouler à toute vitesse, mais conjuguant leurs efforts, ils parvinrent à maîtriser la situation. Mr Schroeder fut le premier à en rire.

« Tu avais raison ! C'était bien un travail d'équipe qu'il fallait. Merci de m'avoir sauvé la vie. Comment tu t'appelles ?

— Geoff, monsieur. Geoff Marshall.

— Je suis très heureux de te connaître, Geoff. Tu

es un petit gars drôlement costaud. Je me trouvais en mauvaise posture quand tu es venu m'aider. Entre, je voudrais te donner une petite récompense.

— Oh, ce n'est pas nécessaire.

— Bien sûr que si ! Est-ce que tu as peur de moi ? Mon nom est Schroeder, et je te promets de ne pas te mordre. Entre donc. »

Geoff poussa Mr Schroeder le long du plan incliné et pénétra dans la cuisine. Là, ils firent plus ample connaissance et bavardèrent un peu. Le garçon expliqua que son père n'aimerait pas le voir accepter de l'argent pour avoir rendu service à un voisin. Schroeder lui répondit que cela pourrait être considéré comme un salaire si Geoff acceptait de venir un moment chaque semaine, après l'école, pour l'aider. Il gagnerait ainsi un peu d'argent de poche.

Le révérend Marshall refusa que Geoff se fasse payer, mais apprécia son idée de vouloir aider un ancien combattant handicapé. Cela pourrait même lui fournir le thème de l'un de ses prochains sermons.

Schroeder ne donna donc pas d'argent à Geoff, mais il apprit à deviner ce que l'enfant désirait. Il acheta ainsi du papier et du matériel de dessin, qu'il garda chez lui, et invita Geoff à venir s'en servir aussi souvent qu'il le voudrait. Ils devinrent bons amis. Schroeder appréciait le travail du jeune artiste et sa compagnie. Il fit même encadrer certains de ses dessins. Geoff tenait le cadre en bois contre le mur, tandis que Schroeder prenait un peu de recul pour décider de l'endroit où planter le clou. Ils riaient fréquemment tous les deux en constatant que tout ce qu'ils entreprenaient finissait par devenir un travail d'équipe.

Le caractère de Schroeder sembla s'adoucir au contact de l'enfant. De son côté, Geoff aimait bien être traité en adulte. Schroeder prit davantage soin de lui, de son apparence physique. Il apprit à faire des gâteaux en prévision de la visite de Geoff, après l'école. Et ils associèrent même leurs efforts pour créer un véritable jardin.

Un après-midi, après une journée scolaire particulièrement difficile, Geoff se plaignit de ne pas avoir d'amis, de ne s'entendre avec aucun de ses camarades. Schroeder lui répondit que lui aussi n'avait qu'un seul ami, et il ajouta : « Tu ne peux pas changer les gens, mais tu peux modifier l'image que tu as de toi et te sentir plus en accord avec toi-même, sans te soucier de ce qu'en pensent les autres. Quand tu seras fier de ce que tu es, bien avec toi-même et avec ce que tu représentes, tu te moqueras de savoir combien de personnes t'appellent leur ami. Pour une raison étrange, la confiance en soi semble attirer l'admiration. Tu peux aussi minimiser les différences qui te séparent des autres ; cela aide également. Ton prénom, par exemple : il ne s'orthographie pas comme les Américains ont l'habitude de le faire. Je suis persuadé que lorsqu'on le lit pour la première fois, sans l'entendre prononcer, on ne sait trop comment t'appeler. Pourquoi ne demanderais-tu pas à tes parents la permission de l'écrire "Jeff", par exemple ? Tu pourrais aussi adopter un surnom qui te plairait. »

Ses parents ne l'autorisèrent pas à changer l'orthographe de son prénom, mais il le fit malgré tout, de temps à autre, comme lorsqu'il adhéra à un club de base-ball du voisinage, sachant pertinemment que les Marshall n'assisteraient jamais à un seul match. Schroeder se mit à l'appeler « Slugger[1] » après avoir constaté qu'il était le seul de son équipe à accomplir des *home runs*[2]. Geoff avoua à son vieil ami que ce surnom lui plaisait bien ; il avait ainsi l'impression de s'être défait de son prénom australien. Mais sa famille ne reconnut jamais le besoin qu'il éprouvait de trouver sa véritable identité, et y répondit encore moins.

---

1. Un *slugger* est un joueur de base-ball qui frappe très fort (*N.d.T.*).

2. Coup de batte qui permet au batteur de marquer un point en faisant un tour complet en une seule fois (*N.d.T.*).

Un jour froid et neigeux d'hiver, Schroeder réserva une surprise à son jeune compagnon. Il s'était rendu dans une bibliothèque où il avait déniché un livre sur l'art aborigène. Ils l'étudièrent ensemble. Cette expression artistique paraissait unique en son genre. Tout y était symboles. Les êtres humains étaient représentés par un signe ressemblant à un U majuscule, les rivières prenaient la forme de lignes ondulées et les arrière-plans étaient couverts de pointillés.

Geoff remercia son ami et donna l'impression d'être très intéressé, mais son sentiment profond était tout autre. Il avait sous les yeux une preuve supplémentaire que la culture dont il était issu était celle d'un peuple primitif et dénué de raffinement. Il ne comprenait pas ce que ces images étaient censées représenter, et rien dans cet art ne le rendait fier d'être aborigène.

13

Beatrice aimait beaucoup la nature. À l'âge de dix ans, elle lisait tous les livres qu'elle pouvait trouver décrivant les arbres et les fleurs de son pays natal. Elle était fascinée par les photographies de forêts tropicales humides, de chutes d'eau, de dunes et de rivages. Elle dévorait les ouvrages sur les mammifères, les insectes, les oiseaux, les animaux marins. Il lui tardait de connaître tout cela, et elle rêvait du monde merveilleux qui s'étendait au-delà des murs de l'orphelinat. Lorsqu'elle eut onze ans, elle s'intéressa à l'astronomie et consulta des livres sur les planètes et les constellations. La nuit, elle se glissait dehors et cherchait à les localiser dans le ciel. À douze ans, elle se passionna pour les théories scientifiques, les expériences et les tests mais, bien évidemment, elle n'avait ni professeur ni laboratoire à sa disposition. En affirmant vouloir devenir un jour infirmière, elle obtint l'autorisation de consulter des ouvrages de la bibliothèque municipale. Deux fois par mois, le père Paul rendait les livres qu'elle avait déjà lus et lui en rapportait de nouveaux.

Cette année-là, le prêtre retourna dans son séminaire pour une période de six mois, et le père Felix vint le remplacer. Le père Paul l'avait mis au courant de tout ce qui concernait son travail à l'orphelinat ainsi que des aspects un peu marginaux de sa charge, comme l'intérêt de Beatrice pour la lecture.

Le père Felix ne tarda pas à convoquer Beatrice dans son bureau pour lui remettre ses livres. Lorsqu'elle se présenta à lui, il ferma aussitôt la porte à clé. Les nouveaux ouvrages étaient empilés sur un coin de sa table de travail. S'installant dans un grand fauteuil en cuir, il lui demanda de s'asseoir en face de lui, de l'autre côté du bureau, d'ouvrir chacun des livres, de lui dire s'ils lui convenaient et ce qu'elle espérait en apprendre. Tandis qu'elle s'exécutait, elle se rendit compte qu'il semblait occupé et ne l'écoutait pas vraiment ; ses mains n'étaient pas visibles, mais ses bras s'agitaient.

Après lui avoir posé quelques questions, il sourit et lui demanda d'approcher. Elle le fit avec réticence, quelque chose en elle l'avertissait que l'attitude du père Felix n'était pas convenable. Quand elle contourna la table et avança vers lui, elle vit que son pantalon était ouvert et qu'il tenait quelque chose dans sa main. Il se moqua alors de son intérêt pour la science et la biologie, et ajouta qu'elle avait également besoin de s'initier à l'anatomie. Il ne lui fit aucune avance, mais continua à prendre plaisir à ce qui l'occupait. Quand Beatrice détourna le regard, il éclata de rire. En remettant de l'ordre dans sa tenue, il lui expliqua qu'il avait fait cela pour son bien ; ainsi elle avait pu voir quelque chose qui lui ferait défaut sa vie entière car aucun homme n'épouserait jamais une jeune fille avec de pareilles cicatrices sur le visage et ne voudrait d'une femme qui avait été opérée et ne pouvait pas avoir d'enfants. En ouvrant la porte, il lui recommanda de ne parler à personne de leur entrevue, la menaçant de ne plus lui rapporter de livres si elle lui désobéissait.

Perturbée, Beatrice quitta le bureau lambrissé. Elle ne comprenait pas vraiment ce qui venait de se passer, ce qu'avait fait le prêtre ni ce qu'il lui avait dit. Elle était néanmoins choquée par son attitude, par le fait d'avoir vu le sexe d'un homme, mais surtout bouleversée d'avoir appris que l'opération qu'elle avait subie à l'âge de neuf ans était destinée à l'empêcher d'avoir des enfants. Elle n'avait jusqu'alors jamais songé aux garçons, ni à se marier, ni à être mère. Elle ne parla à personne de ce qui lui était arrivé, mais réussit à obtenir de la sœur Margaret la confirmation que la cicatrice qu'elle avait sur le ventre était bien la conséquence d'une intervention ayant pour but de lui interdire d'être mère.

Elle n'osa pas désobéir aux ordres du père Felix. Deux semaines plus tard, elle déposa les livres qu'elle avait lus devant la porte de son bureau, et récupéra les nouveaux de la même façon.

Si, à treize ans, on avait fait subir à Beatrice un test destiné à évaluer son quotient intellectuel, on aurait pu constater que celui-ci était bien supérieur à la moyenne. Mais son intelligence n'intéressait aucunement les Sœurs de la Miséricorde. Elles étaient très satisfaites de cette élève qui se prenait discrètement en charge et ne leur posait aucun problème.

14

Le révérend Marshall et sa famille passaient tous les mercredis soir en compagnie des membres de la congrégation. L'été et les week-ends étaient également l'occasion de réunions pour le renouveau de la foi, et l'on n'entendait plus alors que des chants sonores, des prières dites à haute voix, les pleurs des pécheurs et les cris des élus. À chacune de ces réunions, le père adoptif de Geoff invitait sa famille, bien pomponnée, à monter sur l'estrade. Nora tenait dans ses bras le plus jeune de ses fils, tout de blanc vêtu, tandis que l'aîné se serrait contre ses jambes. Toujours impeccablement propre, il portait habituellement une chemise blanche ornée d'un minuscule nœud papillon. Le révérend présentait alors les siens et finissait invariablement par Geoff, soulignant à quel point sa famille, par ailleurs si blanche, se montrait généreuse en accueillant l'un de ces sauvages païens. Geoff servait d'exemple à tous. Il avait appris à garder la tête haute et à sourire, tandis que le chef de la famille et de la paroisse répétait inlassablement qu'il fallait aimer son ennemi, pardonner l'ignorance, prier pour les païens, convertir les sauvages, anéantir le mal et déjouer les plans de Satan en faisant disparaître ces cultures d'où toute civilisation était absente.

Geoff était très perturbé : le lundi et le mardi, il avait l'impression de faire des progrès, d'appartenir à la grande famille des enfants de Dieu, alors que chaque mercredi on le présentait comme l'exemple même des âmes perdues errant de par le vaste monde. Cela devint pour lui un jeu, une plaisanterie, un rôle qu'il jouait et dans lequel il se montrait aussi convaincant que les personnages des feuilletons radiophoniques que Nora écoutait fidèlement. À cette époque-là, il apprit que les joueurs d'orgue de Barbarie étaient accompagnés d'un singe chargé d'attirer l'attention des passants, et il trouva une certaine similitude entre sa situation et celle de ces animaux captifs. À sa connaissance, il n'existait pas dans tout le Vermont une autre personne à la peau noire.

Un mercredi, Geoff réalisa que le révérend avait lu les livres sur les populations indigènes d'Australie que la bibliothécaire de l'école lui avait prêtés. Son sermon, ce soir-là, porta sur ce peuple tellement primitif qu'il ne possédait pas de langue écrite, ne savait pas construire de maisons ni cultiver la terre, et ignorait tout de l'amour de Jésus et du salut éternel. Geoff se sentit humilié. Il aurait voulu expliquer aux Marshall qu'il ne s'intéressait pas aux Aborigènes pour découvrir à quoi ils ressemblaient, mais pour mieux faire comprendre à ses parents adoptifs qui il était et ce qu'il était. Mais il ne dit rien. L'Australie se trouvait de l'autre côté de l'océan, et il n'y retournerait certainement jamais.

Il ne se sentait pas proche de ses deux frères adoptifs. Ils étaient beaucoup plus jeunes que lui et très complices. Quand l'un d'eux cassait un jouet, ils accusaient toujours Geoff, et c'était sa parole contre la leur. Il lui était impossible de se défendre. Personne n'aurait écouté ce qu'il avait à dire, et pour lui la bataille semblait invariablement perdue d'avance.

Il ne demanda jamais à ses parents pourquoi il portait toujours des vêtements d'occasion alors que les deux autres garçons étaient habillés de neuf ; ni pourquoi il dormait dans un coin sombre du sous-sol tandis qu'eux disposaient d'une chambre ensoleillée. Il ne posa pas ces questions parce qu'il connaissait les réponses : il n'était pas à sa place ici, et ne le serait nulle part ailleurs.

En grandissant, il se montra moins appliqué dans son travail scolaire. Il comprenait parfaitement ce qu'on lui apprenait, mais cela ne l'intéressait pas et il fournissait le minimum d'efforts.

Quand il eut quatorze ans, les Marshall allèrent s'installer au Texas. Ce fut un choc pour lui. Apparemment toute la famille en avait parlé, et ses deux frères adoptifs avaient été amenés progressivement et en douceur à accepter ce changement ; Geoff, lui, ne l'apprit que le jour du départ. On ne lui accorda même pas la permission d'aller prendre congé de Schroeder, son seul ami.

Au Texas, une grande partie de la population était composée de Mexicains, d'Indiens et de Noirs. On prenait souvent Geoff pour l'un d'eux car, apparemment, personne n'avait jamais entendu parler des Aborigènes d'Australie. Ses années d'école au Texas furent parmi ses meilleurs souvenirs, non pas sur le plan scolaire, mais parce qu'il fut enfin accepté par certains de ses camarades de classe ; et il se trouva que ces derniers étaient les plus craints parce que les plus agressifs. En secret, un par un, chacun de ses nouveaux amis vint lui confier son désir de savoir lire, écrire et compter. Ces adolescents étaient tout à fait normaux, mais il existait une telle prévention à leur égard que seule une attitude arrogante était capable de retenir l'attention des professeurs. Geoff jugea préférable d'adopter le style de vie de ses copains, ce qui impliquait de jurer, fumer, boire et voler ; mais il leur donna également des leçons particulières.

À partir du moment où il se fit des amis, il eut des démêlés avec la police. Ce fut tout d'abord pour avoir manqué l'école, puis bu de l'alcool alors qu'il était mineur, et enfin pour avoir conduit sans permis. Il refusa dorénavant de se rendre au temple et ne toléra plus les remarques ni les brimades des deux fils Marshall. Il se tint à l'écart, loin de la maison le plus souvent possible.

À l'âge de seize ans, il s'adonnait à la boisson, et un jeudi pluvieux, il ne rentra pas chez lui. Il but tant qu'il s'évanouit dans la vieille cabane où ses amis avaient l'habitude de se réunir. Il avait réussi à cacher son alcoolisme aux Marshall car il ne buvait jamais suffisamment pour être ivre, mais absorbait de l'alcool d'une manière régulière et vivait sous cette influence heure après heure, jour après jour. La séparation d'avec sa famille fut rapide et simple. Personne ne chercha à le retrouver, et aucun des Marshall ne lui manqua.

15

En janvier 1952, Beatrice eut seize ans. Le jour même de son anniversaire passa inaperçu. À la mission des Sœurs de la Miséricorde, on ne fêtait jamais les anniversaires.

Au début du mois de février, le père Paul convoqua Beatrice dans son bureau. Les sœurs Agatha, Margaret, Raphael et le prêtre étaient assis à une longue table en compagnie d'une femme d'une cinquantaine d'années, vêtue d'une robe bleue et coiffée d'un petit chapeau à voilette de couleur assortie.

« Mrs Crowley, ici présente, commença le père Paul, est venue t'offrir un travail. Nous n'étions tenus de nous occuper de toi que jusqu'à ce que tu aies atteint l'âge de seize ans ; il est donc temps de te prendre en charge. Mrs Crowley est propriétaire d'une pension de famille et a besoin de quelqu'un pour l'aider à faire le ménage, préparer les repas, et se tenir à la disposition des pensionnaires. Je pense que tu dois être capable d'assumer cela, n'est-ce pas ?

— Oui, répondit timidement Beatrice.

— Bien. La sœur Margaret va donc t'aider à réunir tes affaires et, après le déjeuner, tu partiras avec Mrs Crowley. »

Le père Paul se leva, et Beatrice comprit qu'elle devait se retirer. Elle se rendit aussitôt au dortoir et s'assit sur son lit. Son cœur battait très fort. Depuis la mort de Freda, elle avait refusé toute nouvelle amitié et ne s'était confiée à personne, mais elle savait qu'elle regretterait ses compagnes, surtout les plus jeunes. Elle sortit de sous son matelas une boîte de cigares qu'elle tint tendrement contre elle. Celle-ci contenait tout ce qu'elle possédait de précieux : une bouteille de teinture d'iode vide, le voile blanc de Freda, une pierre brillante, et plusieurs petits mots que son amie lui avait écrits. La sœur Margaret la rejoignit bientôt, un sac en papier à la main. Après les avoir pliés, Beatrice y rangea ses sous-vêtements et ses chemises de nuit, puis y déposa sa boîte. La religieuse l'autorisa à prendre dans le vestiaire commun deux robes de coton que Beatrice ajouta à ses affaires. Elle n'avait pas eu l'occasion de porter de chaussures ces dernières années, mais la sœur Margaret finit par en dénicher une vieille paire dont l'une des bonnes sœurs s'était débarrassée ; elle suffirait à rendre la jeune fille présentable dans le cadre de son travail chez Mrs Crowley. Beatrice détesta aussitôt la sensation qu'elle éprouva en emprisonnant ses pieds dans ces chaussures.

Au moment du déjeuner, le père Paul annonça le départ de Beatrice aux autres pensionnaires. La jeune fille se leva et, de sa place, dit au revoir à ses camarades. À une heure de l'après-midi, elle se retrouva assise à l'arrière de la voiture de Mrs Crowley, coincée entre des cageots de légumes, une chaise de jardin en fer, peinte en bleu, et un portemanteau sur pied dont il ne restait que quatre crochets sur six. Elles ne parlèrent pas beaucoup tandis que Mrs Crowley conduisait, mais cela importait peu à Beatrice car elle était très occupée à découvrir, par la vitre, ce monde qu'elle connaissait si peu. En réalisant qu'elle venait de quitter l'orphelinat pour toujours, elle en eut presque le souffle coupé. Elle n'avait pas la moindre idée de l'endroit où elle se rendait ni de ce qui l'attendait, et ignorait si elle s'habituerait à sa nouvelle vie. Elle savait seulement qu'elle ne dépendait plus de la Mission et était prise à l'essai par une certaine Mrs Crowley.

16

Les années que Geoff Marshall vécut entre seize et vingt-trois ans ne lui laissèrent que le souvenir confus d'une succession de moments d'euphorie alcoolique et de périodes de profonde dépression, de déambulations le long de routes nationales ou sur des chemins de campagne, sous des pluies torrentielles, des chutes de neige, des orages de grêle, ou par une chaleur étouffante.

En janvier 1953, le jour de ses dix-sept ans, le ciel était couvert lorsqu'il se réveilla, assis à l'avant d'un camion chargé de produits d'épicerie.

La veille au soir, le chauffeur avait eu pitié de lui après avoir failli l'écraser, alors qu'il se tenait sous la pluie, au bord de la route. Le camion venait de Wichita, Kansas, et allait livrer ses marchandises dans le Nebraska et l'Iowa. La chaleur qui régnait dans la cabine, associée à la pluie glaciale qui tombait depuis plusieurs heures, embuait le pare-brise, et le chauffeur était obligé de l'essuyer constamment pour mieux voir. Surpris par un virage, il avait brusquement aperçu dans la lumière des phares une silhouette sombre, couverte de givre. Le garçon portait un blue-jean détrempé qui avait viré au noir et une veste bleu marine dont il avait remonté le col jusqu'aux oreilles. Son teint était foncé, et de la glace s'était amassée sur ses vêtements et ses cheveux. Après avoir réussi à reprendre le contrôle de son véhicule, le chauffeur avait freiné et s'était rangé sur le bas-côté tandis que le garçon le rejoignait en courant.

« Monte vite, avait crié le chauffeur. Qu'est-ce que tu fous là ? Tu es à plus de soixante kilomètres de la ville la plus proche ! »

Geoff lui avait expliqué qu'il faisait de l'auto-stop et qu'un fermier des environs l'avait amené jusque-là, puis avait dû tourner pour rentrer chez lui. Il ne pleuvait pas quand il était descendu de voiture pour continuer sa route. La circulation n'était pas dense et aucun véhicule ne s'était arrêté.

Le chauffeur avait conseillé à Geoff d'ôter sa veste et sa chemise, et lui avait tendu une serviette de toilette que le garçon avait enroulée autour de ses épaules. Il restait un peu de café chaud dans la bouteille thermos, et ils l'avaient partagé. Aucun des deux n'ayant envie de parler, Geoff s'était vite endormi.

Le soleil ne brillait toujours pas lorsqu'il ouvrit les yeux. C'était un jour gris, mais il faisait bon dans la cabine. Sa chemise avait séché et son pantalon, bien qu'encore humide, était moins raide. Le chauffeur gara son véhicule devant un relais routier.

« Allons prendre un petit déjeuner, dit-il. Tu as un peu d'argent ? »

Geoff fit non de la tête.

« Ça ne fait rien, je paierai pour toi. »

Ils entrèrent dans la salle et s'assirent dans le premier box, près de la porte. Les banquettes étaient recouvertes d'un plastique jaune délavé et usé. La serveuse regarda les deux hommes de derrière le comptoir. Elle semblait perplexe, comme si elle avait eu envie de leur poser une question, mais elle n'en fit rien. Au bout de quelques minutes, le chauffeur cria :

« Hé, est-ce qu'on peut se faire servir, ici ?

— Qu'est-ce que vous prendrez ? demanda la serveuse sans lever les yeux de son journal.

— Qu'est-ce que vous avez ?

— Comme d'habitude ! Œufs, bacon, toasts, pancakes, céréales...

— Je prendrai du bacon, des œufs brouillés et des

toasts bien grillés. Et toi, petit, des œufs et du bacon, ça te va ? »

Geoff fit signe que oui.

« C'est vous qui payez pour lui ? demanda la serveuse.

— Tu verras bien, répondit le chauffeur d'un ton cassant. Inutile d'être sympathique avec les gens désagréables, ajouta-t-il en clignant de l'œil à l'adresse de Geoff, elle ne sait même pas comment gagner un bon pourboire. »

On venait de leur servir leur petit déjeuner quand un homme entra et alla s'asseoir au comptoir. Il était grand, mince, presque chauve, et devait avoir dans les cinquante ans. La serveuse l'appela Lyle, lui apporta une tasse de café et s'assit en face de lui sans y avoir été invitée. Ils semblèrent poursuivre une conversation entamée la veille. Lyle se plaignit de n'avoir toujours personne pour l'aider à vider sa grange alors que la vente était prévue pour le samedi, et la serveuse parut compatir, mais sans trouver de solution à son problème.

« Mon copain est un rude travailleur, cria le chauffeur en montrant Geoff du menton, sans cesser de mastiquer. Si vous êtes prêt à lui offrir un salaire...

— Oui, répondit aussitôt Lyle, mais seulement pour cinq jours, rien de permanent. Je paie dix dollars par jour, et je peux le loger.

— Ajoutez-y ce petit déjeuner, et l'affaire est conclue, répliqua le chauffeur en souriant. Tu es d'accord, mon gars ? »

Geoff était tout étourdi par la vitesse avec laquelle les choses évoluaient. Le chauffeur avait d'abord offert de lui payer son petit déjeuner, puis il avait discuté pour lui obtenir un travail, et maintenant il marchandait pour des œufs et du bacon. Geoff ne dit pas un mot jusqu'à ce que l'homme vînt vers lui, la main tendue :

« Je m'appelle Lyle Moore, et toi ?

— Geoff Marshall.

— Heureux de te connaître, Geoff. Est-ce que ce travail te convient ? Tu n'as pas dit un mot.

— Oui, ça me va, je suis libre jusqu'à samedi. »

Lyle Moore et Geoff Marshall quittèrent donc le relais ensemble. La ferme des Moore n'était qu'à une dizaine de kilomètres de la ville. Elle se composait d'une maison d'habitation à charpente en bois, d'une écurie de huit stalles, d'une grange pour le foin et les machines agricoles, et d'une autre, très vaste, où Mrs Moore, récemment décédée, avait entassé quantité d'objets, amassés au fil des années. Son mari et elle s'étaient rendus à des ventes aux enchères presque chaque mois, tous les étés. Les fermiers des environs vendaient ce qu'ils désiraient remplacer ou les vieux objets qu'ils possédaient et qui plaisaient tant aux gens de la ville.

« Le problème avec maman — c'était ma femme, précisa Lyle, je l'appelais toujours ainsi, comme les enfants. Son problème, donc, c'était qu'elle achetait tout, mais ne revendait jamais rien. Il faut absolument que je me débarrasse de ce matériel. Un commissaire-priseur doit venir samedi, et je voudrais trier tout ça et en faire des lots. Il ne reste à la maison que Nancy, ma plus jeune fille, et c'est trop de travail pour nous deux. Si tu y mets un bon coup, ça m'aidera vraiment. Tu es de passage par ici ? Je sais que tu n'es pas du coin. Quel âge as-tu ?

— Je viens d'avoir dix-neuf ans, répondit Geoff, se vieillissant de deux ans. Pour l'instant, je voyage et j'essaie de savoir où j'aimerais vivre et quel genre de travail choisir.

— Bonne idée ! Le monde est grand, et il y a un tas d'occasions à saisir. »

La chambre du fils de Lyle avait été transformée en chambre d'amis ; il était marié à présent, vivait en Oregon et revenait rarement dans le Middle West.

En entrant dans la maison, Lyle lança : « Salut, je suis là ! », mais personne ne lui répondit. Il montra alors à Geoff sa chambre et la salle de bains. Quand le garçon sortit sur le palier, Nancy descendait les escaliers en sautillant et en se séchant les cheveux avec une serviette. En entendant quelqu'un marcher, elle leva la tête, vit Geoff et poussa un hurlement. Sa réaction était compréhensible, mais tout le monde se sentit un peu gêné. Lyle lui présenta leur nouvel employé, et tout rentra dans l'ordre.

Lyle et Geoff passèrent leur journée à déplacer des objets, à les trier, et à les regrouper au milieu de la grange. Leur travail prit un tour amusant lorsque Geoff se mit à interroger Lyle sur l'utilisation de certaines de ces antiquités. Il y en avait des centaines dont un traîneau à cheval, en bois, à six places ; des scies avec une poignée à chaque extrémité permettant à deux hommes de conjuguer leurs efforts pour couper un arbre ; de grands pots en fer dans lesquels on faisait fondre de la cire, et des moules pour fabriquer des bougies ; de vieux postes de radio encastrés dans de gros meubles ; des caisses de vaisselle ; toutes sortes de barattes ; et au moins une cinquantaine de cadres gravés et décorés. Fasciné, Geoff écoutait Lyle lui raconter comment on se servait de ces vieux objets, mais il avait du mal à imaginer que quelqu'un eût envie d'acheter un tel bric-à-brac.

Ce soir-là, Lyle donna quelques-uns de ses vêtements à Geoff et mit leurs affaires sales dans la machine à laver. Puis il prépara le repas tandis que Nancy, installée dans le salon, invitait le garçon à venir la rejoindre. De toute évidence, Mrs Moore n'avait jamais demandé à sa fille de l'aider, et celle-ci ne pensait même pas à proposer ses services à son père. Ils dînèrent ensemble, puis la jeune fille, voulant voir les découvertes du jour, entraîna Geoff dans la grange.

« En réalité, je me moque bien de tous ces vieux trucs, déclara-t-elle. Mon père cache des bouteilles de bière dans la grange à foin. Il ne sait pas que je les ai découvertes. Viens, je vais te montrer. »

En entrant dans la grange, Nancy se dirigea vers un vieux meuble en bois, à la peinture écaillée. Elle l'ouvrit et sortit une bouteille.

« On va s'asseoir là, dit-elle en se dirigeant vers un tas de foin tout en tirant sur le bouchon.

— Ce n'est peut-être pas une bonne idée, protesta Geoff, ton père pourrait mal le prendre.

— Non, je le connais. Il va faire la vaisselle, écouter une émission à la radio et étendre le linge sous le porche de derrière avant d'aller se coucher. Il ne me cherchera même pas, il ne le fait jamais. »

Elle avait raison. Ils burent la bouteille de bière faite à la maison, et Nancy raconta à Geoff combien la vie dans le Middle West était ennuyeuse et triste. Puis ils débouchèrent une seconde bouteille. En se réveillant au cours de la nuit, Geoff constata que Nancy était partie. Il retourna à la maison et monta se coucher. Il espérait bien que la jeune fille en avait fait autant.

Le lendemain fut une répétition du jour précédent, et seules varièrent les anecdotes de Lyle sur les divers objets. Ils découvrirent trois miroirs biseautés mesurant près de deux mètres de haut chacun, récupérés dans un hôtel, et un comptoir en noyer, avec une barre repose-pieds en cuivre, que les miroirs avaient aidé à mettre en valeur. Ils trouvèrent également des chaises recouvertes d'un velours bleu crasseux et déchiré d'où s'échappait du crin. Lyle tomba sur une boîte noire couverte de poussière. Après avoir soufflé dessus, il l'ouvrit et montra à Geoff des armes à la forme étrange : des pistolets de duel. Il lui expliqua qu'à une certaine époque, lorsque deux hommes avaient un différend, ils le réglaient en se tirant dessus.

À l'heure du déjeuner, ils se rendirent à la cuisine où Lyle ouvrit une boîte de soupe et prépara des sandwiches. Il regarda par la fenêtre tout le temps où il mangea, puis il dit à Geoff : « J'ai eu une belle vie, jeune homme. Oui, j'ai beaucoup de chance. Je suis propriétaire de ma maison, j'ai eu une bonne épouse qui m'a aimé, et tous mes enfants sont en bonne santé. Le métier de fermier est dur, mais je peux aller à la pêche chaque fois que j'en ai envie, ou presque. J'espère que tu trouveras ta voie et que tu auras une belle vie, toi aussi. »

Dans l'après-midi, le car de ramassage scolaire s'arrêta devant la ferme des Moore. Nancy en descendit et se dirigea lentement vers la maison. Elle remarqua Geoff qui la regardait depuis la grange, mais l'ignora. Quand les deux hommes eurent fini leur travail et rentrèrent pour se laver, elle était en haut, dans sa chambre, et on pouvait l'entendre danser sur une musique tonitruante. Elle ne fit pas le moindre effort pour aider son père qui, une fois encore, prépara le repas et mit le lave-linge en marche.

Après le dîner, Nancy et Geoff prirent le chemin de la grange à foin et de la réserve de bouteilles. La jeune fille était d'humeur joyeuse. Elle détestait l'école, la ferme, la ville voisine, mais la journée avait été bonne. On l'avait choisie pour interpréter un rôle dans la pièce que son école jouerait au printemps prochain.

« Pourquoi ne l'as-tu pas dit à ton père ? demanda Geoff tout en avalant sa première gorgée.

— Il s'en moque ! Tu ne connais pas mon père. Seule ma mère s'intéressait à ce genre de choses. Elle aurait certainement assisté au spectacle. Mais elle ne peut plus me voir maintenant. Tu crois que les morts savent ce qui nous arrive ?

— Je ne sais pas. Mon beau-père était pasteur. Il parlait beaucoup de la mort, d'aller au paradis ou en enfer, mais il était tellement hypocrite que j'ai arrêté de l'écouter. Je n'y ai pas réfléchi depuis très longtemps.

— Moi je ne crois pas qu'ils nous voient, mais j'aimerais bien leur offrir quelque chose à regarder. »

Elle déboutonna son chemisier et l'ôta lentement.

« Je n'avais jamais vu de Noir avant toi. Déshabille-toi...

— Je ne suis pas noir, je suis australien.

— Oh, peu importe d'où tu viens. Je veux dire... noir c'est noir. »

Elle lui prit la main et la pressa contre elle.

« Viens, amusons-nous un peu », chuchota-t-elle.

Au Texas, Geoff avait entendu ses amis parler de leurs aventures, mais il n'avait jamais connu de fille. Il se montra hésitant, procéda lentement, et Nancy mena le jeu. Puis ils finirent la bouteille, et Geoff ne fut plus tout à fait sûr de ce qui s'était passé. Cela ne ressemblait en rien à ce que ses camarades lui avaient raconté. Nancy se rhabilla et se dirigea vers la maison. Il patienta quelques minutes et la suivit. Elle était allée se coucher.

Le troisième jour, Lyle découvrit un cageot dans lequel étaient empilés des plateaux en carton préformé, destinés à recevoir des œufs. Dans chacune des alvéoles, Mrs Moore avait soigneusement rangé des bijoux anciens. Il demanda à Geoff d'emporter le tout à la maison. Ils examineraient cela plus attentivement le soir.

Après le dîner, Lyle se rappela soudain sa trouvaille et demanda à Geoff d'aller chercher le cageot, et à Nancy d'examiner tous les bijoux et de voir si certains d'entre eux pouvaient avoir de la valeur. Il les rejoindrait après avoir nettoyé la cuisine et étendu la lessive. Geoff observa Nancy tandis qu'elle prenait une à une chacune des pièces dans ses mains : il y avait des bagues, des boucles d'oreilles, des colliers et des bracelets. Aucun des deux jeunes gens n'était capable d'estimer la valeur de ces objets, mais après avoir regardé attentivement un collier de perles, Nancy le mit dans sa poche. Elle continua son travail, et une bague de diamants, une broche d'émeraudes et une paire de boutons de manchette ornés de diamants rejoignirent le collier de perles. Quand Lyle revint, il parut étonné par la collection que sa femme avait réunie et estima qu'elle atteindrait un bon prix à la vente du samedi.

Les deux hommes finirent leur travail le jour suivant, vers midi. Lyle dit à Geoff qu'il était libre de partir sur-le-champ s'il le désirait, mais qu'il pouvait aussi passer la nuit à la ferme et ne reprendre la route que le lendemain matin. Il dénicha un sac de sport dont son fils s'était débarrassé, et y mit des vêtements de rechange pour Geoff. Il lui donna également dix dollars pour chaque jour de travail, puis tendant la main, il lui dit : « Tiens, c'est pour toi. »

Geoff découvrit une épingle de cravate et une paire de boutons de manchette assortis. « Je pense que ces pierres rouges sont des grenats, ou peut-être même des rubis, dit Lyle. Je n'en suis pas sûr, mais je les trouve jolies.

— Je ne sais pas quand je les porterai, répondit Geoff, mais elles sont vraiment très belles.

— Une paire de boutons de manchette peut être très utile à un jeune homme qui parcourt le pays à la recherche de son destin », plaisanta Lyle.

Le lendemain matin, alors qu'ils roulaient vers le relais routier où ils s'étaient rencontrés, Geoff observa Lyle, les yeux fixés sur cette route qu'il avait parcourue des milliers de fois. C'est un homme bon, pensa-t-il, honnête et peut-être même généreux. Dommage que sa fille ne s'en aperçoive pas. Mais de quel droit est-ce que je la jugerais ? Je ne les connais que depuis quelques jours. Le vieux bonhomme a sans doute estimé que mon salaire était trop bas, et il est probablement content de me voir partir et de savoir que mes mains ne se baladeront plus sur sa fille. Il caressa les boutons de manchette au fond de sa poche. Il ne les mettrait certainement jamais, mais Lyle était un gars bien.

Arrivé devant le relais, Lyle dit au revoir à Geoff et entra boire un café. Le jeune homme resta planté là, le pouce tendu. Cinq minutes plus tard, il avait repris la route.

Il continua à parcourir les États-Unis en auto-stop et découvrit que cela coûtait moins cher de boire que de manger. Il travailla pendant un mois à Detroit comme plongeur. À La Nouvelle-Orléans, il fut engagé par une société de ramassage d'ordures, et il entretint des pelouses et des jardins à Miami. Partout où il passait, il était entouré de gens mécontents qui ne pensaient qu'à se voler les uns les autres. Les plongeurs volaient les pourboires des serveurs ; les ramasseurs de poubelles, les vélos dans les cours ; les jardiniers demandaient aux propriétaires des maisons la permission d'utiliser leurs toilettes et en profitaient pour remplir leurs poches. Geoff comprenait leurs motivations. Lui aussi se sentait rejeté, dépossédé et envieux, mais il avait également conscience qu'en volant on ne pouvait pas échapper à un sentiment de culpabilité. Il détestait voir les autres agir de la sorte, d'autant qu'il se savait capable de se comporter comme eux.

Geoff n'avait pas d'ambition. Aucun travail ne présentait d'intérêt pour lui, et il constata qu'il pouvait échapper à cette impression de vide en buvant. Une fois ivre, il se sentait mieux. Il s'adonna donc à la boisson.

À dix-neuf ans, en Arizona, il fut condamné à une peine de prison pour avoir volé un chéquier dans une voiture en stationnement. On l'expédia ensuite dans un centre de réinsertion. Il parut être sur le point de s'en sortir quand une compagnie d'assurances l'engagea comme garçon de bureau préposé au courrier. Malheureusement, une partie de son travail consistait à procurer de l'alcool aux agents de la compagnie, qui avaient l'habitude d'offrir un cocktail à leurs clients. La tentation étant trop forte, il perdit bientôt son travail.

Plus tard, à San Francisco, Californie, il eut l'occasion de fumer une herbe particulièrement difficile à se procurer dans les autres États. Cette dépendance, ajoutée à son alcoolisme, provoqua sa chute. Il perdit toute notion du temps, oublia qui il était et comment il était arrivé là. Et il continua ainsi pendant plusieurs mois, incapable de se libérer de ses drogues.

17

La pension Crowley était une maison à deux étages, couverte de bardeaux, la seule de ce quartier agréable à avoir bien besoin d'une couche de peinture blanche. Une avancée du toit, de la largeur de la porte, protégeait l'entrée. Cet auvent reposait sur deux piliers en briques. La façade était percée de petites fenêtres, et des rideaux de couleurs différentes pendaient derrière chacune d'elles. Devant la maison s'étendait une pelouse entourée d'une clôture métallique, haute d'un mètre environ. Le portail avait rouillé et il était devenu impossible de le fermer. Des buissons mal taillés et quelques fleurs particulièrement vaillantes bordaient la maison. Mrs Crowley contourna le bâtiment, emprunta l'allée de derrière, et gara la voiture devant une porte, abritée par un porche.

« Range le matériel sous le porche et emporte les légumes à la cuisine », aboya Daphne Crowley en claquant sa portière, avant de disparaître dans la maison.

Beatrice regarda autour d'elle. Une légère odeur douceâtre, qui flottait dans l'air, suscita sa curiosité. En la suivant, elle découvrit un arbre fruitier à l'abandon qui poussait entre la maison de Mrs Crowley et celle du voisin. Elle ne s'attarda pas et revint très vite sur ses pas, ne souhaitant pas mettre sa nouvelle patronne en colère dès le début de leurs relations. Elle retira la chaise pliante et le portemanteau du coffre, et les déposa sous le porche à côté d'un bidon de lait vide en métal terni, d'un support de couronne mortuaire disloqué, et d'un tas de cageots vides.

Les bras chargés de légumes, elle franchit la porte et se retrouva dans la cuisine. Le sol était couvert d'un revêtement plastique à damiers noirs et blancs, et de la vaisselle sale était empilée dans l'évier et sur la table. Les placards qui entouraient la cuisine n'avaient plus de porte, ce qui donnait l'impression d'une pièce sans murs, avec seulement des ouvertures où s'entassaient verres, tasses, bols, boîtes de toutes les couleurs et de toutes les tailles, et denrées alimentaires plus ou moins périmées. Roulé en boule sur un tabouret où il était venu faire un petit somme, un chat jaune observait Beatrice de dessous la table. Ne sachant pas où ranger les provisions, la jeune fille finit par les déposer sur le sol, le seul endroit à ne pas être encombré.

« Commence par laver la vaisselle, lança Mrs Crowley sans se montrer. Essuie-la et range-la. Je viendrai t'aider dans quelques minutes, et je te ferai voir ta chambre plus tard. »

La tâche paraissait insurmontable, mais Beatrice était néanmoins heureuse d'avoir quelque chose à faire. Elle voulait éviter de se poser des questions. Elle commença par regrouper la vaisselle sale empilée sur la table avant d'y ajouter celle qui envahissait l'évier. Celui-ci dégagé, elle put le remplir d'eau savonneuse. Deux heures plus tard, après avoir changé plusieurs fois l'eau, elle avait terminé son travail. Le chat jaune, qui avait fini par accepter sa présence, se frottait à présent à ses jambes en ronronnant.

« Oh, mon Dieu, il est déjà bien tard, s'exclama Daphne Crowley en apparaissant sur le pas de la porte, l'air affairé. Il faut préparer le repas du soir. Pèle les pommes de terre — tiens, voilà un couteau-éplucheur — et pendant ce temps, je ferai les scones. »

Tout se passa en douceur. Daphne donna ses ordres, et Beatrice les exécuta sans poser de questions ni faire de commentaires.

« Lave-toi les mains et mets ce tablier propre. Je veux que tout le monde te connaisse. Tiens, prends ça et suis-moi jusqu'à la salle à manger. »

Elles entrèrent dans une pièce où quatre hommes étaient attablés.

« Messieurs, je vous présente Beatrice. Cette moricaude a été formée à la mission des Sœurs de la Miséricorde. Elle est venue m'aider, et je veillerai à ce qu'elle vous gêne le moins possible. J'espère que cela vous conviendra. Beatrice, apporte la soupière. »

Ce fut ainsi que se passa le premier jour de Beatrice — et la plupart des suivants — à la pension Crowley. Elle changeait régulièrement les draps, balayait et époussetait les chambres des pensionnaires, la salle à manger et le salon. Ayant appris à cuisiner chaque plat comme Daphne le désirait, elle préparait les repas, servait à table et débarrassait. Elle nettoyait la cuisine et la salle de bains, et aidait même à arracher les mauvaises herbes du jardin. Elle tailla et soigna l'arbre fruitier abandonné qui poussait entre les deux maisons. Il se couvrit de jeunes feuilles brillantes, et ses branches s'étirèrent vers le ciel.

La chambre de Beatrice se trouvait au grenier. On y accédait par l'escalier de derrière qui montait de la cuisine. Un tas d'objets et de meubles y étaient entreposés, mais en clouant de vieux couvre-lits aux poutres, on avait réussi à délimiter au centre un espace libre. Cette pièce aux murs en tissu ne comprenait qu'un lit à une place et une petite commode, mais Beatrice avait accès à tous les meubles entassés là et à toutes les boîtes dont Mrs Crowley avait probablement oublié ce qu'elles contenaient.

Au bout d'une semaine, la jeune fille trouva le courage de réorganiser le grenier sans en demander la permission. Elle déplaça les couvre-lits et ajouta à son mobilier une petite table rouge, une chaise noire avec un dossier à barreaux fusiformes, un fauteuil à bascule et un miroir craquelé. En agrandissant l'espace dont elle disposait, elle y avait inclus une fenêtre qui donnait sur le toit. Tout cela lui paraissait merveilleux. En enjambant la fenêtre, elle se retrouvait sur une partie plate du toit où personne ne pouvait l'apercevoir. La première nuit où elle s'assit sous le ciel étoilé, ce fut pour elle une véritable fête. Les lumières de la ville l'empêchaient de voir la voûte céleste aussi nettement qu'à la campagne, mais elle s'y habitua. Elle décida de dormir en plein air, et le toit ne lui parut pas tellement plus dur que les lits de l'orphelinat. Au bout d'un certain temps, elle parvint même à oublier le bruit qui persistait la nuit durant. Elle ne se souvenait pas d'avoir été plus heureuse de toute sa vie.

Les locataires de la pension Crowley semblaient suivre le mouvement des marées, arrivant et repartant sans cesse. Certains d'entre eux restaient plus longtemps que d'autres. Andrew Simunsen était un pensionnaire de longue date. Grand, mince et séduisant, il avait vingt et un ans, et était totalement obsédé par sa réussite. Il avait commencé par aller à l'école primaire à la campagne, où il était né et où ses parents demeuraient toujours, puis il était venu poursuivre ses études dans cette ville qu'il n'avait plus quittée depuis. Il n'avait pas envie d'être agriculteur, comme son grand-père, ni de s'occuper du *general store* de son père qui, pourtant, espérait bien le voir un jour prendre sa suite.

Andrew voyait loin. Il étudiait les fluctuations du marché et était absolument certain que l'on pouvait faire fortune en investissant dans les sociétés minières et pétrolières. Il regardait souvent ses mains, rêvant à la bague en or brillant, ornée en son centre d'un diamant à l'eau parfaite, qu'il porterait un jour. Cela lui permettait de ne pas oublier le but qu'il poursuivait : devenir riche. Il avait maintes fois dessiné et redessiné cette bague en imagination. Il savait qu'elle lui appartiendrait un jour, et l'exploitation des gisements miniers et pétrolifères lui semblait la meilleure façon de parvenir à ses fins. Malheureusement, il n'avait pas d'argent à investir et avait pris un emploi dans une banque locale, ce qui lui donnait l'occasion de côtoyer les hommes les plus puissants et influents de la région.

Il vivait chez Mrs Crowley parce que le prix de la pension n'était pas élevé et que la maison se trouvait sur le trajet du bus conduisant à la banque. Il s'efforçait d'économiser une partie de son modeste salaire, mais cela n'était guère facile car il lui fallait sauver les apparences en s'habillant avec élégance, ce qui coûtait cher. Il avait supprimé les déjeuners et faisait souvent de la marche à pied pour éviter de prendre le bus.

N'osant pas poser les yeux sur les riches jeunes filles à marier, il avait franchi un pas important en se mettant à la disposition d'une riche cliente de la banque dont le mari était très souvent en voyage. Mrs Henry Holmes, Elizabeth de son prénom, appréciait la compagnie du jeune homme au point d'augmenter ses revenus en le dédommageant de l'attention qu'il lui portait. Il n'avait jamais été question d'argent entre eux, mais après leur premier rendez-vous, Andrew avait trouvé des dollars dans la poche de son manteau. Il était maintenant capable d'estimer le montant de la somme qu'elle glisserait discrètement dans ses vêtements, en fonction de ce qu'elle attendait de lui.

Un jour, alors qu'il était enfant, sa grand-mère, à l'occasion d'un court voyage, l'avait aidé à faire ses bagages. Tenant l'une de ses chaussettes à la main, elle lui avait conseillé : « Cache ton argent là-dedans, les voleurs ne pensent pas à fouiller les chaussettes roulées. » Si stupide que cela pût paraître, il ne s'était jamais débarrassé de ses vieilles chaussettes. La moitié d'un tiroir de sa commode en était remplie, et chacune d'elles contenait des dollars offerts par Elizabeth.

La pension Crowley comprenait cinq chambres. Chacune était meublée d'un lit, d'une commode, d'une table basse, d'un bureau avec une lampe, et d'une chaise. Bien que dépareillé, le mobilier était robuste. Il y avait une douche, une salle de bains, et des toilettes au premier étage ; des toilettes avec lavabo au second. Mrs Crowley fermait soigneusement la porte de sa chambre avec une petite clé en cuivre, fixée à une chaîne qu'elle épinglait au fond de sa poche.

John Ramey, un autre des pensionnaires, était un homme d'une cinquantaine d'années dont les cheveux commençaient à grisonner. Il avait un regard bleu perçant, mais ses paupières ne s'ouvraient jamais qu'à demi. Sa maison avait brûlé six mois plus tôt, et sa femme, son fils et sa belle-fille avaient péri dans l'incendie. Ce drame avait eu sur lui un effet dévastateur. Il avait d'abord habité chez des amis, mais avait vite souffert du manque d'intimité. Ses hôtes désiraient souvent parler alors qu'il avait envie de silence. La nuit, lorsqu'il ne parvenait pas à trouver le sommeil, il avait besoin de marcher et sortait à minuit pour ne rentrer qu'à trois heures du matin. Il s'efforçait de se montrer prévenant et de ne réveiller personne, mais il aurait aimé éviter les questions et les conseils dont on l'accablait.

Un jour, en lisant les petites annonces d'un journal, il avait noté l'adresse de la pension Crowley. Peu lui importait à quoi elle ressemblait et ce que valait la nourriture. Ce n'était pour lui qu'un endroit où habiter en attendant de décider quoi faire de sa vie.

Il travaillait dans une cimenterie, et durant vingt-deux ans, la direction n'avait eu qu'à se louer de ses services. Il continuait à se rendre quotidiennement à son travail, mais commettait des erreurs, beaucoup trop d'erreurs. Le directeur ne savait pas quelle attitude adopter à son égard. Il avait dix ans de moins que John et ne possédait pas la moitié de son expérience. Il compatissait à ses malheurs mais devait prendre une décision. Il convoqua le contremaître de l'usine et lui demanda son avis. Ils tentèrent tous les deux de parler à John, mais eurent l'impression de s'adresser à un mur. John, quant à lui, se contenta de sourire et d'acquiescer.

La plus grande chambre de la pension, située à l'un des angles, était occupée par Kenneth, un barman, et Charles, un jeune homme qui jouait de divers instruments et chantait dans l'établissement où Kenneth tenait le bar. Ils travaillaient la nuit et dormaient le jour. La chambre comportait deux lits jumeaux, et chacun des locataires payant le prix d'une pension complète, Daphne était satisfaite de cet arrangement. Vu leurs horaires de travail, ils prenaient rarement leurs repas avec les autres pensionnaires, et ainsi leur cohabitation ne posait pas de problèmes.

William Brawley, le dernier locataire, était un rouquin corpulent, pesant dans les cent kilos, âgé de trente-cinq ans. Il travaillait dans une brasserie et était lui-même grand amateur de bière. Il s'était fait chasser de plus de tavernes, de terrains de sport, d'hôtels et de pensions de famille qu'on ne pouvait l'imaginer. Il n'avait pas le physique d'un alcoolique. Son bronzage masquait son visage bouffi et son nez rouge. De plus, il avait la peau toute ridée et parsemée de taches de rousseur. Les gens ne remarquaient pas qu'il était ivre car ils ne l'avaient jamais vu autrement. Brawley, comme tout le monde l'appelait, ne montrait qu'un aspect de sa personnalité qu'il entretenait en buvant fidèlement trois bières tous les matins au petit déjeuner, et au moins vingt de plus jusqu'à l'heure du coucher. Il parlait fort, était grossier et ergoteur, mais ce monsieur-je-sais-tout payait régulièrement sa pension tous les vendredis. C'était la seule chose qui importait à Mrs Crowley.

« Beatrice, est-ce que tu sais repasser ? demanda un matin Daphne en trempant un scone vieux de deux jours dans sa tasse de thé.

— Je l'ai fait quelquefois, mais pas souvent.

— Ce n'est pas difficile. Il te suffira de ne pas laisser le fer trop longtemps au même endroit pour ne pas roussir le tissu. Je te ferai voir tout à l'heure. Les pensionnaires paient un supplément pour qu'on lave leur linge et jusqu'à présent ils ont tous été satisfaits, sauf Andrew Simunsen. Il préfère s'adresser à une laverie tenue par un Chinois. Quel curieux jeune homme. Il se conduit comme s'il était quelqu'un d'important. Un Chinois ! Tu te rends compte ! »

Un peu plus tard dans la journée, Daphne montra à Beatrice comment charger la machine à laver, comment, après l'avoir laissée tourner un moment, passer le linge entre deux rouleaux de caoutchouc avant de le mettre dans la cuve de rinçage, comment l'essorer et l'entasser dans une panière. Elle lui apprit également à étendre correctement les vêtements sur la corde, à soutenir celle-ci avec une perche fourchue pour lui permettre de résister au poids du linge mouillé, et lui indiqua où mettre les draps pour éviter qu'ils ne viennent frotter contre la voiture garée non loin. Puis elle lui fit voir comment plier le linge sec, et enfin lui donna des cours de repassage.

Pendant le repas du soir, Brawley appela Beatrice pour se plaindre de la qualité du pain. « Il a un goût infect ; il est si dur qu'il n'arrive même pas à absorber le miel, et j'ai les doigts tout poisseux. Je le dirai à Mrs Crowley quand je la verrai. Il vaut mieux qu'elle t'apprenne à faire le pain, moricaude, ou bien qu'elle y renonce et l'achète dans une boulangerie. Si les choses ne changent pas, il y a quelqu'un qui devra partir, et ce ne sera certainement pas le vieux Brawley. »

Beatrice fut bouleversée par ces remarques insultantes. Après avoir terminé ses corvées, elle monta se percher sur son toit et se demanda pour la première fois ce qui arriverait si Mrs Crowley la renvoyait. Où irait-elle ? Que pourrait-elle bien faire ? Elle avait quitté l'orphelinat depuis deux semaines, et c'était la première fois qu'elle se posait des questions sur son avenir.

18

Le week-end suivant, en nettoyant les toilettes du second étage, Beatrice trouva une montre en or posée près du lavabo. Tandis qu'elle descendait demander à Daphne ce qu'elle devait en faire, elle passa devant la chambre d'Andrew Simunsen. La porte était ouverte, et le jeune homme lisait, assis à son bureau. En apercevant Beatrice, il sourit et lança : « Salut ! » Puis il corna la page de son livre, le ferma, et dit : « Je suis désolé, j'ai oublié votre prénom.

— Beatrice... Est-ce que c'est à vous ? demanda-t-elle en tenant la montre à bout de bras. Je viens de la trouver en faisant le ménage.

— Oh oui, c'est la mienne ! Il m'arrive souvent de l'enlever et de l'oublier. Merci.

— De rien, répondit-elle en entrant dans sa chambre et en lui tendant la montre. J'espère ne pas avoir interrompu votre lecture. J'aime beaucoup lire, moi aussi.

— Vraiment ? Je n'aurais jamais pensé que les Aborigènes étaient instruits. Et que lisez-vous ? demanda-t-il en mettant sa montre au poignet.

— J'aime bien les sciences : la physique, la biologie, l'astronomie, enfin ce genre de choses. Bien sûr je n'ai rien lu depuis que j'ai quitté l'école pour venir travailler ici.

— Il y a une grande bibliothèque en ville. Je suis certain que vous y trouverez un tas d'ouvrages que vous n'avez jamais consultés. Vous devriez demander à quelqu'un de vous y emmener de temps à autre. »

Puis, prenant conscience de ce qu'il venait de dire, il s'empressa d'ajouter : « Mieux encore, je vais vous dessiner un plan. »

Il prit une feuille de papier, et tout en traçant l'itinéraire et en notant les informations nécessaires, il lui demanda : « Et que comptez-vous faire de ces connaissances scientifiques ?

— Faire ? répondit-elle en observant le jeune homme rasé de près. Qu'est-ce que vous voulez dire par là ? »

Andrew soupira et laissa échapper un étrange petit bruit, tandis que son visage restait impassible. Bonne question, pensa-t-il. A-t-on jamais entendu parler d'un scientifique noir, et à plus forte raison d'une femme ?... Il ignorait absolument quelles sortes d'emplois les Aborigènes pouvaient bien occuper. La banque qui l'employait n'en aurait certainement jamais engagé un, pas même pour vider les poubelles.

« Je ne connais personnellement aucun Aborigène, à part vous, bien sûr. Parlez-moi un peu de vous.

— Je ne sais trop quoi vous dire », répondit Beatrice.

Elle lui raconta l'histoire de sa vie, et il comprit qu'elle ignorait presque tout de son peuple.

Chaque fois que Beatrice demandait à Daphne la permission de disposer d'un après-midi pour se rendre à la bibliothèque, celle-ci lui répondait invariablement : « Je vais y réfléchir. » Un mois plus tard, alors qu'elles faisaient quelques courses, Beatrice réitéra sa demande. Daphne gara la voiture, puis les deux femmes grimpèrent les marches en ciment de la bibliothèque et passèrent entre des piliers massifs et deux statues de lions avant de franchir la porte d'entrée. L'employée assez âgée qui les accueillit fut stupéfaite de voir une Aborigène venir demander à emprunter des livres. Elle les abreuva de questions : cette fille savait-elle réellement lire ? Prendrait-elle bien soin des livres et les rapporterait-elle à la date prévue ? Par quel genre d'ouvrages était-elle intéressée ? Peut-être vaudrait-il mieux qu'elle vienne lire à la bibliothèque ? Ainsi il n'y aurait aucun problème avec les délais de retour et le soin accordé aux ouvrages prêtés. « Oui, décidément, il vaudrait beaucoup mieux qu'elle vienne s'installer et lire à la bibliothèque », répéta-t-elle à plusieurs reprises en s'adressant à Daphne sans même regarder Beatrice.

Sur le chemin du retour, Daphne expliqua à la jeune fille que l'employée de la bibliothèque n'avait pas refusé de lui délivrer une carte de prêt, elle ne lui en avait pas donné, voilà tout. Cette expérience provoqua une réelle déception chez Beatrice. Le soir même, alors qu'elle était assise sous le porche et regardait les réverbères s'allumer, Andrew sortit. Elle l'arrêta pour tenter de lui raconter sa mésaventure, mais le jeune homme était très pressé et se contenta de grommeler : « Désolé. »

Le mercredi suivant, il demanda à Beatrice de l'accompagner dans sa chambre et lui remit trois livres qu'il avait empruntés à la bibliothèque sous son nom. Ce fut pour eux le début d'une longue relation, très complexe. Il ne voyait toujours pas le bénéfice qu'une jeune servante noire pourrait tirer de la lecture de ces ouvrages, mais il se sentait coupable de la manière dont on les traitait, elle et son peuple, coupable que cette jeune fille n'eût aucun avenir. Et tout au fond de lui, la façon dont il soutirait de l'argent à Elizabeth le tourmentait.

Les Sœurs de la Miséricorde s'étaient mises d'accord avec Mrs Crowley pour qu'en échange de son travail leur ancienne pupille reçût un petit salaire, tout en étant logée et nourrie. Dix pour cent de la rémunération, considéré comme l'offrande dominicale de Beatrice, devait être envoyé directement à l'orphelinat. Les détails de cet accord n'ayant pas été communiqués à la jeune fille, celle-ci attendait impatiemment le jour où Daphne lui donnerait un peu d'argent.

Beatrice travaillait déjà depuis cinq mois, et Daphne était sur le point de lui verser un petit salaire quand un événement inattendu la fit changer d'avis. Les finances de la pension furent en effet mises en péril le jour où une secrétaire de la cimenterie téléphona pour annoncer que John Ramey était mort.

Sa distraction et son manque de concentration avaient fini par lui être fatals. Il avait actionné le levier de mise en marche d'une machine après avoir laissé tomber un fil électrique dénudé sur le sol humide qu'il venait juste de laver. Daphne se retrouvait donc avec une chambre à louer.

« Beatrice, va chercher un carton et viens m'aider à ranger les affaires de John, dit Daphne en raccrochant, sans le moindre signe d'émotion. Il est mort. »

Deux valises en cuir étaient rangées sous le lit de John Ramey, et le carton s'avéra donc inutile. Il possédait peu de choses, principalement des vêtements. Il n'y avait dans sa chambre aucun album de photographies, aucun bijou, seulement quelques objets de toilette. Daphne découvrit un cendrier qu'elle n'avait jamais vu auparavant et qu'elle s'empressa de poser sur la table de nuit, après l'avoir ajouté à l'inventaire, et deux cartouches de cigarettes qu'elle emporta. Les valises restèrent deux jours dans l'entrée, puis on les monta au grenier en attendant que quelqu'un vînt les réclamer. Mais personne ne se présenta.

Brawley continuait à se plaindre de la nourriture. Il critiquait la façon dont son linge était lavé, son ménage fait, et tout ce dont il savait que cette fille à la peau noire s'occupait. Mrs Crowley était passée maîtresse dans l'art de lui répondre. Elle secouait la tête d'un air incrédule, donnait à son pensionnaire l'illusion qu'elle l'écoutait attentivement, et promettait que si les choses ne rentraient pas dans l'ordre, elle se débarrasserait de cette fille. Au début, Beatrice prit ces reproches très à cœur et fut malheureuse de ne pas donner satisfaction à l'un des pensionnaires. Puis, petit à petit, elle réalisa que pour contenter Brawley, elle n'avait que deux solutions : disparaître ou se peindre la peau en blanc.

La chambre de John Ramey fut finalement louée à une femme que Kenneth et Charles recommandèrent à Mrs Crowley. Cette personne, qui travaillait dans un magasin de vêtements du centre-ville, paya deux mois de loyer d'avance, ce qui mit un terme à toutes les questions de la propriétaire. Helena était mince et très grande. Elle s'habillait avec élégance et avait tant de vêtements, de chaussures et de chapeaux qu'elle dut apporter deux étagères métalliques de son magasin afin de pouvoir les ranger. Elle se maquillait beaucoup — son fond de teint était épais, son rouge à lèvres écarlate — et avait les ongles très longs. Elle possédait aussi de nombreux bijoux de fantaisie, assortis à toutes les couleurs de sa garde-robe. Elle sortait fréquemment et Beatrice entendait ses hauts talons claquer sur le trottoir chaque fois qu'elle quittait la pension ou y revenait.

Comme elle passait pas mal de temps sur le toit, Beatrice était au courant des allées et venues des pensionnaires, et reconnaissait le pas de chacun d'entre eux. Elle savait également que l'homme qui livrait le lait tous les matins à l'aube était le même qui entrait et sortait par la porte de derrière et était admis dans la chambre que Mrs Crowley fermait si soigneusement à clé.

La première année où Beatrice travailla à la pension Crowley passa très vite, et Daphne commença enfin à la payer. Personne ne demanda à la jeune fille si elle était heureuse ou non, et il lui arrivait rarement de se poser la question. Elle lisait les journaux, écoutait les conversations, et était ainsi au courant des événements qui se déroulaient dans le monde. Mais ni la presse ni les pensionnaires ne faisaient état de tensions raciales, en ville ou ailleurs dans le pays. En fait, personne sur tout le continent australien ne semblait avoir connaissance de conflits entre Blancs et Aborigènes.

19

La Chevrolet sport 1953 passa en trombe, et lorsque le conducteur écrasa la pédale de frein, les feux arrière rougeoyèrent et la voiture s'arrêta en dérapant. Les pneus fumaient encore quand la Chevrolet recula lentement, se rapprochant de l'auto-stoppeur qui courait vers elle. Geoff s'attendait à la voir démarrer en trombe au dernier moment, en le laissant cloué sur place ou en l'envoyant rouler sur le sol. Cela lui était déjà arrivé. Il ouvrit prudemment la portière. Le conducteur, un jeune homme au teint hâlé et aux cheveux blonds, coupés très court, lui fit signe de monter. La Chevrolet était si neuve qu'elle gardait encore l'odeur de la chaîne de montage.

« Où vas-tu ? demanda le jeune homme blond.

— Nulle part en particulier. Et toi ?

— En Californie, à Fort Irwin. Je viens juste d'être appelé sous les drapeaux pour une période de deux ans. Et j'ai reçu ça en cadeau. Elle est belle, non ? dit-il en tapotant le volant recouvert de cuir. Là où j'habite, les Burk sont propriétaires de presque tout, et également concessionnaires de cette marque de voiture. Leur fils, lui, ne fera pas son service militaire. Je suppose qu'ils m'ont payé pour prendre sa place. Astucieux, non ? »

Geoff se contenta de sourire, sans répondre. Il avait déjà jaugé son compagnon : c'était un homme qui avait une haute opinion de lui-même et besoin de quelqu'un pour l'écouter, ce qui n'était pas une perspective désagréable pour un voyage depuis le Middle West jusqu'à la côte Ouest. Geoff ne savait trop s'il avait volé la voiture ou si quelqu'un du nom de Burk la lui avait donnée, mais cela n'avait pas grande importance à ses yeux.

« Harry Tull, dit le jeune homme en lui tendant la main.

— Jeff », répondit son passager.

Les deux jeunes gens n'étaient à bord que depuis cinq minutes, et la voiture roulait de nouveau à vive allure, quand Harry demanda à Geoff de lui attraper une boîte de bière sur le siège arrière.

« Sers-toi, elle sera bientôt trop chaude. On s'arrêtera quelque part pour boire quelque chose de frais. »

Ils passèrent finalement la journée à boire de la bière tiède et fumèrent la cartouche de cigarettes qu'ils s'amusaient à voir glisser d'un côté à l'autre du tableau de bord, à chaque virage. Le conducteur parlait, et son passager l'écoutait. Harry arrêtait fréquemment la voiture, et chacun ouvrait sa portière pour se soulager. Ils jouaient alors à celui qui urinerait le plus longtemps. Vers onze heures du soir, leurs réserves étaient épuisées, quand au loin, dans la lumière des phares, ils aperçurent l'enseigne d'un restaurant et le cheval ailé rouge d'une pompe à essence Mobile Oil. Harry gara la voiture, les deux garçons descendirent en riant et se dirigèrent en titubant vers l'établissement. La porte était encore ouverte, mais la pancarte « Fermé » avait déjà été accrochée. En entrant, ils furent accueillis par une bonne odeur de viande grillée et d'oignons frits.

« J'en prendrai un », dit Harry en s'adressant au visage rond et rose qui le regardait depuis la cuisine. L'homme ne répondit pas immédiatement, mais pressentant des ennuis, il finit par demander : « Un quoi ?

— Un de ces trucs qui sentent si bon. Hamburger, non ? Prépares-en deux. Non, quatre ! On a faim, n'est-ce pas, mon pote ? » lança Harry tout en pianotant sur le comptoir, sans quitter la cuisine des yeux. L'homme n'émit pas la moindre protestation ; il posa quatre steaks hachés sur la plaque qu'il venait juste de nettoyer et alluma le brûleur à gaz. Harry dit alors à Geoff : « Attends-moi là, je vais prendre de l'essence. »

Il se dirigea vers la caisse enregistreuse et, tâtonnant sur l'étagère qui se trouvait au-dessous, en retira une curieuse clé. Pauvres imbéciles, pensa-t-il, ils la laissent toujours au même endroit, à portée de main. Il sortit, introduisit la clé dans la pompe et fit le plein. Il venait juste de remettre la clé à sa place et de rejoindre Geoff, assis sur un tabouret, au comptoir, quand le cuisinier aux bras roses les servit.

« Donne-moi une bière.

— À moi aussi. »

L'homme prit deux bières dans le frigo et les plaça devant ses clients avant de se retirer dans la cuisine. Les deux garçons mangèrent en silence puis, lorsqu'ils eurent fini, Harry passa derrière le comptoir, ouvrit le frigo et en sortit deux packs de six bières.

« Tiens, emporte ça », dit-il à Geoff tandis qu'il en prenait deux autres lui-même et se dirigeait vers la voiture.

Geoff savait que le cuisinier ne ferait rien. Il n'appellerait pas la police et ne dirait probablement rien à son patron s'il n'était pas obligé d'expliquer la disparition des quatre packs de bière. Au Texas, Geoff avait vu si souvent de petits durs affronter leurs victimes qu'il pouvait facilement prévoir leur comportement respectif. Il semblait passer de plus en plus de temps à observer les autres et très peu à agir lui-même.

Les jours suivants ne furent qu'une répétition du premier. Chaque soir, Harry quittait la route nationale et arrêtait la voiture, puis ils tombaient ivres morts ou s'endormaient, ils ne savaient jamais vraiment au juste. Ils volèrent des plaques d'immatriculation, en changèrent deux fois, et ne payèrent qu'une seule fois leur plein d'essence. Harry paraissait éprouver du plaisir à être toujours sur le point de se faire prendre.

Au matin du quatrième jour, ils se retrouvèrent à

Linwood, Californie, sur la route nationale 66, devant un supermarché : le Cottonwood Market. Il y avait là deux panneaux de signalisation ; celui du haut précisait : « LINWOOD, 37 habitants », l'autre indiquait que pour se rendre à Fort Irwin, il fallait quitter la nationale.

« Je crois que c'est là qu'on se sépare, cher associé, dit Harry. Prends les bières qui restent.

— Merci. Tu te sens vraiment prêt à entrer dans l'armée ?

— On verra bien. Peut-être même que j'y ferai carrière. Avant de partir de chez moi, j'ai entendu dire que tant que je ferais mon service militaire, on ne pourrait pas m'arrêter pour des délits civils. C'est un peu comme si on me donnait la permission de voler. »

Harry enclencha une vitesse et quitta le parking sans se retourner.

Geoff entra dans le magasin et acheta un paquet de chips. En sortant, il se dirigea lentement vers l'ouest, hésitant entre grignoter son petit déjeuner ou tendre le pouce pour arrêter les voitures. Un employé du magasin lui avait appris que Linwood se trouvait encore dans le désert de Mojave et qu'il lui faudrait parcourir plus de trois cents kilomètres avant d'atteindre la côte. Geoff ne marchait que depuis quinze minutes quand il entendit une voiture ralentir et s'arrêter derrière lui. En se retournant, il reconnut sur la portière l'insigne de la police de la route. Un policier descendit du véhicule et vint vers lui.

« Qu'est-ce que tu fais là ? demanda l'homme en uniforme.

— Je vais à Los Angeles.

— Montre-moi tes papiers d'identité.

— Je n'en ai pas. »

Le policier le regarda longuement et finit par dire : « Dans ce cas, il ne me reste qu'à t'emmener pour t'interroger et prendre tes empreintes digitales. Monte dans la voiture. »

Geoff s'exécuta sans faire de commentaires ni protester. La voiture parcourut une cinquantaine de kilomètres jusqu'à Victorville où la police de la route avait un bureau. Là, on lui demanda de vider ses poches, on prit ses empreintes digitales, puis on l'enferma pendant deux heures dans une pièce contenant une table et deux chaises. Il ne savait pas pourquoi on l'avait arrêté. Il ignorait si son voyage mouvementé avec Harry y était pour quelque chose. Quand on vint l'interroger, il répondit le plus évasivement possible, insistant surtout sur le fait qu'il se rendait simplement à Los Angeles. Ne trouvant aucune raison de le garder, les policiers le relâchèrent l'après-midi même.

Lorsqu'il demanda à récupérer le contenu de ses poches, les deux policiers se regardèrent en secouant la tête.

« Elles étaient vides ! Tu ne te rappelles pas ? »

Soudain, il n'était plus un simple spectateur observant un petit dur et sa victime. Pendant des années, il avait pris les autres pour des mauviettes, ne comprenant pas pourquoi ils se laissaient faire sans se défendre. À présent, il avait le choix entre se rebeller ou se soumettre. Il n'attachait pas grande importance aux boutons de manchette et à l'épingle de cravate qu'il avait gardés au fond de sa poche. Il n'avait pas vraiment le sentiment de les avoir gagnés et pensait même que le fermier les lui avait donnés pour l'éloigner de sa fille. Ces bijoux n'avaient probablement pas grande valeur, et il devait les considérer comme le prix de sa liberté. Il n'éprouva aucune difficulté à prendre sa décision : il choisit de se soumettre et continua sa route.

Pour la première fois de sa vie, il considéra le mot « lâche » sous un angle différent. Peut-être, dans certains cas, était-il plus intelligent de laisser l'autre gagner. Il fallait envisager les deux aspects de la question : tenir compte de ce que l'on ressentait, tout en étudiant la situation et en agissant avec sagesse.

Geoff s'effraya lui-même. Lorsqu'il ne buvait pas, il pensait beaucoup trop. Il se posait des questions et cherchait des réponses à des problèmes qui ne le concernaient pas jusque-là. Il se rappela qu'il avait un billet de cinq dollars au fond d'une de ses chaussures. Il l'avait caché là de peur que Harry ne le lui prît. Il s'arrêta et le récupéra. Je vais aller m'acheter une bière ou deux, se dit-il, elles feront disparaître toutes ces questions qui me trottent par la tête. Et c'est ce qu'il fit.

20

Durant sa seconde année de travail à la pension Crowley, Beatrice, qui avait alors dix-huit ans, réussit à organiser son emploi du temps de façon à venir à bout de toutes ses tâches. Elle s'aperçut qu'à condition de les inclure dans ses corvées quotidiennes, elle pouvait même disposer de moments de loisir. Elle commença par se rendre au marché en empruntant chaque fois des itinéraires différents et en s'aventurant de plus en plus loin, dans d'autres quartiers de la ville. Prendre le bus ne l'intimidait plus, et elle avait toujours sur elle le prix exact du billet en pièces de monnaie. En montant, elle pouvait ainsi aller aussitôt s'asseoir, regarder droit devant elle, et arriver à destination sans le moindre incident.

Au cours de l'une de ces expéditions, elle découvrit un quartier habité uniquement par des Aborigènes. On n'y voyait ni pelouses bien entretenues, ni bacs fleuris, ni allées bordées de fleurs multicolores pour accueillir les visiteurs, mais de vieux immeubles délabrés dont la plupart des fenêtres étaient brisées. Des cageots écrasés et des morceaux de métal étaient éparpillés un peu partout. Des papiers, des boîtes de soda vides et autres détritus étaient amassés au bas des murs et dans les caniveaux, indiquant la dernière direction dans laquelle le vent avait soufflé.

Il y avait des gens assis sur les marches des escaliers, sous les arbres et sur les trottoirs. Beatrice aperçut un groupe d'enfants en train de jouer et s'arrêta non loin d'eux pour se reposer tout en les observant. Une jeune femme, qui devait avoir à peu près son âge, vint vers elle et lui demanda : « Il y en a un à toi ?

— Non, répondit Beatrice, je n'ai pas d'enfant.

— Le mien, c'est celui-là, dit la jeune femme en montrant du doigt un petit garçon aux cheveux frisés, vêtu d'un short rouge. Je ne t'avais encore jamais vue par ici. Tu es nouvelle ?

— Oui, je travaille dans une pension de famille. Je ne connais pas bien la ville, alors je me promène un peu.

— Tu travailles ? Tu as un vrai job ? »

Par l'intermédiaire de Pansy, la jeune mère, Beatrice découvrit toute une communauté urbaine dont elle ignorait l'existence. Certaines familles vivaient depuis deux, trois ou quatre générations dans ce quartier isolé ou dans les environs. Les arrière-grands-parents avaient été chassés de chez eux par les colons blancs. On leur avait donné du thé, du sucre, de la farine et du tabac pour qu'ils abandonnent leurs terres, leur mode de vie, leurs croyances et leurs coutumes. Ils avaient campé à la périphérie de la ville et l'avaient regardée se développer. Par la suite, la population blanche s'était déplacée et avait abandonné derrière elle tous ces bâtiments. Les Blancs défavorisés refusant de cohabiter avec les Noirs, le quartier était devenu totalement aborigène.

Beatrice apprit qu'en 1954 il y avait des écoles où les siens pouvaient aller s'instruire, que les orphelinats des missions fermaient les uns après les autres, et que les Aborigènes vivaient de l'aide sociale. Au nom de l'égalité des droits, on avait autorisé la vente d'alcool aux Aborigènes, mais le droit au logement, l'égalité des chances face au travail, et les campagnes destinées à lutter contre le racisme n'étaient pas encore à l'ordre du jour.

Beatrice travaillait très dur chez Mrs Crowley de façon à pouvoir terminer le plus vite possible ses corvées quotidiennes et passer un peu de temps dans le quartier aborigène. Elle s'y fit des amis et les écouta des heures entières raconter leur histoire, mais elle aimait par-dessus tout faire parler les très vieilles personnes de leur vie avant la venue de l'homme blanc.

Elle ne pensa bientôt plus qu'à une chose : mieux connaître ses origines. Elle apprit tout ce qu'elle put des langues anciennes de son peuple. Un jour, un très vieil homme lui dit : « Dans le Nord, il y a encore des gens qui vivent à la manière ancienne. Ils chassent, pêchent et habitent dans le bush. Mais il n'en reste plus beaucoup, seulement quelques-uns.

— Dans le Nord, mais où exactement ? demanda Beatrice.

— Je ne sais pas. Marche dans cette direction, et tu finiras par trouver. C'est ainsi qu'il faut faire. Aie confiance en toi et fie-toi au chemin que tu suivras. Moi, je suis trop vieux. Je suis assis là depuis trop longtemps. J'ignore pourquoi mon peuple a été créé pour souffrir autant, et je ne vois aucun moyen d'en sortir, mais je reste très attaché à l'ancienne loi qui dit qu'à chaque incarnation nous avons une chance de prouver à tous que nous sommes nés pour prendre soin de la terre et vivre en harmonie avec l'Unique, comme nous aurions dû le faire. Les jeunes y parviendront-ils ? Je ne sais pas. Rien ne va plus depuis si longtemps. Toi, tu es jeune. Tu dois essayer. Va vers le nord et apprends. »

Le lendemain matin, tandis que le soleil jouait à cache-cache avec les nuages, Beatrice prépara le petit déjeuner, nettoya la cuisine, lava et étendit le linge, et arracha les mauvaises herbes du jardin. Tout en essayant de mettre un peu d'ordre dans la chambre de Helena, elle tournait et retournait dans sa tête des bribes de phrases du vieil Aborigène : « Aie confiance en toi et fie-toi... » Existait-il réellement des hommes qui pourraient lui dire qui elle était ? Peut-être sa mère et son père vivaient-ils avec eux dans le Nord ! Elle en était là de ses réflexions quand, en voulant épousseter le bureau de Helena, elle remarqua la quantité de médicaments posés dessus. Elle devait être très malade. Il y avait là tous les remèdes destinés à soigner les maladies féminines que l'on pouvait trouver en vente libre, plus deux ordonnances pour des hormones femelles. Beatrice fut peinée pour elle. Cette femme paraissait en bonne santé, mais elle ne l'était certainement pas pour avoir besoin de tant de médicaments.

Un matin, au moment du petit déjeuner, alors que Beatrice servait thé et bières, Brawley, qui parcourait le journal afin de donner son avis sur chaque événement, lut à haute voix un article relatant le meurtre d'une femme. Il s'agissait d'une personne riche, de la bonne société, une certaine Mrs Henry Holmes. La police avait interrogé son mari avant de le libérer. Il rentrait de voyage et ne correspondait absolument pas au portrait de l'homme que l'on avait vu en compagnie de la victime, plus tôt dans la journée. Tout en continuant à verser de la crème dans son thé, Andrew Simunsen demanda s'il y avait une photo de Mrs Holmes. Peut-être était-elle une cliente de la banque où il travaillait ? Y avait-il une description de l'homme que l'on avait vu avec elle ?

« Non, répondit Brawley, il n'y a aucune description, mais il paraît que la police détient une preuve. Il s'agirait d'un bijou. »

Ce soir-là, Andrew jeta un grand sac en papier dans la poubelle qui se trouvait dans l'allée, et y mit le feu. Beatrice, qui l'observait depuis le toit, fut très étonnée. La poubelle étant presque pleine, elle aurait certainement brûlé les ordures le lendemain. Ce travail lui incombait. Plus tard, elle ramassa un morceau de papier qui n'avait pas brûlé. Il s'agissait d'une photo déchirée où l'on reconnaissait deux visages souriants. L'un des deux était celui d'Andrew, l'autre celui de la femme que Beatrice avait vue sur le journal : Mrs Holmes.

Beatrice remarqua également qu'Andrew ne portait plus son bracelet-montre en or. Elle ne lui posa aucune question et ne fit part de ses observations à personne. Le mystère de la mort d'Elizabeth Holmes ne fut jamais résolu. Beatrice était pourtant convaincue qu'elle aurait reconnu le bijou auquel la police avait fait allusion dans les journaux.

Beatrice économisait de l'argent depuis plus de quatre ans. Elle éprouvait une sensation agréable lorsqu'elle ouvrait sa boîte de cigares pour compter ses billets. Au cours de l'année, elle avait offert d'aider certains Aborigènes qui se trouvaient momentanément dans le besoin, mais Pansy l'avait mise en garde. Ils touchaient tous des allocations de chômage tandis que Beatrice ne travaillerait peut-être pas toujours chez Mrs Crowley.

L'idée que l'avenir s'ouvrait devant elle et qu'elle pourrait un jour quitter la pension Crowley la surprit beaucoup. Elle pensait souvent au vieil homme qui lui avait conseillé de partir à l'aventure, d'avoir confiance en elle et de se fier au chemin qu'elle suivrait ; et ainsi, disait-il, tout se passerait bien. Mais elle n'aurait jamais obéi à son désir profond, s'il n'y avait eu l'incendie.

Un matin, à trois heures, elle dormait sur le toit quand elle fut réveillée par une odeur de fumée et vit de grosses volutes grisâtres sortir de la fenêtre du grenier. Soudain, les pensionnaires se ruèrent hors de la maison, hurlant et serrant contre eux ce qu'ils avaient de plus précieux. Réveillés, les voisins se précipitèrent dans la rue. Beatrice entra dans le grenier, récupéra sa boîte de cigares et se dirigea vers la porte. Elle posa la main sur la poignée brûlante et la tourna. La cage d'escalier était en flammes et une épaisse fumée s'engouffra dans le grenier. Beatrice ne parvenait même plus à distinguer la fenêtre. Retenant sa respiration, elle s'élança, réussit à trouver le chambranle et l'enjamba. Tout d'abord, les pompiers ne la virent pas. Ils concentraient leurs efforts sur la façade de la maison. Personne ne leur avait signalé qu'elle couchait dans le grenier. Beatrice se tenait au bord du toit, serrant sa boîte contre elle, quand quelqu'un finit par l'apercevoir. Les pompiers approchèrent une échelle et, tandis que l'un d'eux lui donnait des instructions pour la guider dans sa descente, le toit s'effondra, aspergeant les environs de minuscules étincelles.

Vêtue d'un déshabillé en satin noir, la tête couverte de rouleaux en plastique rose, Daphne Crowley se tenait au milieu de la rue. Brawley était également là, en caleçon. Sans ceinture, son ventre plein de bière paraissait encore plus proéminent. Kenneth et Charles, en peignoir éponge de couleur assortie, étaient blottis dans les bras l'un de l'autre. On ne trouvait Helena nulle part, mais un voisin prétendit avoir aperçu un homme aux cheveux longs, vêtu d'une robe de chambre de femme et tenant contre lui un sac à main, descendre la rue en courant. Beatrice se contenta de secouer la tête en écoutant les commentaires des voisins. Elle n'aurait jamais pensé qu'un homme pourrait avoir envie de se faire passer pour une femme.

Cette nuit-là, Andrew Simunsen n'était pas rentré à la pension. Beatrice s'avança vers Daphne pour la réconforter mais ne réussit pas à l'approcher. La propriétaire racontait au chef des pompiers combien sa maison et ses meubles avaient de valeur. Quelques instants plus tard, elle confia à un voisin que ses biens étaient assurés, et que de toute façon elle désirait vendre sa maison et partir. Si la compagnie d'assurances la payait honnêtement, elle y gagnerait certainement. Après réflexion, elle s'empressa d'ajouter : « J'espère que les pompiers vont pouvoir éteindre le feu avant qu'il ne se propage à votre maison ! »

Beatrice ne se posa pas de questions. Elle ne se demanda pas quoi faire, ni où aller, ni ce qui lui adviendrait. Serrant sa boîte de cigares contre la robe en coton qu'elle portait la nuit pour dormir sur le toit, elle s'éloigna, pieds nus. Sans en avoir vraiment pris la décision, elle tourna le coin de la rue et suivit ce que son cœur lui commandait. Elle se dirigeait vers le nord.

21

Le 14 juillet 1960, on découvrit Geoff, inanimé, dans une ruelle, derrière un magasin de vins et spiritueux. Il n'avait aucune blessure apparente, mais ses vêtements étaient trempés de sang. On ramassa, non loin de là, un couteau portant les empreintes d'un individu fiché par la police sous le nom de Jeff Marsh. Elles étaient identiques aux siennes. Trois hommes étaient entassés dans la ruelle, et Geoff se trouvait au-dessus ; les deux autres étaient morts. Il ne se rappelait pas comment il était revenu en Floride. Il ne connaissait pas ses compagnons, et personne ne les avait jamais vus. Il fut impossible d'identifier ces vagabonds, et on les désigna donc comme John Doe[1] numéro un et John Doe numéro deux[1]. Le sang qui couvrait le pantalon de Geoff était bien celui des deux John Doe. On supposa donc qu'il les avait tués. Lui-même ignorait s'il était coupable ; il ne se souvenait de rien.

Il ne prit même pas la peine de corriger le nom de Jeff Marsh dont l'affublaient les services de police. Au cours des dernières années, lors d'une arrestation, il avait apparemment donné lui-même ce nom. Cela lui était égal ; peu lui importait comment on l'appelait.

Comme il n'avait pas d'argent pour s'offrir les services d'un avocat, l'administration en nomma un d'office. Celui-ci lui conseilla de plaider coupable. En

1. On désigne sous le nom de « John Doe » les personnes non identifiées (*N.d.T.*).

agissant ainsi, lui affirma-t-il, la sentence serait probablement plus clémente que si un jury le déclarait coupable. Geoff fit confiance à son défenseur. Il plaida donc coupable et écopa de la peine maximum : la condamnation à mort.

Pour Geoff Marshall, une première porte s'était fermée alors qu'il n'avait pas même vingt-quatre heures. Une deuxième avait claqué quand, à l'âge de sept ans, on l'avait coupé de tout ce qu'il connaissait. À présent, pour la troisième fois, une porte, en acier cette fois, se refermait définitivement sur lui ; il avait vingt-quatre ans. Il devint le matricule 804781, et se retrouva condamné à passer les jours qui lui restaient à vivre derrière les murs d'une prison, en attendant le moment de son exécution.

Son entrée dans le système pénitentiaire fut une répétition de ce qu'il avait connu enfant, lorsqu'on l'avait enlevé à sa mère pour le jeter dans le monde des Blancs. On lui remit ses vêtements de détenu, et tandis qu'il suivait un long couloir, portant son oreiller, sa couverture et sa serviette, il entendit des huées et des sifflets venus des cellules du bas et de celles du haut.

Il s'efforça d'éviter les ennuis, mais le manque d'alcool et de drogues lui joua des tours. Pendant deux jours, il griffa le vide, essayant de saisir des objets qui n'existaient pas. Le troisième jour de son incarcération, il eut droit au régime d'isolement cellulaire. Deux semaines plus tard, il avait l'esprit plus clair, mais ses ennuis n'étaient pas terminés pour autant. Il lui était impossible de s'intégrer à l'un des groupes qui s'étaient formés dans cette prison : celui des Blancs, des Afro-Américains, des Latino-Américains, des Indiens ou des Asiatiques, ni même aux subdivisions basées sur des croyances religieuses. Il n'y avait aucune place pour un Aborigène. Il devint la cible de tous ceux qui, dans le jargon de la prison, « avaient envie de rentrer dans le lard de quelqu'un ».

Vers la fin du premier mois, il se trouvait dans les douches du quartier des condamnés à mort, quand un homme lui sauta dessus par-derrière et lui immobilisa la tête en lui enserrant le cou avec son bras. Un autre lui cracha au visage. Tandis que la matière visqueuse, puant l'ail, glissait sur sa joue, il reçut un coup en pleine poitrine qui chassa l'air de ses poumons. Il tomba à genoux, et l'un de ses agresseurs lui donna un coup de pied dans les reins ; il portait une botte à bout ferré. Les deux gardiens avaient été payés pour fermer les yeux. Geoff perdit connaissance et, quand il revint à lui, du sang sortait en bouillonnant de son nez et de sa bouche, et coulait d'une profonde entaille qu'il avait à la tête. Il parvint à quitter les douches en chancelant, et lorsqu'un gardien l'aperçut, il lui dit d'aller s'habiller. Quand il ressortit, l'homme en uniforme lui demanda s'il avait besoin de soins. Le sang coulait toujours de sa blessure à la tête, mais il réussit malgré tout à faire signe que oui.

Après cela, il surveilla le moindre geste de ceux qui l'entouraient. Bientôt, il eut la réputation d'être un solitaire. Il dut souvent se battre et eut droit très fréquemment au régime d'isolement cellulaire, jusqu'à ce qu'enfin ses codétenus le considèrent comme un être violent qu'il valait mieux laisser tranquille.

22

Beatrice vit le soleil se lever sur sa droite, preuve qu'après avoir suivi des rues en courbe, être montée et descendue, avoir traversé des quartiers résidentiels puis des zones industrielles, elle se dirigeait bien vers le nord. Au bord d'une route nationale, un panneau émaillé, bleu et blanc, indiquait la direction de quatre villes, éloignées respectivement de vingt, quatre-vingts, cent vingt et deux cent cinquante kilomètres. Des voitures passaient à toute vitesse, mais Beatrice ne leur prêtait aucune attention. Elle gardait les yeux baissés, sans pour cela être perdue dans ses pensées, comme on aurait pu le croire. Elle semblait attirée par un lointain aimant invisible. L'esprit engourdi par l'incendie de la veille, elle se laissait entraîner comme l'un de ces jouets que les enfants tirent derrière eux.

Depuis qu'elle avait mis des chaussures pour travailler chez Mrs Crowley, quatre ans plus tôt, ses pieds étaient devenus plus sensibles. Les cailloux et les herbes sèches la blessaient, et ils commençaient à enfler, mais elle ne s'en apercevait même pas. De temps à autre, le chauffeur d'une voiture klaxonnait pour lui dire un petit bonjour ou lui signifier d'être prudente et de rester sur le bas-côté, mais elle n'entendait rien. Elle se contentait de marcher droit devant elle.

Quand elle sortit enfin de cet état d'hébétude, elle se trouvait sur une voie ferrée. Elle entendit un train siffler et vit le monstre noir venir vers elle à toute vitesse. Elle sursauta et, reprenant ses esprits, se hâta de traverser les rails. Elle poursuivit ensuite sa route jusqu'à la ville la plus proche. Les maisons ressemblaient toutes à des cubes blancs agrémentés d'un carré de pelouse sur le devant, et il y avait un parc avec de nombreuses allées et des bancs. Elle se désaltéra à une fontaine et eut l'impression que l'eau courait dans tout son corps. S'aspergeant le visage, elle reprit enfin contact avec la réalité. Elle avait parcouru une vingtaine de kilomètres sans rien voir des endroits qu'elle avait traversés.

Une odeur de poulet rôti flottait dans l'air. Attirée par ce fumet, elle traversa le parc et arriva sur un trottoir qui longeait les boutiques de la rue principale. Devant un milk-bar, une pancarte affichait un grand choix de plats et leurs prix, mais elle ne s'arrêta pas. Elle tourna le coin de la rue et, prenant bien garde de ne pas être vue, ouvrit sa boîte de cigares et en retira un billet qu'elle fourra dans sa poche. Puis elle revint sur ses pas en suivant la délicieuse odeur. De derrière son comptoir, le serveur lui indiqua le prix de ce qu'elle demandait et tendit la main pour être payé avant de la servir. Emportant son trésor, elle retourna dans le parc et s'assit sous un arbre pour se régaler de poulet doré et de pommes de terre frites.

Sur la pelouse, à sa droite, une partie de lawn-bowling se terminait. Le cours était entouré d'un grillage et, au moment même où elle tourna la tête dans cette direction, des projecteurs s'allumèrent. Soudain, les joueurs lui semblèrent ne former qu'une masse blanche en mouvement. Ils portaient tous des chapeaux blancs, des chemises blanches, des pantalons blancs ou des jupes blanches, des chaussures blanches. Beatrice avait entendu parler de ce sport, mais n'avait jamais vu de club de lawn-bowling, un endroit appartenant au monde des Blancs, où on ne l'inviterait sans doute pas à entrer.

Elle avait sommeil et chercha autour d'elle un coin discret où coucher. Elle s'installa parmi d'épais buissons, cacha sa boîte sous le feuillage, s'allongea sur le sol et s'endormit aussitôt. Le soleil était déjà levé quand elle sentit qu'on la secouait par l'épaule. « Réveille-toi, il faut partir maintenant. Tu ne peux pas vivre dans notre parc, dit le policier qui se tenait au-dessus d'elle, en lui faisant de l'ombre avec son corps. Allez, va-t'en ! »

Beatrice récupéra sa boîte, se leva et défroissa sa robe. Elle piocha dans ses économies et en sortit un autre dollar avant de se diriger vers le milk-bar. Elle allait s'offrir un doughnut [1] et un petit carton de lait avant de quitter la ville.

Elle reprit la route, marchant sur le bas-côté. Il y avait très peu de circulation, pas plus d'une voiture toutes les cinq minutes. Une vieille camionnette rouge la dépassa, ralentit et s'arrêta une centaine de mètres plus loin. En approchant, elle vit une femme aborigène d'une cinquantaine d'années et un jeune garçon de douze ans, assis sur le plateau, parmi des meubles arrimés avec des cordes. Une autre Aborigène passa la tête par la portière, côté passager, et lui demanda si elle voulait monter. Beatrice accepta, et la femme lui dit de grimper à l'arrière. Le vent était bien trop fort pour engager la conversation, mais ils se souriaient tous les trois et se montraient parfois quelque chose du doigt. Ils roulèrent ainsi pendant une soixantaine de kilomètres.

La camionnette se gara devant le jardin d'une petite maison jaune d'où plusieurs personnes, toutes aborigènes, sortirent en même temps. Beatrice put enfin se présenter et apprit qu'elle avait été la passagère des McDaniel. Les quatre occupants de la camionnette étaient allés chercher quelques meubles chez une parente récemment décédée. Tous invitèrent Beatrice à passer la nuit chez eux. La famille entière semblait prête à partager ce qu'elle avait et à accueillir n'importe quel étranger comme s'il était un proche parent venu lui rendre visite.

« Je m'appelle Pauline, dit la femme en descendant

1. Beignet en forme d'anneau (*N.d.T.*).

du camion. Tiens, emporte cette pendule, demanda-t-elle au garçon.

— Et moi Beatrice. Est-ce que je peux aider ? C'est vraiment très gentil de vous être arrêtés.

— On pourrait porter cette table sous le porche. Freddy, on a besoin d'un coup de main ! »

Deux hommes, un peu plus âgés, emportèrent la table aux pieds chromés piqués de rouille tandis que Beatrice et Pauline les suivaient, chacune avec une chaise. Le tout resta sous le porche car il n'y avait plus de place à l'intérieur. Une table et quatre chaises occupaient déjà presque toute la cuisine, et les quatre autres pièces de la maison de Pauline étaient encombrées de lits, de canapés, d'armoires et de quelques matelas posés à même le sol. La salle de bains se trouvait à côté de la cuisine, et les toilettes dans l'entrée. En pénétrant dans la maison, Beatrice fut accueillie par une délicieuse odeur.

« Prends une assiette, insista Pauline. Et puis on ira s'asseoir quelque part, et tu nous raconteras ton histoire. »

Beatrice n'avait jamais pensé à sa vie ni aux péripéties de son voyage comme à une histoire, mais c'était peut-être le mot qui convenait. Elle leur parla de l'incendie de la pension Crowley et leur dit son envie de découvrir les traditions anciennes de son peuple.

« Pourquoi t'intéresses-tu à ça ? demanda Pauline en portant à sa bouche un morceau de patate douce. C'est faire marche arrière, et nous avons au contraire besoin d'aller de l'avant. Il nous faut obtenir davantage d'argent du gouvernement, plus de maisons et de meilleurs emplois. Si tu te mets à parler comme ma vieille tante, tu rendras les choses encore plus difficiles. »

La vieille tante devait être la femme qui se tenait dans un coin de la véranda, supposa Beatrice.

« Tu as peut-être raison, reconnut-elle tout en étudiant le visage de la vieille femme, mais comment savoir pour quoi se battre si nous ignorons à quoi nous avons renoncé ? »

Puis elle ajouta, en regardant les autres : « Je voudrais simplement que quelqu'un me parle de la vie d'autrefois, de la façon dont les choses se passaient, et me dise pourquoi c'était ainsi, comment et pourquoi cela a changé.

— Certains vivent encore selon les traditions anciennes, répondit Freddy. Va jusqu'au désert ou à la Terre d'Arnhem. Nous avons des amis qui se trouvent dans le Territoire du Nord et d'autres en Australie occidentale. Je peux t'aider à les rencontrer, si tu veux.

— Mais là-bas aussi, les choses se passent très mal, intervint Pauline. L'injustice règne partout. Personne au gouvernement ne veut nous écouter. Les Blancs se moquent pas mal de nous, et ils détiennent le pouvoir. Je suis sûre qu'ils aimeraient nous voir partir dans le désert en leur abandonnant nos terres. Ils pourraient ainsi faire paître leur bétail et leurs moutons partout, sauf dans les endroits qu'ils recouvriraient de béton et où ils créeraient des centres commerciaux. Je n'ai pas envie de me sauver, je suis ici pour défendre nos droits. S'ils veulent nous imposer leur mode de vie, alors il faut qu'ils nous permettent de vivre comme eux. Nous devons avoir nos médecins, nos avocats et nos juristes, nos journalistes à la radio, nos ouvriers à la brasserie, et... »

Elle fut interrompue par le rire sonore des hommes qui se tenaient sous le porche.

« Oui, tu as raison, Pauline, si on travaillait à la brasserie, ça arrangerait sûrement les choses ! lança l'un d'eux.

— Tu rêves ! ajouta Freddy. Les Noirs travaillant avec les Blancs, faisant le même job, recevant le même salaire, et habitant dans le même quartier ? Oui, tu rêves complètement. »

On entendit alors la petite voix — presque un murmure — de la vieille tante : « Nous sommes les enfants du Temps du Rêve, les seuls qui comprenons ce qu'est un être humain. Nous devons vivre notre Rêve. Il n'y a pas d'autre voie, c'est la seule façon d'aider notre peuple, d'aider le monde. L'homme blanc pense que tous les Aborigènes viennent du désert, mais les nôtres occupaient cette terre depuis des milliers d'années, elle était à nous. Notre pays allait de la mer jusqu'aux montagnes. Les cartes n'existaient pas, les seules frontières étaient les pistes chantées. Chaque chose était à sa place et y demeurait grâce aux chants. Les nations voisines savaient distinguer notre chant et reconnaissaient les arbres, les rivières, les rochers et les montagnes que nous chantions. Nos ancêtres avaient créé cet endroit pour nous grâce à leur Rêve, et l'honneur, la dignité et la joie y régnaient. Nous prenions soin de notre Mère la Terre.

« Puis les hommes blancs sont venus — certains d'entre eux tenaient les autres enchaînés — et ils n'ont pas appris nos chants. En fait, ils se sont moqués de nos traditions. Leur esprit était fermé à notre Rêve. »

Elle se mit alors à chanter : « *Na na num que, num que, num que.* »

Beatrice fut fascinée par cette langue que la tante parlait lorsqu'elle était enfant. Quand la vieille femme se tut, tout le monde, avec un bel ensemble, proposa à Beatrice de rester quelques jours de plus afin d'apprendre les rudiments de cette langue et de ces chants. Les quelques jours se transformèrent en un mois.

Beatrice aida de toutes les façons possibles et contribua à l'achat de la nourriture. Pauline l'emmena dans un magasin où l'on vendait des vêtements et des chaussures d'occasion, et Beatrice acheta deux robes, une paire de sandales en toile, et un fourre-tout bleu dans lequel elle rangea ses nouvelles acquisitions.

Un jour, au cours de l'une de leurs discussions, la tante et Beatrice en vinrent à parler de religion.

« J'aime bien le christianisme, déclara la vieille femme en appuyant son dos voûté contre un arbre. Les histoires sur Jésus et la musique que joue l'orgue me plaisent beaucoup. Mais je n'ai jamais rien compris à ces dix fameuses règles dont les chrétiens sont si fiers. Dieu a demandé à un homme de les graver dans la pierre, mais je crois qu'il y a des choses qui ne vont pas.

« Une de ces règles dit qu'il faut respecter ses parents. Pourquoi l'Unique aurait-il demandé qu'on grave ça alors qu'il nous a créés pour aimer nos parents ? Il faudrait apprendre à un enfant à ne pas le faire. La véritable règle disait peut-être : "Ne vous comportez pas de façon qu'un enfant puisse perdre l'amour qu'il a pour vous." L'homme, trouvant sans doute que c'était trop long à écrire, aura raccourci la phrase.

« Une autre des règles dit qu'il ne faut pas voler, mais tout le monde sait qu'on éprouve un sentiment très désagréable quand on prend quelque chose sans demander la permission.

« Selon les chrétiens, il suffirait de penser à Dieu une fois par semaine. Je ne peux pas croire que l'Unique ait demandé cela. Nous l'honorons dans toutes choses, chaque jour et tout au long de la journée. Dommage que notre peuple ait oublié ses rites, ses danses et ses langues, mais d'une façon ou d'une autre, je sais que cela reviendra. Peut-être dans un millier d'années, ajouta-t-elle en plaisantant, mais cela reviendra. Nous ne devons pas abandonner notre Rêve. Si tu vis ton Rêve, Beatrice, ceux que tu veux rencontrer te trouveront. »

La semaine suivante, Pauline et Beatrice étaient occupées à plumer des poulets dans le jardin après les avoir plongés dans une bassine d'eau bouillante, et alors que leurs bras et le devant de leur robe étaient couverts de plumes rouges, et que l'odeur si particulière des plumes humides flottait dans l'air, Beatrice annonça : « Il faut que je parte, Pauline. J'ai vraiment besoin de rejoindre ceux du Nord.

— Reste, ensemble on arrivera sans doute à faire quelque chose pour les nôtres. Deux personnes valent mieux qu'une. J'ai besoin de ton aide, et ceux qui vivent dans le Nord ont les mêmes problèmes que nous, répondit Pauline avec une certaine brusquerie.

— Le fait de retrouver nos racines pourrait peut-être nous aider d'une autre manière, dit Beatrice d'un ton apaisant. En demeurant assise ici et en me plaignant, je ne ferai pas avancer les choses. J'ai besoin de savoir qui nous sommes, ou qui nous étions. Obtenir le même travail qu'une Blanche et vivre dans une maison comme la sienne ne me semble pas une réponse suffisante à mes questions. Je ne sais pas au juste ce que je cherche, mais je pense pouvoir le trouver en me fiant à mes sentiments. Mon cœur me dit d'avoir confiance dans ce qui me guide ; il existe sûrement quelque part un chemin qui attend que je l'emprunte. Je t'aiderai, Pauline, je te le promets, mais j'ai besoin de savoir pour quoi je me bats, et pas seulement contre quoi je me bats. »

23

Le lendemain matin, Beatrice dit au revoir à ses amis et rejoignit la route nationale, une fois de plus. Sa boîte de cigares, à présent à moitié vide, était rangée au fond de son sac bleu avec les provisions que la famille McDaniel avait tenu à ce qu'elle emporte. Une gourde d'eau, achetée dans un surplus de l'armée, pendait à la bandoulière de son sac.

Ce jour-là, plusieurs personnes s'arrêtèrent pour la prendre à bord de leur voiture. Tout d'abord un couple de Blancs, assez âgés, avec lesquels elle voyagea pendant trois heures avant qu'ils ne soient obligés de quitter la nationale. Puis une étrangère en vacances qui l'emmena jusqu'à la ville la plus proche et la laissa dans une station-service. Beatrice mangea un sandwich et remplit sa gourde avant de repartir. Un énorme camion klaxonna derrière elle et se gara un peu plus loin, sur le bas-côté. Le chauffeur devait conduire toute la nuit, et un peu de compagnie ne lui déplaisait pas. Elle grimpa dans la cabine.

« Où vas-tu ? lui demanda-t-il, une cigarette collée au coin de la bouche.

— Vers le nord.

— Beaucoup de Noirs vivent là-bas. Vous devez trouver pas mal de nourriture dans le bush, mais je ne sais pas comment vous pouvez avaler certains trucs. Je préfère un bon gros pavé de bœuf, avec des scones et de la confiture maison. »

Il passa le reste de la nuit à parler, changeant de sujet chaque fois qu'une idée lui traversait l'esprit. De temps à autre, il lui posait une question, mais un simple « oui, oui » en guise de réponse lui suffisait. Beatrice avait très sommeil, mais le chauffeur lui ayant offert de la prendre à bord pour lui tenir compagnie, elle s'efforça de demeurer éveillée. Elle fit même semblant de s'intéresser à ses vantardises et d'écouter ses récriminations.

Au matin, ils s'arrêtèrent pour faire le plein. Le chauffeur alla prendre un petit déjeuner, tandis que Beatrice se contentait de piocher dans ses provisions. Ils roulèrent ensuite jusqu'à midi, puis il lui annonça qu'il voulait dormir un peu. Il suivait un autre camion, qui roulait à la même vitesse que lui, et les avait dépassés à plusieurs reprises. Il fit des appels de phares, et les deux véhicules se garèrent sur le bas-côté. Le chauffeur expliqua à son collègue qu'il devait se reposer un peu, et lui demanda s'il voulait bien prendre avec lui une jeune fille qui faisait du stop. L'homme ayant accepté, Beatrice passa d'une cabine à l'autre.

Le nouveau chauffeur mesurait plus d'un mètre quatre-vingts, et lorsqu'il prit le sac de Beatrice pour le jeter à ses pieds, les muscles de ses bras frémirent comme s'ils étaient déçus de ne pas pouvoir démontrer leur force en soulevant des centaines de kilos. Il avait, lui aussi, collée au coin de la bouche, une cigarette qu'on aurait pu prendre pour une excroissance de ses lèvres. Ils roulèrent toute la journée, ne s'arrêtant que pour faire le plein d'essence. Le propriétaire de l'une des stations refusa à Beatrice l'accès des toilettes, prétextant qu'elles étaient en réparation, et la jeune fille dut s'isoler derrière le bâtiment.

Cette nuit-là, plusieurs heures après le coucher du soleil, le chauffeur gara son camion au bord de la route et sauta de la cabine. Il s'étira, puis, ouvrant la portière côté passager, il dit à Beatrice : « Viens donc te dégourdir un peu les jambes. La nuit est très belle ! »

Elle l'était vraiment ; les étoiles scintillaient dans le ciel et, loin des lumières de la ville, la lune brillait d'un éclat particulier. Beatrice descendit à son tour et leva les bras bien haut pour se décontracter. Le chauffeur la saisit alors par la taille et la jeta par terre. Il s'agenouilla sur l'une de ses jambes et lui attrapa les bras d'une main, tandis que de l'autre il essayait de lui arracher sa robe. Elle se débattit et se mit à hurler, mais il lui cria plusieurs fois : « Fermela ! » Il lui écrasait la jambe de tout son poids. Quand elle tenta une fois de plus de se libérer, il la gifla, puis, fermant le poing, la frappa violemment au visage. Elle s'évanouit.

Lorsqu'elle reprit connaissance, le chauffeur et son camion avaient disparu. Elle était couverte de terre, de sueur et de sang. Son œil gauche n'était plus qu'une fente, et sa jambe, engourdie, avait doublé de volume. Elle parvint à s'asseoir, puis à se lever et à faire quelques pas. Un peu plus loin, elle découvrit son sac bleu là où le chauffeur l'avait jeté par la portière en repartant. Elle aurait voulu se changer, quitter ses vêtements déchirés et tachés, mais elle n'en avait pas la force. Elle continua à avancer péniblement, traînant des pieds et tirant son sac.

Soudain, bien avant d'apercevoir la lumière de ses phares, elle entendit derrière elle le bruit d'un camion qui arrivait. Son cœur bondit ; elle devait absolument se cacher. Elle aurait voulu courir, s'éloigner de la route et s'aplatir sur le sol, mais elle en était incapable. Elle se dirigea lentement vers les broussailles. Trop tard, le chauffeur l'avait vue et freinait déjà. Lorsque le camion s'arrêta, l'homme descendit et l'appela : « Hé, c'est toi, petite ? », puis il se mit à courir derrière elle. Il la rattrapa et passa son bras autour de ses épaules pour l'empêcher de fuir. Elle était si faible qu'il n'eut aucun mal à l'obliger à se retourner. En découvrant son visage, il ne put s'empêcher de murmurer à plusieurs reprises : « Oh, mon Dieu !... »

Beatrice reconnut le chauffeur bavard. Il l'aida à rejoindre son camion et à grimper dans la cabine. Il eut à peine le temps de claquer la portière, de contourner le véhicule et de s'installer derrière son volant que Beatrice dormait déjà. Dans la matinée, il s'arrêta pour faire le plein et prendre un petit déjeuner. L'un des consommateurs du relais routier, ayant aperçu la jeune fille dans le camion, fit quelques remarques sur son piteux état. Le chauffeur ne répondit pas. Il finit de manger, paya et partit en emportant deux scones, du thé, et de la glace pour le visage tuméfié de Beatrice.

Ils voyageaient ensemble depuis trois jours quand Harry se présenta enfin. Il ne s'était pas donné la peine de le faire auparavant, étant trop occupé à parler. Depuis qu'il se sentait responsable, et même coupable de ce qui était arrivé à Beatrice, il s'efforçait de se faire pardonner.

24

La procédure, déclenchée par le pourvoi en appel déposé par l'avocat de Geoff Marshall, devait durer huit ans. Lui-même s'en désintéressa. La nuit, il lui arrivait souvent de regarder le plafond de sa cellule, s'imaginant contempler le ciel étoilé qu'il aimait tant lorsqu'il était enfant et vivait sur le ranch des Willett. Il aurait tellement voulu retrouver sa liberté d'alors. Même l'idée de son peuple, sauvage et inculte, mais libre, lui semblait attrayante. Il avait envie d'en apprendre davantage sur les siens, mais hésitait à compromettre sa réputation en empruntant un livre à la bibliothèque de la prison.

Un jour que le détenu chargé de distribuer les livres passait devant sa cellule en poussant son chariot, Geoff le héla : « Hé, viens un peu par là. Je voudrais savoir si tu peux me procurer un bouquin.

— Bien sûr, répondit le vieil homme qui s'occupait des prêts depuis trente ans. Quel titre ?

— Je ne sais pas, répondit Geoff. Quand j'étais gamin, j'ai eu entre les mains un livre qui parlait de l'art des Aborigènes australiens. Je viens d'Australie, et j'aimerais bien lire ce bouquin, mais je ne connais ni le titre ni le nom de l'auteur. Tu peux m'aider ?

— Bien sûr, réaffirma l'homme aux cheveux blancs. Mais il va falloir que je passe une commande, et ça demandera peut-être quelques semaines. »

Prenant un papier et un crayon, il griffonna quelques mots, puis nota le numéro de la cellule et demanda à Geoff qui il était : « Je suis le 804781 », répondit celui-ci.

25

Le soleil était très haut dans le ciel, et toutes les créatures de Dieu semblaient dépourvues d'ombre. En approchant de la petite localité de la côte nord, Beatrice sut que c'était là qu'elle devait quitter Harry. L'endroit n'avait rien d'impressionnant, ni même d'attrayant. De la poussière recouvrait tous les bâtiments, indice d'un orage récent ou d'une région où soufflait quotidiennement un vent violent. Pas un brin d'herbe ne poussait entre le trottoir et la chaussée ; l'artère principale paraissait désertée et sans vie, mais l'une des rues adjacentes était bordée par un parc verdoyant, avec de grands arbres. Des Aborigènes s'y promenaient, mêlés aux passants blancs. Beatrice réalisa qu'elle se trouvait enfin dans un endroit où ceux de sa race n'étaient pas minoritaires.

Harry arrêta son camion au coin de la rue, devant un hôtel dont le rez-de-chaussée était occupé par un pub. Au premier étage, la plupart des fenêtres étaient ouvertes, et les rideaux traînaient à l'extérieur, semblant attendre le prochain souffle de vent qui les rejetterait dans les chambres.

Beatrice sauta de la cabine, dit au revoir à Harry et lui affirma qu'elle allait tout à fait bien. Elle ne lui parla pas des deux dents qu'elle avait perdues la veille en mangeant un pâté de viande. Son œil, à moitié ouvert, était toujours injecté de sang, mais l'état de sa jambe paraissait s'être amélioré, et elle souffrait chaque jour un peu moins.

Son sac sur l'épaule, elle traversait la rue pour se diriger vers le parc quand, juste en face d'elle, elle vit une femme blanche, d'un certain âge, accrocher à la devanture de son milk-bar un écriteau : « Cherche employé. » Sans la moindre hésitation, elle franchit la porte, s'approcha et lança : « C'est moi que vous cherchez ! »

La femme sursauta, leva les yeux et parut presque effrayée en découvrant le visage encore tuméfié de Beatrice.

« Quoi, murmura-t-elle, qu'est-ce que vous dites ?

— Je suis l'employée que vous cherchez, comme le demande l'écriteau. Je suis capable de faire n'importe quoi, si on me montre comment m'y prendre. »

Elle retint son souffle puis, remarquant le regard méfiant de la propriétaire, elle ajouta : « Il ne faut pas que mon aspect vous inquiète, j'ai eu un accident, mais c'est le premier. Je ne recherche pas les ennuis, et je peux vraiment vous être utile.

— Je viens juste de poser cet écriteau, dit la femme un peu irritée, et vous êtes la première à vous présenter.

— Laissez-moi essayer pendant deux ou trois jours. Si mon travail ne vous convient pas, vous ne me devrez rien et vous pourrez raccrocher votre écriteau. Si tout se passe bien, vous me paierez et j'aurai le job. Qu'est-ce que vous en pensez ?

— Je ne sais pas, répondit la propriétaire, toujours un peu inquiète. Comment vous appelez-vous et d'où venez-vous ?

— Mon prénom est Beatrice, et je viens de Sydney. J'ai reçu une bonne instruction, je connais bien l'anglais, les maths et beaucoup d'autres choses, et j'ai travaillé pendant quatre ans dans une pension de famille. Je suis horrible à voir aujourd'hui, mais je vais mieux de jour en jour. La semaine prochaine, j'irai tellement bien que vous serez surprise de découvrir qui vous avez engagé ! »

La femme aux cheveux gris sourit. Elle n'aurait pas pu inventer elle-même une histoire plus convaincante.

« Vous êtes mariée ? Vous avez une famille ? Où habitez-vous ?

— Non... Non... Nulle part encore ! »

Elles éclatèrent de rire. C'était une façon stupide de poser des questions, et la réponse l'était tout autant.

« D'accord ! Suivez-moi, je vais vous montrer la boutique et on verra bien, pendant deux jours, ce dont vous êtes capable. »

Mildred McCreary — c'était le nom de la propriétaire — tenait ce commerce depuis plus de vingt ans. Elle l'avait ouvert avec son mari puis, quand celui-ci était mort, s'était associée avec son fils. Mais le jeune homme en avait eu vite assez de cet endroit perdu. Tout ici était trop calme, trop triste, trop à l'écart du monde, et il était parti. Sa mère avait reçu quelques lettres et une carte de Noël, puis plus rien depuis cinq ans. Chaque jour, elle espérait le voir écarter le rideau à mouches, fait de longues lanières en plastique, et franchir la porte.

Le devant de la boutique, longue et étroite, était ouvert au public. On y trouvait tout un assortiment de produits d'épicerie : boîtes en fer, en carton, paquets enveloppés de papier... Des boissons étaient tenues au frais dans un réfrigérateur, et Mildred augmentait leur prix de quelques cents. Elle préparait également des repas que des habitués venaient chercher et emportaient chez eux. Ces plats tout prêts se vendaient surtout pour le déjeuner, mais le soir il ne restait généralement plus rien. Les clients de l'hôtel traversaient parfois la rue pour acheter de quoi se confectionner des sandwiches plutôt que de dîner au pub, trop onéreux. Les employés d'une entreprise de pêche à la perle, située quelques rues plus loin, jugeaient les prix de Mildred McCreary raisonnables et la nourriture meilleure qu'ailleurs.

À l'arrière de la boutique étaient entassés les cartons contenant de quoi regarnir les rayons. On y trouvait également une salle de bains et des toilettes, une petite cuisinière, un évier, un placard suspendu, et un second réfrigérateur. Juste à côté de la porte de séparation, Mildred avait installé un gros meuble radio et une chaise rembourrée. Elle pouvait ainsi, dans les moments calmes, écouter ses émissions favorites, sans quitter la porte d'entrée des yeux. À droite de la porte de derrière, un escalier conduisait à l'appartement de la famille McCreary.

Mildred mit Beatrice au travail et lui demanda de regarnir les rayons, de balayer les deux parties de la boutique et de nettoyer le coin-cuisine. Elle fut impressionnée par l'efficacité avec laquelle la jeune femme s'acquitta de chacune de ses tâches. À la fin de la journée, elle proposa à Beatrice de monter chercher un lit pliant et de s'installer dans l'arrière-boutique pour dormir. Les dix jours suivants, Beatrice ne mit pas le nez dehors, sinon pour balayer le trottoir ou secouer un tapis. Elle offrit même à Mildred d'entretenir son appartement et s'en tira bien mieux que la propriétaire elle-même.

Les deux femmes s'entendaient bien. Ni l'une ni l'autre n'aimaient se lancer dans des bavardages inutiles, et Beatrice ne restant jamais inactive, Mildred comprit qu'elle avait trouvé la perle rare. Elle apprit même à son employée à tenir ses livres de comptes, à équilibrer recettes et dépenses, et à surveiller les ardoises des clients.

Au bout du quatrième mois, Mildred fit suffisamment confiance à Beatrice pour lui remettre régulièrement les sommes d'argent à déposer à la banque et le montant du loyer à verser sur le compte de Malcolm Houghton.

Malcolm Houghton avait hérité de son père un ranch où il élevait des ovins. La superficie des terres sur lesquelles paissaient ses moutons était vingt fois supérieure à celle de la ville entière. Il faisait partie du conseil d'administration de la banque, avait offert à la ville un local pour y créer un dispensaire où des médecins venaient donner leurs consultations deux jours par semaine, et il contribuait à l'entretien du parc et d'un terrain de sport. Il employait aussi quelques Aborigènes. Beatrice ne l'avait jamais vu et ne pensait pas l'apercevoir un jour, mais elle entendait mentionner son nom presque quotidiennement.

Quand ouvrir, fermer et gérer la boutique ne fut plus pour elle qu'une routine, Beatrice réussit enfin à trouver le temps de faire plus ample connaissance avec les femmes et les familles aborigènes qui venaient de temps à autre se servir chez Mildred.

Elle constata avec un immense plaisir que, dans le Nord, les enfants aborigènes fréquentaient les mêmes écoles que les enfants blancs. Si la plupart des siens recevaient encore des allocations destinées à améliorer leur niveau de vie, beaucoup d'entre eux avaient un travail, un plus grand nombre en tout cas qu'à Sydney. Elle se familiarisa avec l'expression artistique des anciennes tribus du désert, découvrit peu à peu l'histoire de son peuple, et continua à manifester son désir de mieux connaître ses origines. Un homme, prénommé Bill, qui vivait avec d'autres Aborigènes à la périphérie de la ville, dans des habitations de fortune, lui raconta que des nomades du désert venaient parfois leur rendre visite. Et il promit de l'avertir si l'un d'eux se montrait.

Un mercredi matin, un camion de livraison s'arrêta devant la porte et déposa plusieurs cartons que Beatrice emporta dans l'arrière-boutique.

« Ils sont vraiment lourds ! Qu'est-ce qu'il y a dedans ? demanda-t-elle à Mildred, occupée à mordre dans une tartine.

— Des bouteilles vides », répondit celle-ci en attrapant un pot de confiture de fraises.

Les bouteilles restèrent deux semaines dans leurs cartons, puis Mildred reçut par la poste un paquet provenant d'une fabrique de jouets. Il était rempli de ballons gonflables de toutes les couleurs. Beatrice aurait bien aimé savoir pourquoi sa patronne avait commandé une telle quantité de ballons, mais elle ne lui posa aucune question. Quelques jours plus tard, Mildred lui demanda de sortir les bouteilles de leur emballage et de les laver soigneusement. Elle les remplit ensuite de jus de raisin, y ajouta du sucre et un produit mystérieux, puis elle dit à Beatrice de fermer chaque bouteille en enfilant un ballon autour du goulot. Elles étaient en train de fabriquer du vin, lui expliqua-t-elle, et il allait falloir surveiller attentivement les ballons et laisser échapper régulièrement un peu de gaz afin d'éviter toute explosion.

Une partie du loyer de la boutique était payé à Malcolm Houghton en bouteilles de vin. Celui-ci comptait sur l'expérience de sa locataire pour perpétrer la tradition inaugurée par Mr Houghton père et l'époux de Mildred. Cela ne posait aucun problème à Mildred. Les Aborigènes boiraient de toute façon, et ils iraient acheter leur vin ailleurs. Puisque quelqu'un devait gagner de l'argent, autant que ce soit elle.

Beatrice fut déçue par l'attitude de Mildred, car elle avait conscience que l'alcool tuait les siens plus efficacement encore que des balles, mais elle ne pouvait rien faire.

Elle travaillait déjà depuis presque un an pour Mildred McCreary quand, un matin, bien avant l'aube, Bill entra par la porte de derrière et la réveilla. Il lui dit de se dépêcher et de prendre la route qui conduisait au ranch. Là, elle pourrait rencontrer l'un de ces nomades du désert dont il lui avait parlé.

Il était très tôt, et elle n'osa pas réveiller Mildred. Persuadée qu'elle serait de retour à temps pour ouvrir la boutique, elle enfila une jupe et un chemisier, et partit.

26

Geoff, connu officiellement sous le nom de Jeff Marsh, se trouvait dans le quartier des condamnés à mort depuis huit ans, et tous ses pourvois avaient été rejetés. C'était un homme amer mais résigné à mourir. Un mardi matin, des gardiens entrèrent dans sa cellule, lui enchaînèrent les mains et les pieds, et l'emmenèrent. Ils le firent entrer dans un bureau aux murs lambrissés où le directeur, assis dans un gros fauteuil en cuir noir, lui lut un document officiel. L'État venait de promulguer un texte de loi abolissant la peine de mort, et la condamnation de Geoff était commuée en une peine de prison à perpétuité, sans possibilité de libération conditionnelle.

Ce fut pour lui un véritable choc. Il s'était habitué à l'idée de mourir. Il haïssait les Marshall et leur religion, et avait souvent pensé aux sermons du révérend. Il avait réfléchi au paradis et à l'enfer, aux dix commandements, à Jésus et à Satan, mais rien de tout cela ne lui avait paru réconfortant ; il y avait encore trop de questions qui demeuraient sans réponse. Et à présent, le directeur lui apprenait qu'il n'allait pas mourir mais continuer à vivre, à être une victime, et qu'il resterait enfermé dans une cage jusqu'à ce qu'il soit vieux, très vieux. Cette nouvelle le perturbait. Il ne pouvait pas vraiment expliquer ce qu'il éprouvait. Il se sentait à la fois soulagé, effrayé, frustré et abattu.

Au cours des semaines qui suivirent, tous les détenus du quartier des condamnés à mort, qui avaient jusqu'alors connu l'isolement, furent mêlés aux autres prisonniers. Geoff, qui n'avait jamais partagé sa cellule, eut pour codétenu un Italien qui se faisait appeler Shorty. Ils n'avaient guère qu'une chose en commun : leur âge. Shorty ne mesurait qu'un mètre soixante-deux et pesait cinquante-neuf kilos. Il portait les cheveux aussi longs qu'on le lui permettait dans cette prison, et avait plus de tatouages que de dents. Ayant débuté très jeune, il s'était rendu coupable d'une longue série de délits. Il avait été condamné cinq fois à des peines de prison pour vol de voiture, cambriolage, complicité dans des affaires de jeux clandestins et de prostitution, et enfin tentative de meurtre. Et il aimait beaucoup parler. De son côté, Geoff était peu bavard et n'avait guère l'habitude de prendre part à une conversation.

Shorty avait peur de Geoff. Il lui était impossible de faire confiance à un homme aussi silencieux. Geoff, quant à lui, était persuadé que Shorty ne tarderait pas à le rendre fou avec ses éternels bavardages. Mais au bout de quelques semaines, ils finirent par trouver un terrain d'entente. Shorty apprit à son camarade de cellule comment faire démarrer une voiture en mettant deux fils en contact ; comment forcer tous les types de coffres-forts ; comment gagner aux courses. Geoff l'écoutait car visiblement Shorty avait besoin d'un auditoire, et tandis qu'il parlait, il étudiait son visage. Sa passion pour le dessin, en sommeil depuis très longtemps, se réveilla. Il ne lui fut pas difficile de se procurer du papier et des crayons, et il passa de nouveau son temps à dessiner. Dans un premier temps, il déchira et jeta tous ses croquis dans les toilettes. Il était inquiet de la réaction que son nouveau passe-temps pourrait provoquer chez les autres prisonniers. Cependant, une certaine catégorie de détenus — ceux qui tatouaient leurs camarades — avaient vraiment besoin de dessins. Il leur fallait des modèles de dragons, de serpents ou de têtes de mort, et ils recherchaient tout ce qui pouvait être nouveau et original. Geoff acquit bientôt la réputation d'être capable de répondre à n'importe quelle demande.

Dans le même temps, il fit une découverte le concernant : chaque fois qu'il créait un monstre affreux, il éprouvait la nécessité de dessiner quelque chose d'agréable à regarder. Il ignorait d'où lui venait ce besoin d'équilibre, mais il le ressentait si fortement qu'il était bien obligé de l'admettre. Finalement, il décida de faire, ouvertement, deux genres de dessins. Il lui arriva, par exemple, de créer, dans la même journée, un monstre avec une longue langue en forme d'épée, destiné à être reproduit sur le biceps d'un détenu, et un champ de fleurs qu'un autre prisonnier enverrait à sa mère pour son anniversaire.

Personne ne lui rendait jamais visite. Son avocat en avait fini avec lui, et il n'avait ni famille ni amis en dehors de la prison. Il ne recevait pas de courrier non plus. On aurait cru que nul être au monde ne connaissait son existence. Il s'était résigné à passer sa vie derrière des barreaux et faisait de son mieux pour supporter cette situation, même si au fond de son cœur il savait qu'il ne se serait pas senti plus seul au milieu du désert.

27

Beatrice suivit la route couverte de poussière rouge qui longeait le ranch du puissant Malcolm Houghton. La clôture était en bon état, comme l'exigeait le propriétaire, et l'herbe broussailleuse, que les moutons avaient broutée et piétinée, commençait à repousser. Un vent léger soufflait, rendant la température matinale si parfaite que tout nouvel arrivant en Australie pouvait croire qu'il ferait moins chaud que la veille. Beatrice, quant à elle, était simplement heureuse que ses pieds soient devenus suffisamment calleux pour résister aux changements de saisons. La végétation environnante avait reverdi après les dernières pluies. Droit devant elle, là où la clôture tournait, marquant la fin du domaine Houghton du côté ouest, Beatrice aperçut un bouquet d'arbres. Quelque chose de bleu et d'immobile semblait pendre d'une branche. Peut-être était-ce un signe laissé par le nomade du désert qu'elle devait rencontrer ?

Lorsqu'elle avança, l'objet bleuâtre devint plus distinct, et se révéla être une femme aborigène, âgée d'une cinquantaine d'années, le dos appuyé contre le tronc de l'arbre et les jambes reposant sur une grosse branche. On l'aurait crue allongée sur une chaise longue. Elle ne portait qu'une chemise écossaise bleue, ouverte, qui dévoilait sa poitrine noire, et une étoffe nouée autour des reins. Beatrice ne put s'empêcher de sourire, un sourire qui s'étala sur sa figure comme du beurre sur un toast chaud. Le visage de la femme perchée resplendit d'une joie enfantine, et elle sourit à son tour, découvrant ses dents dont une manquait sur le devant. Ses yeux sombres, aussi luisants que les galets d'une rivière, ressemblaient à ceux de Beatrice. Ses cheveux grisonnants, qui paraissaient animés d'un mouvement de yo-yo tandis qu'elle opinait de la tête en silence, l'air enthousiaste, contrastaient avec les longues boucles brunes de la jeune femme.

Beatrice la salua dans l'une des langues tribales qu'elle avait apprises. N'obtenant pas de réponse en retour, elle essaya une fois encore, mais sans résultat ; la femme continuait à lui sourire tout en hochant la tête. À la troisième tentative, elle répondit enfin, dans une langue autochtone : « C'est aujourd'hui ! »

Beatrice se présenta aussitôt et s'efforça d'entamer la conversation, mais son interlocutrice descendit soudain de son perchoir et commença lentement à s'éloigner. Elle mesurait environ un mètre cinquante, avait des jambes courtes mais solides, un corps puissant et musclé. Elle tourna le dos au ranch Houghton et à la petite ville proche, et se dirigea vers l'intérieur du pays, là où la végétation se raréfiait jusqu'à céder la place au désert aride, en plein cœur du continent australien. Sans même se retourner, comme si elle s'adressait aux vastes espaces, elle lança d'une voix ferme, en anglais : « Partons !

— Hé, tu parles australien ? »

La femme s'arrêta, se retourna et dit : « Oui, j'ai vécu dans une ville, moi aussi. Mais maintenant, nous devons aller dans mon pays. Les nôtres ont entendu ton appel. Tu te poses de nombreuses questions, et nous t'aiderons à y répondre. Partons ! »

Et elle s'éloigna.

Beatrice espérait depuis longtemps rencontrer un habitant du désert, mais elle avait envisagé qu'ils iraient ensemble jusqu'à la ville où elle pourrait prendre congé de Mildred McCreary et trouver quelqu'un à qui confier le peu d'affaires qu'elle possédait. Puis, une fois tout réglé, elle aurait suivi son guide dans le désert. Mais cela ne se passait pas du tout comme elle l'avait prévu.

Son regard tomba sur sa jupe à fleurs et, venue du fond de sa mémoire, une question à laquelle elle avait souvent réfléchi se posa de nouveau à elle : le matin du dernier jour de sa vie, au réveil, les choses sembleraient-elles différentes ? En enfilant les vêtements dans lesquels on devait mourir, avait-on une vague idée de ce qui allait se passer ? Elle ne mourrait sans doute pas ce jour-là, mais une porte se refermerait derrière elle. La réponse s'imposa d'elle-même : en s'éveillant ce matin-là, on ignorait que ce jour serait le dernier, et que rien de ce que l'on avait prévu ne se réaliserait, mais on pouvait être prêt à l'accepter, à croire que quelque chose de bénéfique en découlerait.

Pendant seize ans, elle n'avait connu que la vie de l'orphelinat, sans famille, ni patrimoine, ni individualité ; elle n'avait été que l'une des nombreuses petites filles aborigènes élevées dans cette institution. Après avoir quitté l'orphelinat, elle avait vécu quatre années sans personne pour la conseiller, la guider, l'écouter ; en quête de quelque chose, sans savoir précisément de quoi. Elle n'était la fille de personne et se sentait perdue. Mais tout cela était terminé. Elle espérait entrer en contact avec quelqu'un — ou quelque chose — et trouver enfin sa place.

D'une voix suffisamment forte pour se faire entendre par sa compagne, elle lança : « Attends-moi, j'arrive ! Oui, attends-moi ! »

Elles marchèrent en silence, Beatrice suivant de près son guide. Au bout d'un moment, elle demanda : « Est-ce que c'est encore loin ? »

La femme aux cheveux gris tendit l'index, le replia puis le tendit de nouveau, et refit une fois encore ce geste. Trois... quelque chose. Il pouvait s'agir de trois kilomètres comme de trois jours. Marcher ne posait aucun problème à Beatrice. Elle avait suffisamment arpenté les rues et parcouru la campagne au cours des années précédentes.

La facilité avec laquelle la femme s'orientait l'étonnait. Elle n'avait remarqué aucun point de repère, et le paysage lui semblait immuable. La terre était d'un gris rougeâtre, les broussailles d'un vert plus ou moins dense, les rochers se confondaient avec la terre, et les rares lézards se fondaient si bien dans le tout que seuls leurs yeux vifs permettaient de les remarquer. Une fois le ranch hors de vue, Beatrice perdit tout sens de l'orientation. Elle ne put s'empêcher de demander : « Comment sais-tu quelle direction prendre ? »

La femme ferma le poing, pointa le pouce vers le bas et l'auriculaire vers le haut. Beatrice ne comprit pas la signification de ce geste, ni pourquoi sa compagne ne répondait pas simplement à sa question. Elle voulait peut-être expliquer qu'elle suivait à la fois quelque chose sur terre et dans le ciel, mais cela n'avait pas vraiment d'importance. Beatrice avait tout abandonné, et elle savait qu'elle avait eu raison de le faire. Plus elle s'éloignait des habitations aux toits de tôle ondulée, plus elle avait conscience que sa vraie place était quelque part, droit devant elle, et à chaque pas elle sentait grandir en elle la certitude de la trouver bientôt.

Une demi-heure plus tard, la femme s'arrêta, se retourna vers Beatrice et déclara : « C'est ici que nous devons remercier notre Mère la Terre. Notre corps est fait d'elle. C'est elle qui nous nourrit, nous procure notre médecine et nous lave de ses larmes. Nous dormons dans ses bras, et lorsque nous mourons, elle accepte que nos os usés se mélangent aux corps de nos ancêtres et de ceux qui ne sont pas encore nés. Il est temps que nous lui rendions ce que nous lui avons pris et dont nous n'avons plus besoin. »

Elle s'adressa alors à la terre, lui demandant la permission de l'ouvrir. Puis elle tomba à genoux et se mit à creuser.

« Est-ce que je peux t'aider ? »

Elle opina de la tête et, Beatrice s'agenouillant à son tour, elles joignirent leurs efforts. La femme quitta ensuite sa chemise sans boutons et la déposa dans le trou. Puis elle se débarrassa de la pièce d'étoffe qui lui enserrait les reins, découvrant une corde tressée, nouée autour de sa taille et pendant sur ses hanches, à laquelle était attaché un petit sac en cuir. L'étoffe alla rejoindre la chemise. Sans lui donner la moindre explication, elle fit comprendre à sa compagne qu'elle devait se dévêtir elle aussi. Le sentiment de honte et de gêne devant la nudité, que les religieuses avaient inculqué à Beatrice, la submergea aussitôt. Après un moment d'hésitation, elle ajouta sa jupe à fleurs et son chemisier aux autres vêtements. S'adressant une fois encore à la terre, la femme la remercia de nouveau puis, avec l'aide de Beatrice, reboucha le trou et le recouvrit de sable. Elle souffla ensuite pour effacer les traces de leurs mains et de leurs genoux. Rien ne permettait plus de penser que l'on avait creusé à cet endroit.

« Tu te sentiras plus à l'aise lorsque tu seras parmi les miens, la tribu des Hommes Vrais, et que tu en sauras davantage sur leurs traditions, dit-elle.

— Mais tu portais bien des vêtements, remarqua Beatrice.

— Oui, il est parfois nécessaire de respecter les coutumes des autres. Nous ne les approuvons pas toujours, mais nous ne les jugeons pas, et nous nous y conformons. Lorsqu'il fait très froid, il devient quelquefois utile de se couvrir. Mais les gens sont souvent jugés sur la façon dont ils s'habillent, et cela risque de les diviser. Je suis sûre que tu as remarqué qu'il fallait se garder de juger un individu sur son apparence car il peut être très différent de l'image qu'il donne de lui-même. Tu découvriras comme moi que la honte a été créée par certains groupes humains. Si tu avais continué à porter cette jupe et ce chemisier, tu te serais sentie étrangère au clan qui souhaite t'accueillir. »

Lorsqu'elles se remirent en route, Beatrice fut heureuse de vivre sur le seul continent où la plupart des animaux n'étaient pas agressifs. Il n'y avait ici ni ours ni tigres mangeurs d'hommes, mais quantité de marsupiaux de toutes les tailles, depuis de minuscules rongeurs jusqu'à des animaux mesurant près de deux mètres de la tête à l'extrémité de la queue ; des petits koalas qui semblaient n'exister que pour rappeler au monde combien le sens du toucher était quelque chose de merveilleux ; et des émeus au plumage majestueux, qui couraient très vite sans jamais voler. Bien sûr, elles pouvaient rencontrer des serpents venimeux, mais Beatrice était convaincue que sa compagne saurait comment s'y prendre avec eux.

Elles marchèrent, heure après heure, parmi des broussailles basses parsemées de rares bouquets d'arbres. Plus tard ce jour-là, la femme dit : « Si c'est pour notre plus grand bien, nous mangerons aujourd'hui ; il faut donc faire attention à ce que l'Unique nous offre. À chaque pas il y aura quantité de choses à observer dont il faudra que tu te souviennes. »

Elle montra alors du doigt de minuscules traces sur le sol auxquelles Beatrice n'avait pas prêté attention jusque-là. Il y avait des empreintes de pattes, de griffes, de longues traces sinueuses ; des empreintes d'animaux qui se déplaçaient lentement, ou très vite, par petits bonds, des animaux affamés, fatigués, vieux ou jeunes.

Elles traversèrent une étendue de grandes plantes d'un vert moucheté, à la tige particulièrement épaisse. La femme s'arrêta et s'adressa à ces plantes, puis elle se pencha, cassa un bout de tige et l'ouvrit. À l'intérieur se cachaient des graines ressemblant à des baies brunâtres. Se servant de son pouce, elle les écossa comme Beatrice avait appris à le faire avec les petits pois. Elles se partagèrent les précieuses graines, puis la femme lui montra comment les décortiquer. Tout en suivant les indications de sa compagne, Beatrice s'étonna : « Comment quelqu'un a-t-il pu découvrir que ces graines étaient comestibles ?

— Il existe une méthode pour déterminer si une plante que tu ne connais pas est bonne à manger. Tu dois faire appel à ton odorat. Il est très important d'apprendre à sentir, non seulement les plantes, mais l'air, l'eau, les animaux, et les gens. Toutes les odeurs sont différentes, et il faut se souvenir de chacune d'elles. Lorsque tu pourras distinguer suffisamment d'odeurs différentes, tu remarqueras que les substances vénéneuses ont souvent une senteur forte, très particulière. Si une plante n'a pas l'odeur d'un poison que tu connais, tu en prélèveras une petite partie et tu la frotteras sur ta peau. Choisis une zone sensible comme ta paupière, le pourtour de ton nombril ou ton aisselle. Si aucune brûlure, démangeaison, boursouflure ou cloque n'apparaît, tu pourras essayer de goûter un morceau de la plante, mais tu le placeras sur le côté de ta bouche ou sous ta lèvre supérieure. Là encore il faudra surveiller les réactions possibles. S'il n'y en a aucune, tu pousseras le test un peu plus loin et tu te gargariseras avec le suc de cette plante, que tu recracheras. Puis tu en avaleras un peu ; tu attendras alors de voir si tu ne ressens aucune douleur à l'estomac, si ton corps ne le rejette pas en provoquant des vomissements ou un dérangement intestinal. Patiente suffisamment longtemps pour être sûre que rien n'a changé dans ta façon de penser ni de marcher.

« Il faut tester tout ce que tu rencontres de nouveau : non seulement la nourriture, mais également les gens et les idées. Là aussi, sers-toi de tes sens. Si quelqu'un t'affirme qu'une idée est bonne, commence par la sentir, et si l'odeur te paraît agréable, goûtes-en juste un peu, mais mâche soigneusement et longtemps avant de tout avaler. Les mots eux-mêmes doivent être goûtés, ruminés, car il est bien plus facile de les recracher avant de les avoir laissés pénétrer en soi. Si tu as ingéré une idée néfaste pour toi, cela te créera des problèmes : des grosseurs, des maux de tête, des douleurs dans la poitrine et à l'estomac, des plaies infectées, tant que tu ne l'auras pas expulsée. Il est malheureusement plus facile de rendre quelque chose que l'on a mangé, et de réparer ainsi son erreur, que de se défaire des idées et des croyances. En dehors des limites de ce désert, les hommes commettent des actes qui altèrent la vie. Il ne faut pas toujours se fier aux choses qui ont une apparence normale.

« Pour nous, l'épreuve la plus difficile à surmonter a été de sentir et de goûter les paroles et les croyances du monde des Blancs, puis de les recracher poliment. Il n'existe plus que quelques Aborigènes libres, et chaque année leur nombre décline tandis que de plus en plus de tribus sont chassées de chez elles et obligées de vivre dans le monde des hommes blancs ou de mourir. Ce n'est pas aux Blancs que j'en veux, car la couleur de la peau n'a rien à voir là-dedans. Mais ce sont les nouvelles façons de penser et de vivre, l'abandon des valeurs traditionnelles et des lois originelles qui ont fait des êtres humains des Mutants. Et tous les Mutants ne sont pas blancs.

« Nos Anciens sont tombés d'accord, ma sœur. Plusieurs d'entre nous ont entendu tes appels dans leur sommeil ou pendant leurs heures de veille. Ta vie est une quête, mais tu es tout à fait capable de trouver des réponses importantes et d'aider de nombreuses personnes égarées à découvrir leur voie. Ta tâche ne sera pas facile. Au contraire d'un petit enfant qui a soif d'apprendre et veut combler par le savoir le vide qu'il ressent, tu es déjà en possession de bien des informations. Tu vas devoir choisir ce à quoi tu voudras renoncer, ce que tu souhaiteras remplacer ou accepter. Je le sais parce que j'ai vécu cela, moi aussi. »

Prenant une petite poignée de graines, Beatrice mâcha lentement chacune d'elles, appréciant leur goût de noisette et s'étonnant de leur valeur nutritive.

Tout en marchant, Beatrice réfléchissait à ce que

sa compagne venait de lui dire. Puis à voix basse, presque dans un murmure, elle conclut : « Je ne suis pas sûre de pouvoir y arriver.

— Je vais te raccompagner.

— Non, je ne veux pas retourner là-bas. Seulement... je me sens vraiment mal à l'aise sans vêtements. L'idée de rencontrer d'autres personnes, surtout des hommes...

— D'accord, lui répondit son guide, l'air visiblement inquiet. Nous te fabriquerons quelque chose d'approprié. Nous trouverons en route ce dont nous avons besoin. Il arrive aux Hommes Vrais de se vêtir, mais je crois que tu te sentiras plus à l'aise sans ta jupe et ton chemisier. Nous te confectionnerons des vêtements plus confortables et moins encombrants. Je comprends que tu aies honte de montrer ton corps, mais c'est une attitude qu'on t'a apprise. »

Puis, avec un grand sourire, elle ajouta : « Je crois qu'une peau d'opossum ferait l'affaire. Si nous envoyons cette pensée dans les airs, peut-être l'opossum né dans ce but nous fera-t-il l'honneur de croiser notre chemin ? »

Vers la fin de l'après-midi, elles traversèrent un petit cours d'eau au bord duquel elles s'agenouillèrent pour boire. Sur leur droite, elles virent alors un python aux rayures brunes et à la tête couleur de jais ramper vers elles. Avant même que Beatrice ait pu prononcer un seul mot, la femme avait saisi l'animal derrière la tête. Sortant de son sac en cuir une pierre tranchante, elle tua le reptile et le suspendit à sa ceinture. Puis, toujours en silence, elles continuèrent leur chemin.

Tandis que le soleil disparaissait à l'horizon, la compagne de Beatrice s'extasia sur la splendeur du coucher de soleil. Le crépuscule fut de courte durée, et les étoiles scintillèrent bientôt au-dessus de leurs têtes. Peu après, elles firent halte pour manger et se reposer.

Elles arrachèrent quelques broussailles sèches et les empilèrent en y ajoutant une poignée d'excréments de lapins. Elles dépouillèrent le serpent, le coupèrent en tronçons qu'elles déposèrent sur une pierre plate, au milieu des broussailles. Utilisant deux petits silex qu'elle sortit de son sac, la femme alluma le feu. « La viande ne doit pas perdre toute son eau, expliqua-t-elle, mais il faut quand même la faire cuire un peu, sinon de petits vers se formeraient dans nos estomacs. »

Prenant un morceau, elle le tendit à Beatrice, puis se servit en disant : « Nous devons exprimer notre reconnaissance à ce serpent pour être né et s'être trouvé sur notre chemin aujourd'hui. Son esprit se joindra aux nôtres, sa chair deviendra notre chair, et nous continuerons ainsi à vivre ensemble. »

La viande était encore moelleuse bien qu'un peu ferme, et remarquablement nourrissante.

Après avoir mangé, elles restèrent un moment silencieuses, puis Beatrice demanda : « Quel est ton prénom ?

— Aujourd'hui, je m'appelle Benala, ce qui signifie Canard Brun. Nos prénoms doivent être éloquents. Lorsque nous gagnons en sagesse, ils ne nous conviennent plus, et nous devons alors en choisir un nouveau qui décrive mieux ce que nous sommes. Maintenant que ma vie a changé, je trouve très curieux d'avoir reçu à ma naissance un prénom que j'étais censée garder toute ma vie.

— Oui, c'est ainsi ! Moi, je n'ai jamais eu de nom de famille, mais quand les femmes blanches se marient, elles prennent le nom de leur époux. Elles utilisent parfois un surnom ou un pseudonyme, mais gardent leur prénom toute leur vie. La plupart des gens le font, même s'ils ne l'aiment pas ou, comme tu le dis, s'il ne leur convient plus. On m'a affirmé qu'il était possible de s'adresser à un organisme officiel et de payer pour en changer. Mais, dans la plupart des cas, les membres de la famille continuent curieusement à appeler la personne par son ancien prénom.

— Même ceux qui l'aiment ? s'étonna Benala, le visage illuminé par la lueur orange des braises.

— Oui, répondit Beatrice après un moment de réflexion, mais je suppose qu'ils ne l'aiment pas suffisamment pour utiliser le prénom qu'elle préfère. »

Elles éclatèrent de rire, puis le silence retomba. Après avoir regardé longtemps une braise s'éteindre, Beatrice demanda : « Tu m'as dit que les Hommes Vrais avaient éprouvé le besoin de rejeter ce que leur avaient appris les Européens, mais comment saviez-vous que leur enseignement était mauvais ?

— Il n'était pas mauvais pour eux, répondit Benala en haussant les sourcils, mais les Européens ne semblent pas avoir conscience que les lois de la vie sont immuables. Ce sont les lois édictées par l'Éternel. Je pense que les expériences que nous vivons au cours de la première partie de notre existence forgent nos croyances. Plus tard, nos croyances déterminent nos expériences et notre façon de considérer les événements. Mais rien de tout cela n'est la vérité. Les gens ont tendance à confondre la vérité et la croyance.

— Je ne comprends pas, tu peux me donner un exemple ?

— Dans le monde des Mutants, il existe une loi, qui t'est certainement familière. Elle dit : "Tu ne dois pas tuer." Elle est très claire, et pourtant les Mutants s'entre-tuent à l'occasion de guerres, dans des accidents de la route, pour défendre leurs biens ou leur vie, sous le coup de la colère ou pour se venger. L'interprétation de cette règle simple est déformée pour justifier l'attitude d'une personne dans certaines circonstances. Tout cela est très bien si la société choisit d'y croire. Mais la vérité est dans la formule : "Tu ne peux pas tuer" et non "Tu ne dois pas tuer". La vérité n'a rien à voir avec les circonstances, les autorisations, ou l'analyse d'actes déjà accomplis. Les mots sont très précis. Il est impossible de tuer. Tu n'as pas créé l'esprit, tu ne peux donc pas le tuer. Tu peux mettre un terme à son apparence humaine, mais cela ne fait que renvoyer l'esprit vers l'Éternel. Les esprits ne naissent pas et ne meurent pas, ils sont éternels. La mort n'est pas une fin, mais une autre forme d'existence, dans le monde de l'Éternel. Prendre la vie de quelqu'un constitue assurément un crime grave, mais pas au sens où l'entendent les lois européennes.

« Les idées d'une poignée d'hommes ont été présentées comme des lois universelles, et des millions d'êtres humains les ont validées. Les lois de la création ne changent pas avec le temps et ne diffèrent certainement pas selon qu'on est homme ou femme. Chaque être humain dispose de son libre arbitre, et il est impossible de le lui retirer. Aussi, nous sommes tous libres de suivre notre voie, de partir à la recherche de notre destin et de découvrir le meilleur de nous-mêmes. Les gens que tu côtoieras au cours de ta vie te soutiendront de façon positive ou t'offriront des opportunités d'atteindre ton plus haut niveau, malgré eux...

— Mais, l'interrompit Beatrice, ce n'est quand même pas moi qui ai choisi d'être abandonnée par mes parents à ma naissance et de passer mon enfance dans un orphelinat !

— C'est ce que tu crois, répliqua Benala, mais est-ce la vérité ? Avant ta naissance, lorsque tu faisais partie de l'Éternel, l'opportunité de vivre cette expérience humaine t'a été offerte. Tu étais au courant de la situation de tes parents, mais tu as pourtant vu là une merveilleuse occasion de poursuivre ton édification. Pourquoi regarder en arrière, raisonner avec des *si*, et chercher des raisons logiques et rationnelles pour expliquer le passé ? Aujourd'hui est un nouveau jour. La possibilité d'apprendre la tolérance, la patience, l'acceptation, la bonté, l'amour, l'honnêteté, l'intégrité et bien d'autres choses encore t'a souvent été offerte. Si tu n'as pas appris tout cela alors que tu étais une enfant vivant dans un orphelinat, tu auras encore des occasions de le faire, je te l'assure. Et l'essentiel est que tu l'apprennes, quelles que soient les circonstances. Maintenant, il est temps de dormir. Nous aurons bien d'autres discussions importantes plus tard. »

Benala montra à Beatrice comment aplanir le sol pour mieux dormir, et creuser un trou adapté aux courbes de son corps. À peine allongée, Benala s'endormit. Beatrice ne put résister au plaisir de contempler le ciel, pensant à tout ce que lui avait dit sa compagne, préparant des questions et des arguments à lui opposer en vue de discussions futures. Il était rare de pouvoir s'instruire ainsi en pleine nature. Il n'y avait ici ni bureaux, ni livres, ni diplômes à pendre aux murs, ni même de murs, mais cet endroit paraissait pourtant favorable à l'acquisition d'un grand savoir. L'attention de Beatrice fut attirée par une lueur soudaine ; une étoile filante traversait le ciel noir. Mon Dieu, pensa-t-elle, j'ignore ce que cela signifie, mais ce doit être certainement très révélateur ! Pouffant de rire tout bas, elle murmura : « C'est ce que je crois, mais ce n'est probablement pas la vérité ! »

Un sentiment de paix envahit son esprit, puis son corps, et elle tomba dans un profond sommeil.

28

Le soleil était encore caché derrière la terre lorsque Benala commença à bouger. Le ciel d'un bleu sombre s'éclaircissait lentement, laissant apparaître de légères traînées roses ou orange pastel. Sentant sa compagne s'agiter, Beatrice s'éveilla à son tour et se demanda pendant un moment où elle se trouvait. Elle se débarrassa du sable qui collait à son visage et à ses bras, et s'étonna d'avoir si bien dormi à même le sol.

« Bonjour, lança-t-elle.

— Les miens diraient : "C'est aujourd'hui", répondit Benala.

— Est-ce que je devrai parler la langue des tiens ? Il faudra que j'apprenne. »

Une expression de tristesse envahit le visage de Benala. « Ce n'est pas si simple, expliqua-t-elle. Les choses ont beaucoup changé au cours des trente dernières années. Autrefois, on comptait des centaines de tribus, de nombreuses langues différentes, et même plusieurs dialectes pour chaque langue. Chacun connaissait les limites de son territoire, respectait les autres tribus, leurs coutumes et leurs modes de vie. Fuyant la domination étrangère, certains ont trouvé refuge au sein de notre clan. Par nécessité, notre langue est devenue une combinaison de plusieurs langues, et par respect pour ceux qui nous ont rejoints, nous avons modifié nos coutumes. Par exemple, quelques-uns ne parlent jamais de ceux qui sont absents et d'autres appartiennent à une tribu où en aucun cas on n'évoque le nom d'une personne décédée. Bien sûr, nous avons découvert leurs traditions en commettant des erreurs et en les offensant. Quant à eux, ils ont appris à se montrer patients à notre égard et ont fait preuve d'indulgence face à notre ignorance. Aujourd'hui, pour désigner une femme célibataire comme toi, nous pouvons être amenés à utiliser six ou sept mots différents. Je pense qu'il vaudrait mieux parler australien ; nous étudierons plus tard les mots dont tu auras besoin. »

Benala s'agenouilla et entreprit de rendre son aspect originel à l'endroit où elle avait dormi. Beatrice l'imita et constata qu'effacer ses traces n'était pas une tâche facile. Un tas de questions se bousculaient dans sa tête.

« Pourquoi existait-il tellement de tribus ? demanda-t-elle.

— Je suppose que c'est ainsi que les choses se passent naturellement. Nos ancêtres se multipliant, des liens profonds se nouaient entre certains d'entre eux. Des amis partaient ensemble en quête de nourriture, et adoptaient un mode de vie qui leur convenait. Les valeurs, les croyances et les rites se diversifièrent peu à peu d'un bout à l'autre du pays. »

La peau du serpent qu'elles avaient mangé la veille pendait à un buisson. Benala la passa dans sa ceinture, puis se leva et, jambes écartées, bras dressés au-dessus de la tête, elle s'adressa en silence au jour naissant.

Après avoir accompli son rituel, elle se tourna vers sa compagne et, sans autre commentaire, côte à côte, elles entamèrent une nouvelle journée de marche. L'une suivait un chemin qu'elle avait parcouru maintes fois, tandis que l'autre pénétrait dans un monde entièrement nouveau pour elle.

Elles traversèrent une région couverte d'épaisses broussailles. Des branches, parfois épineuses, les obligeaient à se baisser. Alors qu'elles luttaient pour se frayer un chemin, Beatrice demanda à son amie :

« À ton avis, pourquoi est-ce que notre peuple, qui a vécu sur cette terre pendant des dizaines de milliers d'années, ne possède pas d'alphabet ni de langue écrite ? Je me suis toujours opposée à ceux qui prétendaient que c'était parce que nous étions intellectuellement inférieurs. As-tu une explication ?

— Oui. Le prix à payer était trop élevé. Les nôtres ont dit aux Anglais qui les enfermaient dans des écoles pour les obliger à apprendre à lire et à écrire, qu'ils se laisseraient mourir plutôt que de perdre leur mémoire. Les informations transmises à nos enfants ne le sont jamais par un seul individu, mais par tout un groupe. Ainsi, rien n'est oublié, ni ajouté, et une interprétation personnelle n'a aucune chance de passer pour un fait réel. Notre histoire a été mise en musique, et nous l'apprenons dans nos chants et nos danses, ce qui n'est pas très différent de la façon dont on enseigne l'alphabet, sur un rythme musical, aux enfants des Mutants. Il est très rare que les écrits ne varient pas avec les années. Dans le passé, les nôtres communiquaient silencieusement de tête à tête et de cœur à cœur. Tu constateras que ceux de ma tribu n'ont rien perdu de cette aptitude, mais elle impose de ne pas avoir de secrets et de ne jamais mentir.

« Lorsqu'on écrit quelque chose, on a tendance à croire qu'il n'est pas nécessaire de s'en souvenir, parce qu'on pourra toujours le relire. Malheureusement, cela rend notre esprit paresseux. Nous dépendons d'un morceau de papier. Les gens ne se souviennent plus des choses les plus simples comme ce qu'ils ont fait ou mangé la veille. Ceux qui écrivent beaucoup regardent autour d'eux, se comparent à leurs semblables et en arrivent à croire qu'il est normal d'avoir mauvaise mémoire. Et l'on en revient à la question de savoir si cela est une vérité ou simplement une croyance.

« Quand ils atteignent l'âge de cent ans, les nôtres ont retenu deux fois plus de choses que lorsqu'ils en avaient cinquante. Nous n'avons jamais eu confiance dans l'écrit pour communiquer entre nous. Cela nous paraît inutile et inapproprié. Tu es instruite et tu connais la valeur de la chose écrite, mais aussi ses pièges. Quand tu seras parmi les miens, tu verras la vie d'une façon très différente. Par la suite, tu décideras toi-même.

« Pendant des milliers d'années, nous avons utilisé des symboles sur nos bâtons à messages et aussi pour laisser des indications à l'intention de futurs voyageurs ; notre histoire est racontée sur les parois des grottes et des ravins, mais les nôtres ont toujours privilégié l'aspect spirituel plutôt que matériel des choses. Nous n'avons jamais cherché à manipuler la nature, à contrôler les éléments ou à nous présenter comme des êtres supérieurs. Le monde n'a pas fini d'évoluer, et il n'est pas raisonnable pour l'homme de décider qu'il est le summum de la création. Les plantes continuent de s'adapter, les animaux d'évoluer, et les êtres humains ont encore un long chemin à parcourir avant que leur développement spirituel leur permette d'atteindre à cette prétendue supériorité.

« Nous, nous avons adapté nos coutumes à notre désir de longévité et d'harmonie avec toutes les formes de vie. J'ai la certitude qu'un jour tu n'éprouveras plus le besoin de justifier ton héritage et que tu apprécieras pleinement, comme je le fais, l'immense chance que tu as d'être aborigène.

— Oui, répliqua Beatrice, je pense qu'il est très important d'appartenir à une culture qui ne compte ni fermiers, ni marchands, ni hommes de loi, mais des artistes, des poètes, des musiciens et des magiciens. Tu as raison, nous avons de quoi être fières ! »

Un empilement de rochers dépassait des broussailles, et dans un creux, de l'eau de pluie s'était amassée. Des plumes étaient éparpillées tout autour, et les corps de deux oiseaux flottaient dans l'eau sombre. Benala promena sa main sur la surface afin de la débarrasser des détritus puis, après avoir détaché de sa ceinture la peau de serpent, elle puisa un peu d'eau et invita Beatrice à boire le liquide qui filtrait goutte à goutte au travers. Elles inversèrent ensuite les rôles, et Benala put se désaltérer à son tour.

Elles avaient à peine repris leur route, quand des oiseaux jaune et vert les survolèrent ; elles en virent d'autres voleter un peu plus loin, et d'autres encore se percher sur des branches. Fouillant les buissons des yeux, Benala finit par découvrir un nid qui abritait trois œufs. Elle n'en prit qu'un, ne touchant pas aux autres pour ne pas compromettre la perpétuation de l'espèce. Après avoir percé un petit trou à chaque extrémité de la coquille, elle goba une partie du contenu puis tendit l'œuf à Beatrice qui le vida. Benala récupéra la coquille, l'enveloppa de feuilles et enfouit le tout dans son sac.

Dans la soirée, un lézard adulte, à la langue bleue, croisa leur chemin... et vint compléter leur dîner. Cette nuit-là, tandis qu'elles étaient assises sous le ciel étoilé, Benala suggéra à sa compagne de penser à un nouveau prénom.

« Bien sûr, tu peux garder le tien s'il te convient. On t'appellera comme tu voudras.

— Et si, par hasard, je choisissais un prénom que quelqu'un porte déjà ?

— Aucune importance. Il symbolisera des choses différentes pour des personnes différentes. Lorsque tu choisis un prénom, c'est qu'il évoque pour toi quelque chose de précis à quoi tu accordes de l'importance à ce stade de ton parcours spirituel. Par exemple, Benala signifie Canard Brun, et je l'ai choisi parce que j'avais été trop sérieuse jusqu'alors dans ma vie. Il faut qu'il existe un équilibre entre leçons et jeux. J'admire l'aptitude du canard à se laisser flotter par pur plaisir, sans chercher à se nourrir, sans vouloir échapper à un danger, sans tenter d'impressionner ceux qui le regardent. Je ne passe pas beaucoup de temps ainsi, mais je m'efforce d'acquérir une personnalité moins rigide. »

Ses yeux pétillaient de malice.

« J'y penserai », répliqua Beatrice.

Benala montra alors à sa compagne comment se confectionner un lit de feuilles tendres. Au lever du jour, le rituel matinal se répéta.

La nature du sol changeait lentement, et la végétation devenait clairsemée. Elle était toutefois plus dense à certains endroits qui, comme l'expliqua Benala, se trouvaient sur le parcours d'une rivière souterraine. Les deux femmes s'arrêtaient souvent pour ramasser des baies et des feuilles sèches que Benala enfouissait dans son sac. Au cours d'une de leurs cueillettes, elles aperçurent un opossum gris, gros et gras, qui grignotait une feuille avec désinvolture comme s'il attendait la venue de ces deux bipèdes. Benala ramassa une lourde pierre, la jeta sur l'animal de toutes ses forces, et réussit à le tuer sur le coup. Elle lui murmura quelques mots de gratitude avant de lui ouvrir le ventre pour le vider. Beatrice proposa de le porter et remercia elle aussi l'esprit de l'opossum.

En début d'après-midi, Benala les amena jusqu'à un vaste trou d'eau. Grâce à la source souterraine qui sourdait de manière continue, l'eau était très pure et, en se penchant, on pouvait apercevoir le fond rocheux qui évoquait une mosaïque. Sur le pourtour du trou, là où l'eau débordait et formait une zone marécageuse, se dressaient de grandes plantes ressemblant à des roseaux sur lesquels on aurait embroché des saucisses brunes. Beatrice s'agenouilla pour se rafraîchir et boire, tandis que Benala cueillait ces grandes plantes et une pleine brassée de pousses nouvelles et tendres. Quelques mètres plus loin, se trouvait un grand rocher plat qui, de toute évidence, avait été installé là. Sur le dessus était posée une pierre ovale et lisse, de couleur beaucoup plus foncée.

« Pendant des centaines d'années, expliqua Benala, les habitants de cette région s'en sont servis de pierre à moudre et d'autel. Aujourd'hui nous allons à notre tour y moudre notre nourriture, et nous laisserons ici une partie de notre énergie spirituelle tout en nous imprégnant de celle des esprits présents en ce lieu. »

Elle sortit de son sac les baies, les feuilles et la coquille d'œuf, et les écrasa. Elle ajouta ensuite quelques gouttes d'eau à cette mixture pour obtenir une pâte, et utilisa des tiges de roseaux pour confectionner une sorte de récipient dans lequel elle la déposa. Puis elle nettoya le sol pour lui rendre son apparence première.

La journée se déroulait lentement et, tout en marchant et en bavardant, Benala sortit de son sac de longues feuilles de roseaux qu'elle se mit à tresser.

« Combien êtes-vous dans la tribu des Hommes Vrais ? demanda Beatrice.

— Dix-neuf, pour le moment ; tu seras la vingtième. Mais ce nombre varie très souvent. Tu nous verras rarement tous réunis. Nous ne pouvons plus vivre ensemble comme nous le faisions auparavant. On ne trouve plus suffisamment de nourriture au même endroit pour dix-neuf personnes. Et l'on risque également de se faire prendre en vivant en groupe. En petit nombre, il est plus facile de disparaître et de se transformer en rochers ou en souches. Nous avons pensé que, dans l'immédiat, ce serait la meilleure solution.

— Mais pourquoi est-ce que le nombre varie ?

— Parce que plusieurs personnes, comme toi et moi, viennent se réfugier au sein de la tribu tandis que d'autres préfèrent la quitter pour aller vivre dans les missions où la nourriture et le tabac sont distribués gratuitement, sans contrepartie. Leurs parents et leurs grands-parents y sont nés. Toutes les coutumes tribales y sont interdites. D'autres choisissent de s'installer dans de petites agglomérations ou à la périphérie des grandes villes. Le gouvernement leur distribue un peu d'argent, et cela peut leur paraître attrayant, mais ils vivent entre deux mondes sans la moindre chance de s'intégrer à l'un ou à l'autre. Parmi ceux qui nous ont rejoints, certains se cramponnent à nous, attendant que nous les prenions en charge. Nous devons conserver toute notre énergie pour faire que nos vies soient aussi positives que possible. »

Le soir venu, elles s'arrêtèrent et allumèrent un feu. Benala attendit que les braises aient blanchi avant d'y faire cuire la pâte qu'elle avait confectionnée plus tôt dans la journée. Quand elles eurent mangé, elle tendit à Beatrice l'objet qu'elle avait tressé en marchant.

« Tiens, c'est pour toi. Plus tard, je t'apprendrai à en faire un en peau, comme le mien, mais celui-ci conviendra pour le moment. »

Beatrice examina le cadeau de Benala. C'était une invention absolument étonnante : des petits carrés, réunis entre eux, formaient une sorte de portefeuille, mais on pouvait le déplier jusqu'à obtenir une poche de la grandeur d'un sac à provisions. Et l'on prétend que ceux qui ne vivent pas dans les villes sont des êtres incultes, dépourvus de tout sens artistique, pensa Beatrice. Quel dommage d'être aussi insensible à cette forme de talent.

« Merci, dit-elle gentiment, je me sens déjà plus à l'aise à l'idée de porter ce sac. »

Benala prit alors l'opossum et, après lui avoir coupé la tête, elle le dépouilla. Elle posa la viande sur les braises et la fourrure sur le sol. Tirant de son sac un grattoir, elle débarrassa la peau de la graisse et des lambeaux de chair. Elle vida le crâne de la matière cérébrale et expliqua à Beatrice qu'elles en auraient besoin pour en frotter l'intérieur de la peau lorsque celle-ci durcirait. Puis elle ajouta : « Quand ton vêtement sera terminé, tu te sentiras comme chez toi ! »

Beatrice sourit et pensa : je me sens de plus en plus chez moi maintenant que je n'ai plus de foyer.

29

Les trois derniers jours de leur voyage, Beatrice se réveilla avant l'apparition du soleil et accomplit chaque fois les gestes que sa compagne attendait d'elle : combler l'endroit où elle avait dormi, niveler et égaliser le sable, souffler sur le sol pour effacer toutes traces humaines. Benala se joignait alors à elle, et ensemble elles souhaitaient la bienvenue au soleil et dédiaient leur journée à l'Unique. Beatrice savait à présent que tout ce qu'elles croiseraient en chemin ce jour-là — animal, être humain, ou même manifestation climatique — avait une raison d'être bien précise. Son but était d'honorer tout ce qui advenait, en l'acceptant sans forcément le comprendre. La vie dans l'intérieur du continent australien était simple : il suffisait de respecter le dessein du Grand Esprit.

Beatrice noua autour de sa taille une ceinture en feuilles de roseaux tressées à laquelle était fixé le sac que Benala lui avait offert. Une fourrure d'opossum lui cachait le bas-ventre et les reins. Sa poitrine demeurait nue, mais elle n'éprouvait aucune gêne. Elle secoua la tête et passa les doigts dans ses cheveux où le sable que le vent avait soulevé au cours des derniers jours se mêlait à celui qu'elle avait récolté pendant la nuit. Elle ignorait quand et comment elle pourrait s'en débarrasser, et se contentait pour l'instant de se frictionner le crâne. Imitant Benala, elle prit une pincée de sable qu'elle porta à sa bouche, le fit circuler entre ses dents et se massa les gencives avant de le recracher. Son haleine en fut rafraîchie. Après avoir rendu au lieu de leur campement son aspect initial, les deux femmes se remirent en marche.

Une petite brise se leva, aussi légère que le souffle d'un amoureux sur la joue de sa bien-aimée. Dans le lointain, juste avant de se fondre avec la terre d'un rouge brun, le ciel bleu dessinait une ligne claire et nette. De vastes étendues plates, couvertes d'une végétation rare, se déployaient vers les quatre horizons. La région qu'elles traversaient était bien trop sèche et aride pour être fréquentée par les gros kangourous gris ou roux. De petits rongeurs et des lapins, dont le nombre allait toujours croissant, étaient les seules créatures bondissantes à vivre dans ce désert.

Au bout de deux heures de marche, elles arrivèrent dans un endroit parsemé de buissons rabougris.

« Il faut nous arrêter, annonça Benala, car ici passe une piste chantée qui sépare deux nations. Les miens veillent sur elle, mais comme tu m'accompagnes, nous devons attendre la permission de la franchir. »

Tandis qu'elles s'asseyaient, Beatrice demanda : « Combien de temps faudra-t-il avant qu'on nous découvre ?

— Ils savent déjà que nous sommes là.

— Comment est-ce possible ? répliqua Beatrice en écarquillant les yeux d'étonnement.

— Ils le savent !

— Mais qu'allons-nous faire ? Comment saurons-nous que nous pouvons continuer notre chemin ?

— Tu le verras bien ! »

Elles demeurèrent un moment silencieuses, puis Beatrice ne put s'empêcher de demander : « Pendant que nous attendons, tu pourrais peut-être m'en dire davantage sur les nôtres ?

— D'accord, répondit Benala avec un profond soupir. Les Aborigènes sont les enfants de la nature. La terre est notre mère, et nous ne faisons jamais rien qui puisse la blesser ou lui paraître irrespectueux. Des liens de parenté nous lient non seulement au ciel, aux étoiles, au soleil et à la lune, mais également à tout ce qui vit : les animaux, les oiseaux et les plantes qui sont nés ici, dans ce paradis. Car pendant des milliers d'années cette terre fut vraiment un paradis. Tous les humains auraient aimé vivre dans un pays où se dressait une chaîne de montagne d'où, tel un serpent gras et paresseux, descendait une rivière qui se nourrissait de petits affluents arrosant des vallées fertiles, avant d'aller se jeter dans une mer bleue aux magnifiques vagues déferlantes et aux rivages de sable doré. C'était ce que nous avions sur nos côtes, et c'était également ce que les Européens, venus d'une région froide, humide et morne, recherchaient pour y établir des villes comme Sydney, Brisbane, Adélaïde, et d'autres.

« Nous avons été chassés de nos terres, mais nous ne sommes pas des êtres violents ni des guerriers dans l'âme, et nous ne cherchons jamais à nous venger. Nous ne sommes pas des adeptes de la devise "Œil pour œil, dent pour dent", bien au contraire. Dans notre histoire, on trouve beaucoup moins d'agressions physiques que dans celle des autres peuples. Chez nous, quand quelqu'un commettait un acte violent, inacceptable pour le reste de la société, nous avions recours à une méthode appelée le "pointement de l'os[1]". L'agresseur se rendait lui-même malade, et le sentiment de culpabilité, le remords provoquaient en lui des troubles psychologiques pouvant entraîner sa mort. Nous n'avons jamais eu de prisons, de guillotine, de peloton d'exécution, ni même de policiers. Et puis, il y a environ quatre-vingts ans, des étrangers nous privèrent de notre liberté et formèrent un gouvernement qui ne se préoccupa jamais de nous accorder un statut légal. Il n'y eut aucun traité. En fait, les documents sur

---

1. Au cours d'une cérémonie, un os auquel on prêtait un pouvoir particulier était pointé vers le coupable. À partir de ce moment, celui-ci était exclu de toutes les activités de la tribu (*N.d.T.*).

lesquels repose le système politique australien affirment catégoriquement que le continent était inhabité à l'arrivée des Européens, niant ainsi l'existence d'un million d'êtres humains. Parce que nous étions un peuple pacifique, notre culture a disparu relativement vite.

« Je pense que notre pacifisme venait de la façon dont nous élevions nos enfants. Depuis des siècles, hommes et femmes mâchaient des herbes contraceptives, et tous les enfants qui naissaient étaient désirés. Notre contrôle des naissances était tout à fait particulier car c'était à l'esprit à naître de décider de sa venue. Lorsqu'il souhaitait faire l'expérience de l'existence humaine, il en manifestait le désir. La communauté entière attendait alors son arrivée. Tous les enfants du clan devenaient ses frères et ses sœurs, chaque femme était pour lui une mère, chaque homme, un père. Les enfants ne manquaient ni de soins, ni de soutien, ni d'amour. Ils étaient nourris au sein jusqu'à l'âge de trois ou quatre ans, et le plaisir de l'allaitement était partagé par plusieurs femmes.

« Tous les enfants, indépendamment de leur sexe, possèdent de nombreux talents. Tous les humains ont en eux, à la naissance, des dons qui pourraient leur permettre d'accomplir de merveilleuses choses, mais rares sont ceux qui vivent suffisamment longtemps pour les exploiter tous. Nous avons des dispositions pour le chant, la danse, ou la peinture, nous pouvons devenir guérisseurs, clowns, conteurs, nous sommes doués pour commander, enseigner... Nous pouvons ne pas croire en notre aptitude, elle peut ne pas nous intéresser, mais elle n'en existe pas moins. Cela signifie simplement que nous n'acceptons pas, ne respectons pas cette part de nous-mêmes.

« C'est sans doute pourquoi les Aborigènes ont eu tant de mal à comprendre les préjugés raciaux. Pour nous, aucun être n'a plus de valeur qu'un autre. Dans nos clans et nos tribus, chacun fait ce qu'il aime faire, non pas pour impressionner les autres ni obtenir une quelconque récompense, mais pour contribuer à la vie commune selon son désir, et tous l'en remercient sincèrement. Ainsi le sentiment d'être accepté et digne d'appartenir à la tribu est-il partagé par tous. Celui qui le veut peut devenir un chef et occupe souvent cette position à tour de rôle avec d'autres compagnons. Nos Anciens sont des personnes respectées dont la sagesse est basée sur l'expérience.

« Il existait des centaines de tribus et, bien sûr, comme dans toutes les sociétés humaines, il pouvait y avoir des modes de vie différents. J'ignore à quelle tribu appartenaient mes parents et mes grands-parents. Tout comme toi, je fais partie d'une génération d'enfants volés, enlevés à leur naissance. Je suppose que, toi non plus, tu n'as jamais été informée des détails de ta naissance ? »

Beatrice secoua lentement la tête.

« En ce qui me concerne, poursuivit Benala, la différence importante entre les deux types de sociétés — celle des Mutants et celle de notre monde perdu dans ce désert — m'est apparue clairement lorsque j'ai compris quel était mon rôle en tant qu'esprit de l'Éternel vivant une expérience humaine, et pris conscience de la distinction à faire entre jugement et observation. Ayant grandi en milieu urbain, j'ai appris à tout juger : les gens d'après leur apparence, les objets d'après leur valeur marchande, les journées d'après le temps, mon état de santé d'après l'intensité de ma douleur. Le monde est plein de juges-experts qui ne sont jamais totalement d'accord. Chacun finit par se retrouver isolé et séparé de son conjoint, de sa famille, de ses amis, à cause des croyances fondamentales qui guident ses actes.

« Ici, dans le désert, j'ai appris à observer. Juger signifie décider de ce qui est bien ou mal. En jugeant, on refuse de considérer l'autre moitié de l'équation. Quand on se permet de juger, il faut également savoir se montrer indulgent. Si l'on n'agit pas ainsi de son vivant, on devra le faire à un autre moment.

« L'observation est le contraire du jugement, et la contrepartie d'indulgence devient inutile. Si tu reconnais tous les êtres comme des esprits de l'Éternel qui vivent une expérience humaine, si tu acceptes l'idée que tout esprit possède la liberté de choisir que lui a accordée le Créateur, alors tu admettras que ceux qui sont différents de toi n'ont pas tort, mais qu'ils font simplement des choix spirituels autres que les tiens.

« Nous possédons cinq sens, et chacun d'eux peut intervenir dans notre observation. Il nous appartient de décider de ce qui est bon pour la réussite de notre voyage. Par ailleurs, nous devons encourager ceux qui croisent notre chemin. Par exemple, plutôt que de juger le système de valeurs actuel, notre tribu préfère dire qu'il s'en dégage une odeur qui lui déplaît. Quant à toi et moi, nous avons goûté et senti le monde des Mutants, et il ne nous a paru d'aucun secours pour nous aider à suivre notre chemin. Nous nous en sommes éloignées, sans le juger mauvais, irresponsable ou égoïste. Nous avons simplement observé ce qui se passait, et nous n'avons pas souhaité y participer. En réalité, les choses sont un peu plus compliquées car elles sont en relation avec la conscience de l'Unique, mais nous pourrons reparler de tout cela avec les autres membres de la tribu.

« On appelle les miens “Karoon”, ce qui signifie les Premiers, Ceux-de-l'origine, les Immuables, les Vrais. Moi, je les nomme les Hommes Vrais. En parlant de la société européenne, nous disons qu'elle a changé, oublié l'Unique, muté. »

Benala sourit de toutes ses dents et ajouta : « Ceci n'est pas un jugement mais une simple observation ! »

Au même instant, un étrange bourdonnement leur parvint du désert, par vagues. Le son, variant de l'aigu au grave, se prolongea en un gémissement inquiétant et interminable.

« Oh, quel est ce bruit ? » demanda Beatrice.

Posant un doigt sur ses lèvres, Benala lui fit signe de se taire. Elle écouta attentivement, puis, quand les sons étranges se furent évanouis, elle déclara : « Ce sont les miens qui nous appellent. Pour l'instant, tu es la bienvenue à l'extérieur de notre cercle. Ils utilisent une méthode de communication très ancienne : un morceau de bois plat est fixé à une corde, et ils le font tournoyer au-dessus de leur tête jusqu'à ce que, le son formant des mots, ils puissent envoyer leur message. Dans une région dégagée comme celle-ci, le son porte très loin, ce qui est très utile quand il nous est impossible de parler de tête à tête, et de cœur à cœur. »

Elles se remirent en route et ne s'arrêtèrent qu'une fois pour manger et boire. Benala, qui les avait conduites jusqu'à une petite rangée de plantes, s'agenouilla et demanda à la terre la permission de creuser un trou qui se remplit aussitôt d'une eau sombre. Après en avoir demandé l'autorisation à l'eau elle-même, elles burent dans leurs mains en coupe. Beatrice commençait à réaliser qu'elle ne boirait peut-être pas tous les jours. Benala cueillit deux poignées de plantes et en tendit une à sa compagne. Elle lui montra comment débarrasser les racines de la terre, et quelle partie tendre de la tige manger. Elles repartirent ensuite, après s'être reposées un moment.

Une demi-heure plus tard, elles aperçurent la butte de terre la plus haute qu'elles aient vue de la journée. « Ils nous attendent de l'autre côté, à l'ombre », déclara Benala.

Beatrice se demanda qui elle allait rencontrer : des Aborigènes dont la plupart n'avaient sans doute jamais vu de ville et qui espéraient ne pas se faire prendre ? Des êtres que l'on disait primitifs, qui passaient leur vie entière sans le moindre confort moderne ? Ses parents étaient-ils des gens stupides, païens et à peine humains comme les religieuses avaient essayé de l'en persuader, ou des êtres intelligents et pacifiques comme les décrivait Benala ? Que découvrirait-elle de l'autre côté de la butte ? Regretterait-elle d'être venue ? Elle continua à se poser des questions jusqu'au moment où elle vit une minuscule silhouette venir vers elles. Elle réalisa bientôt qu'il s'agissait d'une femme.

Souriante, elle ne portait qu'un sac attaché sur ses hanches par une corde. Sa peau brune et lisse, et son long cou tendu indiquaient qu'elle était jeune. En avançant l'une vers l'autre, Benala et la jeune fille accélérèrent le pas, puis celle-ci se mit à courir.

« C'est aujourd'hui ! dit Benala en la serrant dans ses bras.

— C'est aujourd'hui ! » répondit l'autre. Puis, se tournant vers Beatrice, elle ajouta : « Tu es venue vers nous, et nous espérons que tu trouveras ce que tu cherches. Je vais te conduire jusqu'à notre cercle. »

Elles marchèrent toutes les trois côte à côte, et en silence.

Un fort vent de sable hurlant et humide, freiné par une surface rocheuse, avait formé une sorte de monticule de terre. En le contournant, elles découvrirent quatre personnes, deux hommes et deux femmes, assises sur le sol, à l'abri d'un surplomb. L'un des hommes avait une barbe et de longs cheveux blancs, et sa physionomie était si douce, si bonne, qu'en ville on l'aurait certainement pris pour le Père Noël. L'autre était plus jeune. Les cheveux entourés d'une sorte de bandeau serré autour de la tête, il avait le visage fin, les bras presque aussi délicats que des ailes, mais un corps puissant et musclé. L'âge de la première femme était difficile à déterminer. Elle n'avait pas de cheveux gris, mais des rides profondes autour des yeux et de la bouche. La seconde avait une chevelure d'un blanc neigeux. Au-dessus de l'oreille droite, elle portait une petite plume qui, sans un examen attentif, aurait pu se confondre avec ses cheveux indisciplinés. Des bandes blanches étaient peintes sur sa poitrine, et des points sur son front. Tous les quatre souriaient mais ne se levèrent pas, et la jeune Aborigène alla s'asseoir en face d'eux.

« Ne bouge pas, murmura Benala. Tu dois être invitée à te joindre à nous. »

Puis elle alla prendre place aux côtés de la jeune fille. Beatrice resta debout, sous le soleil, se demandant ce que l'on attendait d'elle avant de la juger digne de rejoindre le cercle.

Les derniers jours qu'elle venait de vivre avaient été totalement différents des vingt-deux premières années de son existence. Elle aimait sa nouvelle amie qui lui avait rendu le voyage plus facile, elle prenait plaisir à l'entendre répondre à ses nombreuses questions, mais elle se sentait mal à l'aise. En son for intérieur, elle reconnaissait avoir peur de découvrir que son véritable héritage était une boîte de Pandore qu'elle pourrait regretter d'avoir ouverte. Elle désirait tellement être fière de ses ancêtres, les défendre, et pouvoir s'enorgueillir d'être l'une des leurs, mais elle ignorait ce qui allait se passer. Ces gens ne ressemblaient guère à des voisins venus accueillir quelqu'un de nouveau dans leur quartier !

30

La femme au corps peint et aux cheveux ornés d'une plume se leva, s'éloigna de quelques pas puis, s'agenouillant, ôta tous les cailloux du sol et aplanit le sable avec la paume de ses mains, sur une surface de presque un mètre carré. Elle regagna ensuite l'abri et ramassa un bâtonnet court et pointu qu'elle tendit à Benala avant de se rasseoir. Celle-ci alla le donner à Beatrice, toujours debout au soleil, et lui dit : « Veux-tu, s'il te plaît, faire un dessin sur ce carré de sable ?

— Un dessin de quoi ?

— De quelque chose que tu aimerais nous montrer.

— Mais je ne sais pas dessiner.

— Bien sûr que si. Tout le monde sait dessiner. Ne t'inquiète pas, fais de ton mieux. »

Beatrice se sentit totalement désorientée. Elle n'avait pas la moindre idée de ce que ces gens voulaient ou espéraient d'elle. S'agissait-il d'un test, d'un jeu ou d'une farce ? Ils avaient tous l'air très sérieux, et attendaient visiblement de la voir passer à l'action. Leur attitude était amicale, mais ils ne semblaient pas du tout avoir envie de plaisanter. « Fais de ton mieux », lui avait dit Benala. Sans penser à rien de précis, Beatrice traça un cercle, et un autre plus petit au-dessus, puis elle rajouta quelques traits. Peu à peu, son dessin prit la forme, assez peu ressemblante, d'un kangourou. Son travail terminé, elle se leva et, se tournant vers les autres, leur dit en manière d'excuse : « Je suis désolée, je n'ai jamais su dessiner. »

L'un derrière l'autre, ils allèrent tous les six tourner deux fois autour du croquis enfantin avant de se rasseoir. Ils chuchotèrent entre eux un moment, puis Benala invita Beatrice à venir prendre place à ses côtés.

« Sois la bienvenue dans notre cercle, lui dit-elle. Voici Apalie, Fille de l'Eau, Wurtawurta, Celle-aux-cheveux-ornés-d'une-plume, et Mitamit, Messager de l'Esprit du Vent. » Puis, désignant enfin l'homme à la barbe et aux cheveux blancs, elle ajouta : « Et voici Googana, Homme de la Pluie. La jeune fille qui nous a accueillies se nomme Karaween, Faiseuse de Paniers. Ils savent tous qui tu es, mais tu dois te présenter à eux, conclut Benala.

— Je m'appelle Beatrice et, comme Benala, on m'a volée à mes parents à la naissance. Je suis venue vers vous pour que vous m'aidiez à découvrir qui je suis. »

Ils hochèrent tous la tête, lui signifiant ainsi qu'ils comprenaient sa démarche et acceptaient de lui venir en aide. Parlant dans sa langue, dont Beatrice saisit chaque mot, Googana déclara : « Nous t'avons demandé de faire un dessin parce que cela nous a permis d'obtenir plusieurs réponses aux questions que nous nous posions. Pour celui qui dessine des montagnes et des arbres, le nom de notre peuple n'évoque qu'un territoire à traverser. Si quelqu'un dessine le ciel, nous avons affaire à une personne plus consciente de la place unique que nous occupons dans l'univers, et qui restera peut-être un moment avec nous. Tu as dessiné un kangourou, et cela t'est venu naturellement. Pour nous c'est une indication qu'il existe une relation entre toi, cet animal, et tous ceux qui lui sont apparentés. Nous, si nous avions voulu dessiner un kangourou, nous aurions reproduit les empreintes de ses pattes. Nous savons ainsi que ta façon de penser et d'observer est plutôt globale, et nous t'aiderons à t'attacher aux détails et à voir l'invisible. Les vérités que tu recherches sont très particulières, et pourtant elles concernent tout le genre humain. »

Quelques instants plus tard, ils se levèrent, un par un, et chacun fit disparaître toute trace à l'endroit où il s'était assis. Lorsque Beatrice vit Benala effacer son dessin, elle alla l'aider à rendre au sol son aspect premier, jusqu'au moindre caillou. Quand elles eurent terminé, ils se mirent tous les sept en route, silencieusement. On n'entendait que le bruit de leurs pas et celui de la fuite occasionnelle d'un petit animal courant se mettre à l'abri. Beatrice éprouvait une sensation inconnue qui ressemblait à une sorte de torpeur, un mélange d'attente et de soulagement. Elle avait du mal à comprendre ce qu'elle ressentait exactement. Cette impression de néant est peut-être ce que l'on appelle un sentiment de paix, pensa-t-elle.

Tandis qu'ils marchaient en silence, Karaween agitait l'un de ses bras comme si elle dirigeait un orchestre. Beatrice la regarda d'un air interrogateur : « Nous chantons tous en chœur, lui expliqua-t-elle, mais sans émettre de sons.

— Dans la tribu des Hommes Vrais, la méthode principale de communication est la télépathie, intervint Benala. C'est ce que nous voulons expliquer lorsque nous disons que nous parlons de tête à tête et de cœur à cœur. Toi aussi, un jour, tu seras capable de participer à nos conversations et à nos chants, mais cela exige beaucoup de pratique. Tu découvriras probablement, comme je l'ai fait, que l'essentiel est de désapprendre. »

Ils avançaient sans ordre précis, et aucun d'entre eux ne semblait avoir été désigné pour prendre la tête. Ils ne transportaient pas de petit bois car, en cette saison, il était facile d'en trouver pour alimenter un feu de camp. Plus tard il leur faudrait emporter des braises ardentes et les protéger du vent, mais pas sous un ciel pareil.

Tout en se dirigeant vers le soleil couchant, ils cueillirent des ignames et d'autres plantes dont les feuilles ou les tiges étaient comestibles. Deux serpents, deux lapins et un lézard vinrent compléter la collecte du jour. Ils mangeraient tout cela, mais pas en une seule fois, et chacun faisait provision de nourriture quand il en trouvait. Très tôt le matin, en début de soirée et après la tombée de la nuit, la faune du désert semblait se réveiller. Partir à la chasse donnait à chacun l'occasion de perfectionner son habileté à lancer un projectile, atteindre sa cible et tuer sans faire souffrir ; d'améliorer ses performances de coureur ; de développer son acuité visuelle et sa concentration. Tous les enfants passaient des heures à observer les animaux, les insectes et les oiseaux. Ils apprenaient à reconnaître les différents bruits et à imiter les divers cris. Ils savaient darder leur langue à la manière des goannas[1], bondir comme les kangourous et les wallabies, copier l'allure et les mouvements vifs des wombats et des opossums. Ils comprenaient qu'il était nécessaire que les humains et la force vitale de toute nourriture soient unis par l'esprit, avant de se confondre et de ne faire qu'un au moment des repas.

Chasseurs et cueilleurs gardaient présent à l'esprit le caractère sacré de la terre qui faisait à l'homme le cadeau, sans cesse renouvelé, de la vie. Beatrice était étonnée par l'étendue de leurs connaissances. Chacun savait ce qui était comestible, ce qu'il était possible de trouver selon la saison et les conditions climatiques ; comment extraire les substances nocives d'une plante pour la rendre inoffensive ; comment utiliser certains poisons en tant que médecine. Les mouvements et les cris des animaux étaient inclus dans les chants et les danses nocturnes. Par la suite, ils étaient utilisés comme de véritables appâts. Les animaux et les plantes offraient leur vie, et leur force vitale se prolongeait dans celui qui la recevait.

1. Le goanna est un reptile de la famille des varanidés. Le goanna géant (*Varanus giganteus*) peut atteindre 2,40 m de longueur. En Australie occidentale, il se réfugie dans les arbres (*N.d.T.*).

Toute chose avait une raison d'être positive, et ils ne l'oubliaient jamais, même lorsque les apparences tendaient à prouver le contraire. Dans un environnement visiblement aride, il était toujours possible de trouver de quoi se nourrir sur et sous la terre, dans l'eau et le ciel, dans des nids, des trous, sur des arbres vivants ou morts, dans des termitières et des grottes. Toute nourriture était demandée, attendue et reçue avec gratitude. Nul n'était assuré d'en obtenir, mais personne n'avait le sentiment de devoir travailler pour la mériter. Ils avaient conscience que le Grand Esprit, le Pouvoir divin, s'était exprimé et manifesté par l'intermédiaire de leurs ancêtres, et continuait de le faire au travers de ceux qui n'étaient pas encore nés, des éléments, et de la création tout entière. Le monde, et la vie qu'il portait, se développait de façon parfaite, et chaque élément était une pièce vitale du puzzle.

Il existait une différence très nette entre le savoir, tel que le concevait Beatrice, et la sagesse des Hommes Vrais. Selon Googana, il était possible d'acquérir le savoir grâce à l'éducation, aux connaissances que l'on pouvait tirer de l'expérience ou de l'enseignement d'un maître, ou, comme dans le monde des Mutants, en lisant des livres ou en ayant recours à d'autres techniques modernes. La sagesse était la façon dont on choisissait d'utiliser son savoir. Elle poussait parfois à l'action, et d'autres fois conseillait de ne rien faire.

« L'eau qui déborde de tes mains en coupe est une vie dépourvue de sagesse. Celle contenue dans un récipient pour être bue est différente. Toutes les deux sont bénéfiques et ont leurs propres mérites en certains lieux et à certains moments, mais une vie sans sagesse devra nécessairement être revécue plus tard, ailleurs, et à un autre niveau. Il y a trop de vérité perdue », déclara Wurtawurta.

31

Un après-midi, alors que le petit groupe s'était mis en marche, Beatrice se tourna vers Wurtawurta et lui demanda : « Es-tu née dans cette tribu ? J'aimerais en savoir davantage sur toi.

— Tu veux connaître mon histoire ? D'accord, je vais te la raconter exactement comme on me l'a racontée, il y a bien longtemps.

« C'était une journée lumineuse. L'océan venait se jeter sur le rivage, laissant une frange de bulles sur le sable doré qui respirait au rythme des vagues. Les pêcheurs lançaient leurs filets dans l'eau bleu-vert, et des cris de joie retentissaient chaque fois qu'ils les ramenaient. De jeunes garçons et filles à la peau brune jouaient au bord de l'eau et s'empressaient d'apporter les poissons aux femmes qui se tenaient à l'ombre des arbres bordant la plage, prêtes à préparer le repas. Tous les membres de la communauté étaient présents, à l'exception de trois femmes : la dernière jeune mariée de la tribu, qui était sur le point de donner naissance à son enfant, sa mère et sa tante qui attendaient l'événement avec elle. Elles avaient croqué des fruits et mâchonné de la tortue séchée ; la naissance était imminente et on apporterait du poisson frais à la nouvelle mère plus tard.

« L'accouchement se déroula bien car la jeune femme était en parfaite santé et avait bien préparé l'enfant à sa venue au monde. La petite fille fut accueillie avec amour. Pour procéder à sa toilette, sa grand-mère utilisa de l'huile et la partie la plus tendre des grandes feuilles qu'elle avait cueillies plus tôt, bien avant même que sa fille ne ressente les premières douleurs. Comme le voulait la coutume, la mère et l'enfant allaient devoir passer trois jours dans l'isolement, permettant ainsi au père et à la communauté tout entière de se préparer pour la cérémonie de consécration de la nouveau-née ; et à la mère de se purifier et de reprendre des forces.

« La mère et l'enfant se reposèrent sur un lit d'herbes fraîches. Le feuillage ayant servi au moment de l'accouchement fut rituellement brûlé, et on y ajouta une substance qui rendit la fumée très noire. Ainsi, toutes les personnes passant dans les environs seraient averties et feraient un détour. Cette fumée noire apprendrait également aux esprits invisibles des ancêtres que l'esprit de l'enfant était bien arrivé.

« À jeun depuis la veille, la jeune femme avait faim et, après avoir remercié les esprits de la nourriture et les femmes qui la lui avaient apportée, elle put enfin manger.

« Le lendemain matin, portant l'enfant dans ses bras, elle se rendit jusqu'à une grotte où les vagues de l'océan, retenues prisonnières, formaient une petite lagune. Tout autour, l'eau sourdait lentement du sol, permettant aux plantes et aux fleurs de pousser. Certaines étaient si hautes qu'elle dut se frayer un passage à travers les tiges. Arrivée au bord de la lagune, elle s'y plongea et présenta sa petite fille au monde aquatique.

« Le troisième jour, les trois femmes rejoignirent le campement portant l'enfant dans un plat creux en bois garni de pétales de fleurs. Elles tendirent le bébé au père, auprès de qui se tenaient les Anciens les plus âgés et les plus sages de la tribu. La grand-mère assista à cette cérémonie, mais se garda bien de poser les yeux sur son beau-fils. De temps immémoriaux, on savait qu'il était préférable que belle-mère et gendre évitent tout échange de regards. C'était devenu à présent une règle tribale.

« Une fête eut lieu pour célébrer cette nouvelle vie. Les membres de la tribu n'étaient pas ordinairement de gros mangeurs ; ils avaient tous la minceur et la stature athlétique propres à leur race. Mais ce jour était tout à fait particulier, et la nourriture abondait. Quand tout le monde eut mangé, les uns rincèrent les bols et remirent l'endroit en état, tandis que les autres s'occupaient des derniers préparatifs de la cérémonie au cours de laquelle l'attention de tous devrait se concentrer sur la petite fille.

« Un musicien souffla à l'intérieur d'une longue branche creuse, produisant le bourdonnement qui annonçait le début du rituel. D'autres marquèrent le rythme en frappant deux bâtons l'un contre l'autre. Des plumes blanches de cacatoès collées sur les cuisses, et la tête ornée de grandes palmes, les danseurs se mirent en mouvement, et leur danse évoqua l'histoire de la création du monde, rappelant à chacun le Temps du Rêve qui avait créé tous les esprits. L'un après l'autre, danseurs et chanteurs interprétèrent leur rôle. De la nacre pulvérisée ayant été mélangée au blanc crayeux dont elles s'étaient peintes, les femmes étincelaient ; elles avaient orné leurs cheveux et leur corps des fleurs écloses en cette saison. Chants et danses contaient qu'au début, au temps d'avant le temps, il n'y avait rien. Puis l'Unique se mit à rêver, et à la faveur de ce Rêve, les esprits des ancêtres se virent accorder leur libre arbitre et purent ainsi participer à la concrétisation du Rêve de l'Unique. À travers leurs danses, femmes et hommes évoquèrent les enseignements des ancêtres, les esprits des animaux, et l'héritage sacré de la terre. Ayant entendu toute l'histoire, la petite fille fut enfin prête à faire partie de la tribu.

« On la nomma Indigo, du nom de la fleur qui ne fleurit que tous les cinquante ans. Le jour où cette fleur s'était épanouie, la future mère l'avait contemplée, et le bébé avait alors bougé pour la première fois. Quand le minuscule papillon avait tremblоté dans son ventre, la jeune femme y avait vu le signe que l'esprit était lié à cette fleur si rare.

« Indigo vécut dans cet endroit paisible, en compagnie de sa famille élargie, pendant quatre ans, se déplaçant du rivage aux montagnes proches selon les saisons. Chaque nuit, elle dormait blottie contre la poitrine d'un adulte ou au milieu d'enfants serrés les uns contre les autres. Le matin et l'après-midi, elle se reposait à l'ombre d'un arbre et regardait le soleil jouer dans le feuillage agité par une brise légère.

« Lorsqu'elle fut suffisamment grande pour s'asseoir et faire preuve d'attention, les petites filles plus âgées qu'elle s'employèrent à la distraire avec de longs brins d'herbe qu'elles utilisaient comme de petits personnages. Elles en faisaient sautiller un et prétendaient par exemple qu'il s'agissait d'un adulte vaquant à ses occupations quotidiennes. Quand la saison le permettait, les enfants jouaient avec des poupées faites d'une branche fleurie, deux rameaux faisant office de bras. D'autres fois, les poupées n'étaient que des bottes d'herbe liées bien serrées, auxquelles on donnait une forme humaine. Mais il se trouvait toujours une enfant pour se servir de la petite Indigo comme d'une poupée, et la fillette participait ainsi à tous les jeux. Aucun des enfants ne possédait personnellement de jouet, mais il y en avait souvent un qu'ils préféraient. Comme ils partageaient tout, cela ne créait aucun différend entre eux.

« Quand Indigo eut un an, elle apprit à jouer à cache-cache, soit en dissimulant un objet, soit en se cachant elle-même.

« À trois ans, elle était capable de participer aux cueillettes et à la préparation des repas. Elle passait beaucoup de temps avec sa grand-mère qui ramassait et faisait sécher toutes sortes de plantes médicinales pour soigner blessures et maladies. Elle s'instruisait en écoutant les chants tribaux et les histoires qu'on lui contait, en assistant aux danses et aux rituels.

« Jusqu'à ce qu'ils aient quatre ans, il n'existait aucune différence entre garçons et filles. Ils jouaient ensemble, dormaient ensemble, et aidaient les adultes quand ils en avaient envie. Indigo préférait rester avec sa grand-mère plutôt que d'aller capturer de petits animaux ou des oiseaux, comme le faisaient les garçons et les filles plus âgées qu'elle. Quelquefois, la recherche d'une plante particulière les entraînait toutes les deux très loin du campement. Ce fut le cas lorsque Indigo eut quatre ans et que débuta le cauchemar.

« Indigo et sa grand-mère étaient parties pour la journée. L'aïeule avait prévu d'être de retour avant que la fillette, trop fatiguée, ne veuille s'arrêter pour dormir. Tandis qu'elles contournaient un marécage et approchaient du campement, la grand-mère dit soudain : "Il se passe quelque chose d'anormal." Tout était calme, trop calme. Les oiseaux ne chantaient plus, et une forte odeur de sang emplissait l'air. La vieille femme sentait une présence maléfique, invisible et pourtant presque palpable, qui pesait de tout son poids sur ses bras, sa nuque, et au creux de son estomac. Elle s'arrêta et, se tournant vers sa petite-fille, lui dit : "Sois très sage et reste bien derrière moi." Quand elles avancèrent vers le campement, l'immobilité de la nature devint si inquiétante que l'enfant elle-même prit conscience du changement. Au loin, les vagues ne venaient plus s'étaler sur la plage en clapotant. La mer elle-même semblait retenir son souffle.

« Puis la grand-mère les aperçut : deux hommes blancs vêtus de pantalons longs, chaussés de lourdes bottes, et armés de fusils. L'un d'eux avait une barbe et des cheveux roux, l'autre portait un chapeau d'où s'échappaient de longues mèches blondes. Tandis qu'ils parlaient, l'homme au chapeau donnait des coups de pied dans quelque chose caché par l'herbe haute. Le rouquin tira en direction du sous-bois, et la grand-mère eut bien du mal à retenir un cri de surprise. Elle savait que les fusils existaient, mais c'était la première fois qu'elle en entendait un tirer.

« Depuis le début des temps, les siens avaient pris soin d'une terre située plus au sud. Puis de nombreux colons blancs étaient arrivés et, peu à peu, les relations amicales avaient fait place à la violence. Après avoir parlementé avec les étrangers, certains membres de la tribu avaient fini par succomber à la promesse d'une nourriture quotidienne, enfermée dans des sacs et des boîtes, qui les libérerait de l'obligation de chasser et de pêcher. Ils étaient allés, délibérément, vivre dans des missions. D'autres, accusés de crimes, étaient morts après être restés en prison quelques heures seulement. Les derniers s'étaient dirigés vers le nord, jusqu'à cette terre d'où tous ceux qui étaient chargés de prendre soin d'elle avaient mystérieusement disparu.

« La grand-mère saisit la tête de l'enfant et la pressa contre sa jambe ; leurs deux corps tremblaient. Elles reculèrent lentement, mais la vieille femme pouvait sentir l'odeur de l'homme blanc, toujours plus forte. Elle tenait Indigo tellement serrée contre elle que les battements de leurs deux cœurs se mêlaient. Elles reculèrent de quelques pas encore, et leurs pieds s'enfoncèrent dans la vase tandis qu'elles entraient dans le marécage. Le sol se transforma rapidement en un magma épais qui leur monta jusqu'aux chevilles. La grand-mère souleva l'enfant et l'installa à califourchon sur sa hanche. Ce fut alors qu'elle entendit le bruit de lourdes bottes qui s'enfonçaient dans la boue gluante et venaient vers elles. Les plantes aquatiques lui arrivaient à la taille, mais elles étaient trop clairsemées pour les cacher. Gardant les pieds sous l'eau, elle glissa prudemment, comme si elle skiait. Elle n'avait pas envie de tourner le dos à ce bruit de pas ni à l'étrange odeur de l'homme blanc qui empestait l'alcool, le tabac et l'ail, mais elle n'avait guère le choix. Il lui fallait trouver un endroit où se cacher. Une partie du marécage était couverte de plantes, puis venait un trou d'eau dégagé. Sur le bord opposé se dressaient de grands roseaux et un escarpement rocheux. Indigo avait quatre ans et savait nager, mais avec beaucoup de bruit et force éclaboussements. La grand-mère allait devoir se glisser dans l'eau et tirer sa petite-fille derrière elle, mais parviendrait-elle à lui faire comprendre que cette fois elle ne devait pas nager mais se contenter de flotter en silence ? La vase devenait de plus en plus profonde et rendait ses mouvements lents et difficiles. Elle entendit de nouveau le bruit de bottes et la voix d'un homme, mais sans réussir à déterminer à quelle distance il se trouvait. Elle réalisa cependant qu'il ne les avait pas vues car le ton de sa voix était resté calme. Elle plongea son regard dans les yeux noirs de la petite fille, puis posa un doigt sur ses lèvres pour la supplier de ne pas parler. Elle fit ensuite glisser Indigo sur son dos. L'enfant lui entoura le cou de ses bras, et la grand-mère lui attrapa les pieds et les plaça autour de sa taille. Ne bouge pas, pensa-t-elle, je t'en prie, ne bouge pas !

« Elle s'enfonça suffisamment dans l'eau pour pouvoir nager et avança à la façon d'une grenouille en direction du bord opposé. J'aurais dû cueillir quelques plantes et les tenir devant nous pour nous cacher, se dit-elle, mais il était trop tard. Elles avaient quitté la zone couverte de végétation et leurs deux têtes, flottant sur l'eau dans la lumière du jour qui tombait, étaient parfaitement visibles. Elles avaient presque atteint le bord quand un cri retentit sur leur droite. La grand-mère se tourna vivement et aperçut un troisième homme. D'autres cris lui parvinrent de l'endroit où elles étaient entrées dans l'eau. L'homme ne les avait pas vues, mais il avait localisé ses amis et les appelait en criant. Elle ne comprenait pas ce qu'il disait. Elle n'avait plus que quelques mètres à franchir pour atteindre les roseaux, mais si le nouveau venu tournait seulement la tête, il ne manquerait pas de les voir. Elle n'avait plus le temps de prévenir Indigo, plus le temps de trouver une meilleure solution. Elle s'enfonça sous l'eau et, tout en nageant, réussit à serrer sa petite-fille contre sa poitrine. Émergeant parmi les roseaux et les nénuphars, elle plaqua sa main sur la bouche d'Indigo. Le troisième homme les avait entendues, il regarda autour de lui, mais ne vit rien. Sans ralentir le pas, il continua à avancer le long de la rive boueuse du marécage pour rejoindre ses amis.

« Elles demeurèrent aussi immobiles que les plantes qui les entouraient. La grand-mère appuyait si fort sa main sur la bouche de l'enfant que lorsque celle-ci voulut tousser, ses joues se gonflèrent et de l'eau sortit par ses narines. Elle avait mal et elle était terrifiée, mais la vieille femme ne relâcha pas son étreinte avant que le troisième homme n'ait rejoint ses compagnons et qu'ils n'aient tous les trois tourné le dos.

« Elles restèrent cachées dans le marécage deux heures encore, jusqu'à ce que les bruits et les odeurs de ces étrangers cruels aient disparu, laissant derrière eux la puanteur nauséabonde de la mort. Elles sortirent de l'eau et s'éloignèrent de la mer. Elles n'avaient parcouru que quelques mètres quand elles virent devant elles un corps allongé sur le sol. Indigo, qui marchait en tenant la main de sa grand-mère, l'avait aperçu elle aussi. Elle pensa que quelqu'un s'était endormi sur le ventre, puis elle vit le sang encore frais couler d'un trou dans la nuque. Tout près de la tête de l'homme couché, elle remarqua dans les hautes herbes deux pieds, deux petits pieds avec un bracelet de cheville tressé, de couleur jaune, comme en portaient beaucoup de ses amies. À côté, elle devina un corps. Seule une main aux veines saillantes dépassait, la main d'une personne âgée, bien plus vieille que sa grand-mère. Indigo ne pouvait détacher son regard de cette main, des pieds de cet enfant, et de cet homme couvert de sang. Il était inutile de lui demander de se taire ; elle aurait été incapable de prononcer le moindre mot. Au cours de sa jeune vie, elle avait déjà vu un homme mort et assisté à tout le rituel qui consistait à préparer le corps, à construire le radeau sur lequel on le déposerait et qu'on lancerait à la mer après y avoir planté une torche enflammée. Jusqu'alors, la mort ne lui avait pas paru inquiétante. Il n'avait jamais été question de souffrance, ni d'enfant. Ce qu'elle avait là, sous les yeux, c'était bien la mort, mais elle était horrible.

« La grand-mère avait une décision à prendre. Devait-elle cacher Indigo, retourner au campement et voir ce qui était arrivé aux autres ? L'enfant serait-elle alors en sécurité toute seule ? Si les hommes n'étaient pas partis et la tuaient, qu'adviendrait-il de sa petite-fille ? Ces individus n'hésitaient pas à tuer des enfants, comme le prouvaient les deux petits pieds qui dépassaient de l'herbe. Aucune barrière d'âge ne paraissait arrêter leurs fusils. Non, elles devaient partir, quitter cet endroit de mort. Sans rien toucher, sans même chercher à en savoir davantage, Indigo et sa grand-mère s'éloignèrent.

« Cela s'est passé en 1870, il y a quatre-vingt-six ans. Indigo, c'était moi, et depuis, j'ai vécu dans plusieurs clans différents, mais l'histoire s'est répétée. Année après année, les étrangers nous ont pris de plus en plus de choses. Notre tragédie est celle d'un peuple pacifique que l'on a trompé en l'attirant avec des sucreries dans des missions qui surgissaient du sol en moins de temps qu'il n'en aurait fallu pour dresser une tente. Comme on cueille les roses d'un buisson, ils nous ont tout enlevé : notre langue, nos traditions, nos croyances, nos jeux et nos rituels. Inaccoutumés au sucre, à la farine, au sel, au beurre, au tabac et à l'alcool, les nôtres mouraient très jeunes des maladies de l'homme blanc. J'ignore si l'on tue encore les miens à coups de fusil, pour le sport, au hasard, comme les nouveaux venus l'ont fait avec les kangourous et les koalas. De petites bandes, appartenant à diverses tribus, se sont réfugiées dans le désert qui, pendant un moment, a paru être le seul endroit que les sujets du roi étranger ne souhaitaient pas s'approprier.

« Voilà mon histoire. J'ai changé plusieurs fois de nom au cours de ma vie, et aujourd'hui on m'appelle Wurtawurta. J'ai déjà exploité huit de mes dons, appris la sagesse grâce à mes diverses expériences, et je suis une matrone de la tribu des Hommes Vrais. À présent, à l'âge de quatre-vingt-dix ans, je suis tout juste prête à porter des ornements de plumes et à me peindre hardiment le corps les jours de cérémonies.

« Je connaissais déjà les traditions de mon peuple lorsque grand-mère et moi avons rejoint les réfugiés et les nomades du désert. Grand-mère ne s'est jamais vraiment adaptée à ce climat où la froideur glaciale de la nuit succède à la chaleur étouffante du jour. Elle disait souvent que ses os en souffraient, mais elle a réussi à vivre jusqu'à ce que j'aie treize ans. Je me souviens de l'époque où je n'étais qu'une enfant et où je l'aidais à creuser un trou profond afin qu'elle puisse s'y coucher, se couvrir de sable et conserver ainsi le peu de chaleur de son corps. Maintenant, je suis moi-même une vieille femme. Ma tête est pleine d'histoires, de chants et de danses, et remplie aussi du savoir de cette tribu que je considère comme la mienne.

« Au fil des ans, grand-mère ne cessait de me répéter : "Il n'existait aucun conflit entre les différentes tribus. Les unes chantaient que l'Unique avait tout d'abord créé le ciel et tous les êtres qui le peuplent. Pour elles, nous étions faits de la poussière des étoiles. Les autres chantaient le peuple des animaux. Mais ce n'étaient pas des conflits, seulement des différences. Au bout du compte, cela n'aura aucune importance pour l'Éternel. Nous sommes tous des esprits de l'Éternel, même les Européens aux yeux bleus qui appellent cette terre Australie et pensent qu'elle leur appartient. Il n'existe qu'une seule vérité pour tous les esprits. Ils ne sont peut-être pas d'accord, mais la vérité est la vérité, la loi de l'esprit, la loi, et ainsi, à la fin, tout le monde se réveillera et saura."

« L'une des phrases favorites de grand-mère était : "La vie, c'est le changement, parfois important, parfois minime, mais sans changement il ne peut y avoir d'évolution. Cependant le changement et l'évolution n'impliquent ni la souffrance ni le sacrifice."

« Lorsque Benala nous a rejoints, nous sommes restés assis des heures, fascinés, à l'écouter raconter les événements du monde. De temps à autre, elle retournait vers ce monde moderne et nous rapportait de nouvelles informations. À présent nous t'avons, toi, une autre réfugiée. Je bénis le jour où nos chemins se sont croisés. Ce n'était pas par accident, mais pour notre plus grand bien à tous, et chaque jour de nouvelles opportunités spirituelles s'offriront à nous. »

Beatrice songea à ces deux mondes : l'un, dans lequel elle avait grandi, et l'autre, celui-ci, d'où les Mutants pensaient que les Aborigènes devaient être arrachés, pour leur salut. Si seulement ils pouvaient comprendre !

32

Ce soir-là, alors que le petit groupe marchait toujours, il fut décidé que l'on apprendrait à Beatrice tout ce qui concernait les saisons et le climat, mais également qu'on lui ferait découvrir toutes les formes de vie, animales ou végétales, qu'elle croiserait en chemin. Dès le lendemain soir, on commencerait par lui enseigner les premières leçons de chant et de danse. Il lui faudrait bien une année pour les retenir. Normalement, on ne cessait jamais de les répéter aux enfants.

Les six membres de la tribu discutèrent ensuite de leur premier contact avec Beatrice, et de ce qu'ils avaient pensé de son dessin sur le sable. Elle n'était pas la première à venir du monde extérieur et à avoir une vision aussi plate des choses. Comme l'homme blanc, elle ne prêtait attention qu'à la peau, à l'aspect extérieur des kangourous. La première fois qu'ils avaient vu un dessin comme le sien, ils avaient été très surpris. Toutes les représentations graphiques des Aborigènes étaient vues du ciel, de même que les mares, les buttes sacrées, les feux de camp et les êtres humains. Les animaux, les poissons étaient montrés avec leur structure physique, les nageoires et les yeux, mais aussi les arêtes et les organes internes. Ils avaient eu beaucoup de mal à comprendre comment l'homme blanc pouvait ne voir que la surface des choses et des êtres. Mais lorsqu'on le leur avait expliqué, ils avaient trouvé là un défi intéressant de plus à relever.

Beatrice n'aimait pas argumenter ni se montrer

intransigeante. Ces traits de son caractère leur avaient sauté aux yeux quand ils avaient constaté l'absence d'orteils chez son kangourou. Son dessin était grand et très approximatif, ce qui prouvait son ouverture d'esprit. Tous avaient noté la ligne indiquant l'emplacement de la poche marsupiale, mais aucune tête de petit kangourou n'apparaissait. Ils avaient également remarqué une ligne sur le ventre de Beatrice. Elle ne leur avait fourni aucune explication, mais cela viendrait peut-être plus tard. Il s'agissait très probablement d'un problème de femme. En tant qu'artiste, elle s'était montrée hésitante et leur avait même demandé quoi dessiner. Mais elle avait accepté de participer à leur test, ce qui leur en avait appris davantage sur elle.

La personnalité, les traits distinctifs et les actes d'un individu, de même que la question de la prépondérance des caractères innés ou acquis, n'avaient guère eu d'importance au cours de leurs cinquante mille premières années d'existence sur ce continent. Ce n'est qu'au cours des cinquante dernières années que le problème s'était posé à eux. Quand les Blancs étaient arrivés, ils avaient fait des prisonniers. Certains s'étaient échappés et avaient commencé à parler de cruauté, de vols et de cupidité, de nouveaux concepts à l'odeur nauséabonde.

Au début, il n'existait pas d'êtres humains irresponsables. Certains étaient dotés d'une inépuisable énergie et d'autres semblaient paresseux, mais tous étaient responsables. L'honneur existait également. Les gens portaient des distinctions honorifiques, et tout le monde pouvait en créer de merveilleuses, mais personne n'imitait ni n'essayait de reproduire celles que l'on avait offertes à quelqu'un d'autre.

Depuis l'arrivée des Européens et la dispersion des tribus, les jeunes générations, nées dans le monde moderne, semblaient considérer que la responsabilité et l'honneur ne faisaient désormais plus partie de leur culture. L'homme blanc leur avait appris que ce qu'ils défendaient était erroné, stupide, néfaste, et il était évident que l'honneur avait du mal à survivre chez des êtres dont le cœur et l'esprit avaient été ainsi bafoués.

Plus tard cette nuit-là, les six membres de la petite tribu se transformèrent en auditeurs attentifs et écoutèrent Beatrice parler de sa vie. Gentiment guidée par Benala, elle leur fournit de nouvelles informations sur le monde qui les entourait, et leur parla d'endroits lointains que l'on appelait Amérique et Chine.

« Il existe une étoffe, leur dit-elle, faite de fils très fins et solides, produits par un vers...

— Un vers qui tisse une toile comme une araignée ? l'interrompit Karaween en dessinant un cercle avec ses doigts.

— Je ne suis pas très sûre de la forme, reconnut Beatrice, mais cela ressemble aux très longs fils d'une araignée ; ils sont cependant beaucoup plus solides, et on peut les tisser pour obtenir une étoffe très douce. »

Elle marqua un temps d'arrêt, cherchant une comparaison imagée, et reprit : « Vous savez ce que l'on éprouve quand on promène une pierre lisse et polie sur sa joue ? Ou ce que l'on ressent en se laissant flotter dans l'eau ? C'est un peu comme si l'on était enveloppé dans un nuage très doux et très moelleux. Oui... c'est comme si le ciel vous caressait la peau. Ce tissu s'appelle "soie" ; j'en ai tenu un carré entre mes mains. En Chine, certaines personnes ne portent que des vêtements en soie. »

Elle s'arrêta de parler, incapable d'ajouter un mot de plus. Tout le groupe était assis sous le ciel étoilé, chacun imaginant à sa façon ce que l'on pouvait éprouver en touchant de la soie.

La lune nouvelle céda la place aux premières lueurs du jour. Tout en nettoyant l'aire de campement, chacun repensait à ces histoires de pays lointains. Ce fut alors que Googana leur demanda de se mettre en file, leur épaule gauche tournée vers le soleil levant. Tandis que leur bras gauche pendait, la main grande ouverte au niveau du genou, ils levèrent le bras droit au-dessus de leur tête, la paume tournée vers la lumière naissante. Ils se courbèrent légèrement et regardèrent vers l'est. Tous ensemble ils prononcèrent les mots qu'ils répétaient chaque matin : « C'est aujourd'hui ! Nous suivons ce chemin pour honorer tout ce qui vit dans le seul but d'exister. Notre propos est d'honorer ce but. Si c'est pour le plus grand bien de toute vie, nous sommes prêts à faire l'expérience de manger de nouveau aujourd'hui. »

Mitamit entreprit de nettoyer l'endroit où, la veille, ils avaient allumé leur feu. Tout en cachant les cendres sous le sable, il s'adressa au bois et à la terre. Il leur expliqua combien ils étaient reconnaissants pour la chaleur qu'ils leur avaient procurée. Il désirait à son tour faire un cadeau au bois en l'unissant à la terre de façon qu'ils puissent se nourrir l'un l'autre et se préparer à donner naissance à une nouvelle vie, à faire pousser de nouveaux arbres.

« Pourquoi emploies-tu le mot “cadeau” ? lui demanda Beatrice. Je le croyais destiné aux humains.

— Il l'est, répliqua Mitamit, mais il ne leur est pas réservé. Dans le monde des Mutants, d'après ce que j'ai entendu dire, ce qu'on donne est rarement un cadeau.

— Je ne comprends pas...

— Faire un cadeau, c'est offrir à quelqu'un ce qu'il désire et non ce que tu estimes qu'il devrait avoir ou que tu te sens obligée de lui donner, intervint Benala. C'est seulement quand une personne a envie d'une chose et que tu peux la lui offrir que tu lui fais un cadeau. Mais ce n'est pas tout. Ton expérience se termine dès le moment où tu as remis ton cadeau, alors que celle de l'autre personne commence en le recevant et en l'acceptant. Si tu restes attachée à ce que tu viens de donner, si tu l'as offert sous certaines conditions, il ne s'agit pas d'un véritable cadeau. Le cadeau appartient à celui qui le reçoit, il peut en disposer comme il veut. Quand un Mutant donne quelque chose et attend en retour qu'on lui dise merci, qu'on porte ce qu'il a offert, qu'on le montre, ou qu'on lui rende la pareille, il ne fait pas un cadeau. On devrait appeler cela autrement.

— Nous aimons offrir et recevoir des cadeaux, reprit Mitamit. Cela rend particulier chaque jour, chaque repas, chaque lieu de campement, comme tu le constateras toi-même. »

Wurtawurta aux cheveux blancs prit à son tour la parole : « Il y aurait encore beaucoup à dire sur ce sujet, mais nous devons commencer par le début, et chacun interviendra ensuite. Connais-tu la durée de l'éternité ? » demanda-t-elle à Beatrice.

Mais, avant que la jeune femme ait eu le temps de reprendre ses esprits, elle enchaîna : « C'est un long, très long temps. L'éternité n'a ni début ni fin, ni passé ni futur. Elle ressemble à un cercle, et tu dois comprendre cela avant que l'on puisse t'expliquer d'autres choses. Es-tu capable de concevoir la durée que représente l'éternité ? »

Beatrice hocha la tête en signe d'acquiescement.

« Bien, reprit Wurtawurta, car tu es une partie de l'Éternel. Tu es issue de lui, tu retourneras à lui, et tout ce que tu fais se reflète en lui. Et c'est pour cette part d'éternité qui est en nous que nous vivons. As-tu entendu parler du Temps du Rêve et du Serpent Arc-en-ciel ?

— Non, pas vraiment. S'il te plaît, dis-moi ce que je devrais savoir.

— Au commencement, au temps d'avant le temps, il n'y avait rien. Ni étoiles, ni soleil, ni terre... Il n'y avait que le Grand Tout. Et il se mit à rêver. Et pendant qu'il rêvait, son esprit acquit son libre arbitre. Porteur de cette énergie spirituelle, le Serpent Arc-en-ciel permit à nos ancêtres d'exister. Le monde fut créé par cette énergie invisible, et nos ancêtres, les Rêveurs, furent libres de le façonner comme ils le désiraient. C'est pourquoi il existe des montagnes, des rivières, des fleurs, des bandicoots[1], et des êtres humains, tous faits de cette même énergie. Nous ne pouvons donc pas établir de hiérarchie et dire que ce que nous infligeons aux arbres est sans importance. Il nous est impossible d'affirmer qu'ils ne ressentent rien. Pour ma part, je crois qu'ils sont sensibles. Oh, bien sûr, d'une manière différente de la nôtre, mais ils sont vivants, et quand on les coupe, ils mettent très longtemps à mourir. Comme nous avons un esprit qui veille sur nous, il en existe un qui dit à chaque massif de fleurs : "Poussez, poussez et fleurissez !" Nous ne pouvons pas manger la chair d'une tariette rouge[2] et dire qu'elle ressemble à celle du crocodile. Elles sont très différentes et procurent à notre corps des formes d'énergie différentes. Des liens nous attachent aux animaux qui vivent là où nous sommes nés. Nous ne mangeons jamais notre animal-totem, ce serait comme manger notre frère, ou nous manger nous-mêmes.

— Beatrice, tu as étudié les sciences, n'est-ce pas ? lui demanda alors Benala.

— Oui.

— Est-ce que tu te souviens d'avoir lu quelque chose au sujet de l'énergie, de la façon dont les vibrations et les variations de fréquence créaient la différence existant entre sons et ultrasons, couleurs et infrarouges invisibles ? Je pense que la science est en train d'apporter la preuve que ce que nous décrivons depuis des milliers d'années et que nous appelons le Serpent Arc-en-ciel est absolument exact. Les étrangers se sont moqués de ce que nous disions sur celui qu'ils dépeignaient comme une créature rose, jaune, vert et violet, mais ils n'ont pas vraiment essayé de comprendre. Les nôtres n'ont jamais cessé d'affirmer

1. Le bandicoot est un marsupial de la taille d'un gros rat, reconnaissable à son museau fin et allongé (*N.d.T.*).

2. Cet oiseau (*Ephtianura tricolor*), mesurant 11 à 12 cm, vit dans les régions arides de l'Australie, souvent à proximité des lacs salés (*N.d.T.*).

que nous étions faits de la même matière que les nuages. Nous sommes une partie du soleil, de la lune, des étoiles, de l'eau, du feu, et des dingos. Nous ne formons qu'un tout. Saisis-tu ce que je veux dire ?

— Oui, je crois, mais les êtres humains sont différents, ils ont une âme.

— Tu peux employer le mot "âme" si tu veux, mais je pense que les hommes ont tort de croire qu'ils sont des êtres supérieurs, que l'évolution s'arrête avec eux, qu'ils sont les seuls à posséder une âme, et que celle-ci ne ressemble en rien à l'esprit des autres créatures. La tribu des Hommes Vrais s'applique à découvrir la meilleure façon de se comporter au cours d'une expérience humaine. Nous savons que chaque forme de vie a une grande valeur, et qu'elle est unique.

— Il faut que je réfléchisse à tout cela, reconnut Beatrice. Si chaque chose est liée à un esprit, ou est elle-même esprit, quelle est alors notre tâche en tant qu'êtres humains ?

— "Tâche" est le mot exact, répondit Benala. La vie d'une fleur se déroule de façon prévisible. L'animal, lui, peut se déplacer, et il a la possibilité de rechercher l'environnement où il pourra le mieux survivre, mais il n'est pas responsable des relations qu'il a avec le monde. Nous autres humains choisissons d'accepter une tâche en rapport direct avec nos aptitudes particulières, et nous sommes donc responsables. Nous seuls décidons du niveau de notre autodiscipline. Nous sommes des êtres créatifs, et notre créativité est illimitée. Nous sommes là pour nous entraider, éduquer, divertir, échanger. Nous devons également prendre soin de cette planète. Nous avons appris à connaître l'énergie qui l'habite et nous savons comment veiller sur elle. Nous éprouvons un grand nombre d'émotions, mais nous finissons toujours par découvrir que l'essentiel est d'aimer sans porter de jugement. L'amour est simple. Aimer c'est aider, donner ou recevoir, selon le cas. Les humains peuvent parvenir à la sagesse, mais les autres formes de vie n'ont pas cette chance. Dominer nos émotions fait partie de notre tâche sur cette terre.

« Nous sommes uniques parce que nous seuls savons rire. Nous avons le sens de l'humour, et nous pouvons en voir dans chacun de nos actes. Notre musique n'a pas de frontières. Nous avons été dotés très généreusement par l'Éternel.

« Je pense que le fait d'avoir vécu pendant plusieurs années dans le monde des Mutants, privée de tout contact avec la nature, m'a été bénéfique. J'ai connu deux mondes et je sais pourquoi ils paraissent si différents, presque opposés, tout en étant soumis à la même loi universelle. Il y a encore beaucoup à réfléchir là-dessus, mais nous avons le temps, et tu pourras constater par toi-même comment vivent les Hommes Vrais. »

Oui, songea Beatrice tout en acquiesçant, j'ai beaucoup de temps pour apprendre, et une famille qui me permettra de le faire.

33

Les sept marcheurs arrivèrent près d'une mare dont le fond était couvert d'une couche de boue presque sèche à l'exception du centre où la profondeur de l'eau atteignait quelques centimètres. « C'est là que nous allons ramasser de quoi manger, viens, je vais te montrer », annonça Apalie en entraînant Beatrice. Se servant de son bâton à fouir, elle se mit à sonder la vase et en retira des petites mottes de terre. Les autres femmes se joignirent à elle, et bientôt les tas de boue s'alignèrent. « Il y en a suffisamment, déclara Apalie, laissons-les sécher[1]. »

Googana s'assit en face de Beatrice. Ce jour-là, sa barbe blanche était tressée et se baladait de l'un de ses mamelons à l'autre, tandis qu'il bougeait la tête en parlant. À un moment, Beatrice aperçut une cicatrice dissimulée habituellement par la longue barbe. Le soleil faisait briller la large boursouflure que Googana avait au milieu de la poitrine. Il surprit son regard et devina ses pensées. Posant un doigt sur l'ancienne blessure, il dit : « Tu aimerais bien savoir, n'est-ce pas ? Veux-tu entendre mon histoire ? »

Beatrice acquiesça en souriant.

« Je suis un clairvoyant, commença-t-il. Tous les garçons sont initiés entre l'âge de neuf et douze ans.

1. « [...] Les boules débarrassées de leur gangue contenaient des crapauds, qui échappent à la déshydratation en s'enterrant. Rôtie, leur chair encore humide avait un goût de blanc de poulet. » (Marlo Morgan, *Message des Hommes Vrais au Monde Mutant*, Albin Michel, 1995) (*N.d.T.*).

Un enfant bagarreur et fauteur de troubles le sera à neuf ans ; les plus fragiles à douze ans seulement. Je ne peux pas te donner de détails sur ce rituel car c'est une affaire d'hommes, et ce sujet ne doit pas préoccuper les femmes, mais je peux te révéler qu'il existe une cérémonie au cours de laquelle les mères disent au revoir à leurs fils. C'est un moment très émouvant car chaque mère serre son enfant dans ses bras pour lui dire adieu et, quelques jours plus tard, c'est un homme qu'elle voit revenir. Le garçon est mort, tout ce qu'il y avait d'enfantin en lui a disparu. Une vie est composée de plusieurs vies. L'enfance n'est que la première d'entre elles. Chaque être a besoin d'aide pour grandir, et la circoncision initiatique y contribue. Quand un garçon reçoit une vision lui révélant son don d'apaiser la douleur, il peut alors être instruit et devenir un clairvoyant, si toutefois il ressent le très grand désir de se consacrer, sa vie durant, à ce seul don.

« C'est ce que j'ai fait. D'autres clairvoyants m'ont communiqué leur savoir au cours d'une série d'initiations, mais celui qui apprend est le seul à pouvoir déterminer quand, pourquoi et à qui offrir ses services, et comment partager le don qu'il a reçu.

« Après avoir vu trente-sept fois l'été céder la place à l'hiver, j'ai entendu une voix qui m'appelait de très loin et me promettait, si je parvenais à la rejoindre, que des échanges bénéfiques auraient lieu entre nous. J'ai suivi cette voix, traversant les territoires de plusieurs tribus, jusqu'à un endroit magnifique où se dressait un escarpement du haut duquel cascadait une eau rugissante qui formait un trou d'eau glaciale. La voix venait du fond de l'eau, juste sous la chute. Elle était cristalline et me demandait de la sortir de là car elle voulait contempler le soleil. En échange, disait-elle, elle s'engageait à développer mes dons. Elle a tenu sa promesse, et elle est cachée là, sous ma peau, près de mon cœur, depuis quarante ans.

« À présent je peux fermer les yeux et voyager dans

les airs, voir ce qui se passe à des kilomètres d'ici. Je me déplace également sous terre et je regarde les plantes pousser ; je sais combien d'eau se cache sous le lit d'une rivière, où se trouve une nouvelle portée d'animaux et combien de petits elle compte. J'ai appris à me servir des mêmes sens que les oiseaux et les autres animaux. Quand ils font appel à moi, je peux aider les humains et toutes les formes de vie. Je suis capable de voir à l'intérieur des corps, et souvent, pour soulager quelqu'un qui souffre, il me suffit d'une conversation, d'un peu de musique ou de couleur. Il n'existe pas de forces extérieures, de maladie ni d'accident qui n'aient une cause spirituelle. Pour aider une personne à résoudre son problème, je dois lui faire prendre conscience de la possibilité de développement spirituel qui s'offre à elle.

« La terre est un lieu où il est possible d'apprendre grâce à l'expérience. En tant qu'esprit de l'Éternel, tu as souhaité y venir et tu as participé à la concrétisation de ce souhait. C'est ton énergie qui a absorbé l'essence de la nourriture que mangeait ta mère et qui a créé un corps avec ce dont elle disposait. Tu savais tout de ton hérédité, de l'environnement, et des situations que tu allais trouver en venant au monde, et tu as estimé que c'était l'endroit idéal pour faire l'expérience d'un enrichissement spirituel.

« Si nous pouvions seulement nous rappeler que nous sommes éternels, nous comprendrions mieux que la terre est l'école des émotions. Notre énergie est composée de celle de la pluie et du feu, et elle est différente de l'énergie des plantes et des animaux. Elle est unique. En tant qu'êtres humains, nous sommes sur terre pour découvrir des émotions et utiliser notre corps comme un véhicule nous permettant d'atteindre à la sagesse émotionnelle.

« C'est à travers notre corps que nous, humains, recevons les conseils venus du monde des esprits, de la Source, de tous nos ancêtres, et de la part de l'Éternel qui est en nous. Tous nos sens sont liés à des émotions. En réalité, je dirais même que les émotions en sont le fondement.

« Les enfants naissent dans un état de paix émotionnelle. Tout ce qui touche à leurs sens est en rapport avec des émotions. Par exemple, lorsque nous grandissons, le battement des ailes d'un aigle peut nous paraître apaisant ou au contraire faire naître en nous de l'appréhension, cela dépend des expériences que nous avons vécues avec cet oiseau, ou de ce que nous pensons de lui d'après ce que nous avons vu ou entendu dire.

« En tant qu'homme-médecine, je sais que lorsque les êtres humains ont conscience de cela, ils peuvent vivre en meilleure santé, et en tant que clairvoyant, je n'ignore pas que le fait de savoir leur permet de laisser pénétrer plus largement la lumière de l'Éternel dans leur existence terrestre. »

Googana se leva et, empruntant un bâton à fouir, il se mit à dessiner sur le sable.

« Ceci est le Serpent Arc-en-ciel. Il vient de la Source et se déplace sur et sous la terre. Il fait partie de la force vitale qui nous traverse comme ceci :

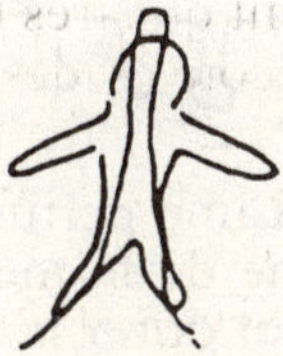

« La colère a la forme de ces fers de lance :

« Lorsque tu es en colère, au lieu de couler librement comme de l'eau sur des rochers glissants, ton énergie vitale est repoussée sur les côtés et devient pointue. Elle s'incruste dans ton corps et blesse tes organes. Il est aussi difficile de t'en débarrasser que d'un fer de lance qui s'est planté dans ta chair et t'a blessé.

« L'énergie du ressentiment ressemble à ceci, continua Googana en traçant un autre dessin :

« Le ressentiment est pointu lui aussi et comporte des barbelures. Il s'incruste dans le corps et se cramponne. Il est bien plus destructeur que la colère parce qu'il dure plus longtemps.

« Quand tu es inquiet, le dessin de ton énergie prend cette forme :

« L'envie, la jalousie ou la culpabilité sont des émotions bien plus complexes que l'inquiétude. Elles peuvent faire des nœuds dans l'estomac, sous la peau, ou ralentir le flux de vie.

« La mélancolie est une perturbation mineure. Le chagrin est une forme de la mélancolie en relation avec l'amour, et il peut durer la vie entière.

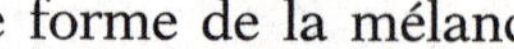

« La peur arrête tout. Elle interrompt le flux du sang, les battements du cœur, la respiration, la pensée, la digestion ; absolument tout. C'est une émotion intéressante parce que en réalité non humaine. On l'emprunte aux animaux chez qui elle joue un rôle merveilleux, quoique temporaire, dans la survie. Mais aucun animal ne vit dans la peur. À l'origine, les hommes n'avaient pas de raison de connaître la peur. Ils faisaient partie de l'Éternel et savaient que la gêne ou la douleur n'étaient que temporaires. À présent, la peur est devenue une énergie majeure, et elle entoure la terre. Voici les dommages qu'elle provoque en nous :

« Lorsque tu es heureux, que tu te sens bien, que tu ris, voilà comment ton corps reçoit et utilise l'énergie :

« Le sentiment de paix, la quiétude, le repos ressemblent à ce dessin :

« Le détachement émotionnel, comme par exemple l'observation dépourvue de jugement, est une énergie régulière, totale, saine, qui donne toute sa valeur à la vie, et que l'on peut représenter ainsi :

« Comme tu le vois, poursuivit Googana, tu es responsable de ton énergie et de la maîtrise de tes émotions. Chacun d'entre nous s'est déjà trouvé dans un état dépressif, mais s'y attarder et n'en tirer aucun enseignement, c'est adopter une attitude irresponsable, immature et imprudente. Il existe des périodes de vie et de non-vie. Ce n'est pas parce que quelqu'un respire qu'il est vivant. Être dépressif, ce n'est pas vivre. Il est absolument indispensable de mûrir, de vivre longtemps et en bonne santé. Nous sommes tous comptables du temps que nous vivons en tant qu'êtres humains, et de la façon dont nous utilisons la liberté de choix qui nous a été offerte.

« Je pense que chez les Mutants, on comparerait cela à une sorte de décompte. La durée de ta vie serait calculée en secondes, puis on estimerait le nombre de secondes que tu aurais passées en paix, satisfait, heureux d'avoir aidé les autres ; celles où tu aurais connu la joie, où tu aurais ri, goûté au plaisir de la musique. Puis tes moments de colère seraient également comptabilisés, ceux où tu aurais choisi de ne pas t'en départir, où tu aurais éprouvé de la haine, et où tu l'aurais entretenue.

« Le moindre mot que tu prononces s'envole dans les airs et il est impossible de le rattraper. Tu peux dire : "Je suis désolé", mais cela ne diminue en rien l'énergie produite par tes propos. L'intention est énergie. L'action est énergie. On peut également agir d'une certaine façon tout en dissimulant ses véritables intentions. Et tout cela étant cumulatif, il existe désormais autour de notre Mère la Terre une couche si épaisse qu'en certains endroits les hommes respirent l'irresponsabilité collective et s'en imprègnent par la pensée. Une autre couche s'est également amassée autour de la terre, faite celle-ci des convictions et des actes de ceux pour qui seul compte le "Moi d'abord, les autres n'existent pas", ceux qui s'efforcent d'obtenir ce qu'ils désirent, à n'importe quel prix. Pour eux, rien n'a d'importance qu'inventer, utiliser, sans se soucier de ce qu'ils laisseront après eux, sans même se demander si la vie sur terre sera encore possible. Les esprits des nouveau-nés et des jeunes enfants sont si merveilleusement positifs que beaucoup d'entre eux ne restent sur terre qu'un court moment. Ils mettent toute leur énergie à contrebalancer, voire même à supprimer ce qui est négatif.

« En tant qu'individus, nous pouvons, par nos actes quotidiens, ajouter à cette force destructive ou au contraire employer notre énergie à encourager l'harmonie, la beauté, et la protection de la vie sur cette terre.

« Ta vie, ton corps, ton avenir peuvent être représentés ainsi :

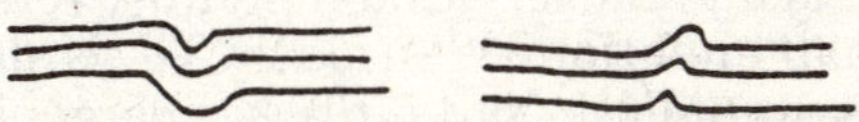

« Mais ton monde peut également ressembler à cela ; et toi seul peux en décider :

« La vie humaine est une spirale ; nous venons de l'Éternel et nous retournerons vers lui, en espérant que ce soit à un niveau plus élevé. Le temps est un cercle et nos relations avec les autres sont également des cercles. Étant enfants, nous avons appris combien il était important de boucler chaque cercle, chacune de nos relations. Si nous avions un différend avec un ami, nous n'allions pas nous coucher avant de l'avoir résolu. Nous ne nous endormions pas en espérant trouver une solution le lendemain, ou plus tard. En agissant ainsi nous aurions laissé le cercle ouvert, et ses extrémités se seraient effilochées.

— Mais par exemple, intervint Beatrice, si tu demandais deux ou trois fois de suite un service à un ami sans qu'il réagisse, il te décevrait certainement, et il ne serait sans doute pas facile de lui dire simplement : oublie ça, et bouclons le cercle sur une note positive.

— Bien sûr, tu peux continuer à associer cet ami à la déception qu'il t'a causée. Dix ans plus tard, lorsque tu penseras à lui, ou en entendant mentionner son nom, tu éprouveras toujours le même sentiment, et cela affectera ton corps. Admets que ce n'est pas bien raisonnable.

— Mais toi, que ferais-tu ? demanda Beatrice.

— Personnellement, je dirais à cet ami : “Tu sais, quand je te demande de me rendre un service et que tu ne le fais pas, je suis très déçu. Et plus je répète ma requête, plus cette déception grandit.” Je rirais et j'ajouterais alors : “Je ne dois pas comprendre bien vite. J'aurais dû réaliser dès ton premier refus que tu n'avais pas l'intention de m'aider. Tu as dû penser que j'étais stupide de revenir à la charge. Tu avais raison, je l'étais vraiment.” Nous finirions par en rire tous les deux, et ce serait certainement ce qu'il y aurait de plus judicieux à faire. Et ainsi mon cercle serait bouclé.

— Mais s'il s'agissait de quelque chose de vraiment important ? Par exemple, si l'un de tes amis faisait ou disait des choses qui te paraissent offensantes. Si tu étais vraiment blessé, si, comme tu le dis, ses actions avaient une mauvaise odeur ?

— Je dirais avec fermeté à cet ami : “Je t'aime, mais je n'apprécie pas la façon dont tu te conduis. Je réalise que pour toi ce n'est pas une erreur ; c'est ainsi que tu as choisi de t'exprimer. J'ai bien essayé, mais je n'arrive pas à admettre que tu aies raison de parler ou de te comporter de la sorte, et je dois mettre un terme à nos relations. Je ne veux plus consacrer d'énergie à notre amitié. Je te souhaite donc bonne chance, et te dis au revoir.”

— En fait, selon toi, il suffit de mettre un terme à une relation à un niveau spirituel pour que le cercle soit bouclé ! Si l'autre personne l'accepte, alors la boucle est également fermée pour elle. Si par contre elle refuse ce que je lui dis, cela n'a pas d'importance car le cercle dont les bouts s'effilocheront, ce sera le sien.

— Exactement. Tu ne peux pas apprécier tout le

monde ; et tous les êtres humains ne sont pas forcément sympathiques. Avant ta naissance, tu as consenti à aimer les autres. Ce n'est pas difficile car il suffit d'aimer la part de l'Éternel qui est en eux, et de consacrer ton énergie à ceux qui suivent le même chemin que toi. L'exemple est la seule façon par laquelle tu puisses influencer une autre personne. Les gens ne changeront pas avant d'être prêts à le faire. Et souviens-toi que cela est conforme au plan de l'Éternel. »

La barbe du vieil homme battait la mesure tandis qu'il parlait en dessinant sur le sable : « Tu es entrée en ce monde à un certain niveau de conscience spirituelle, et l'opportunité t'est offerte de le quitter à un niveau plus élevé. »

Après avoir réfléchi un moment, Beatrice demanda : « Et que faire avec ceux pour qui j'éprouve toujours du ressentiment, et que je ne reverrai sans doute jamais ?

— Pas de problème. Adresse-toi à eux silencieusement et envoie-leur ton message sur un arc-en-ciel, là où ils se trouvent. Il les atteindra. Essaie ensuite de transformer ton jugement en observation. Nous n'avons pas à pardonner, mais simplement à nous montrer plus compréhensifs. Tente d'apaiser ton esprit, tes émotions, et de guérir la blessure que tu portes en toi. Boucle le cercle et continue ton chemin. »

Le regard noir et pétillant de Googana semblait agir comme un aimant sur Beatrice tandis qu'il lui expliquait : « Plus l'énergie est subtile, plus elle est proche de la Source, de l'Unique. Certaines fois, des mouvements rapides sont parfaitement appropriés à une situation, et ils sont l'expression de l'énergie physique, alors que de petits gestes lents et doux sont plus en rapport avec l'énergie spirituelle. Une musique rapide et forte est physique, tandis que le long bourdonnement prolongé d'une seule note est plus spirituel. La chasse, selon la méthode employée et l'intention que l'on y met, peut être plus ou moins en accord avec notre voyage spirituel. Sois attentive à tout, y compris à tes relations avec les autres, aux rituels, à la nourriture, aux enseignements, aux divertissements, et même aux lieux où tu t'abrites, et observe le raffinement subtil de l'énergie. Tu t'apercevras bientôt que tu peux converser, apaiser, encourager, et aimer avec peu de gestes et encore moins de mots. On peut faire l'amour avec les yeux. La proximité n'est pas non plus toujours nécessaire ; il est possible d'exercer une influence à très grande distance. »

Beatrice s'imprégna de ce qu'elle venait d'entendre. Elle était particulièrement sensible à l'idée de cercle en ce qui concernait les relations humaines. Elle imaginait un collier fait d'anneaux d'or, et un nom gravé sur chacun d'eux. Tout près de son cœur, elle pouvait en voir un où était inscrit « Freda ». C'était, sans aucun doute, la relation la plus profonde qu'elle eût connue jusqu'alors dans sa vie.

34

C'était la saison où la lune amenait les baies à parfaite maturation et où les hommes devaient disputer ces aliments de choix aux oiseaux et aux créatures à quatre pattes. Mitamit, qui avait disparu un moment, revint bientôt avec une pleine poignée de baies qu'il partagea entre tous. « Suis-moi, dit-il à Beatrice, je vais te montrer où en trouver. » Après avoir découvert l'endroit où poussaient ces fruits délicieux et s'en être rassasiée, Beatrice demanda à Mitamit s'il voulait bien lui raconter son histoire, et il accepta.

« J'ai choisi de m'appeler Messager de l'Esprit du Vent parce que j'ai la chance de pouvoir éprouver quelque chose d'exceptionnel. Un jour où je courais, je me suis senti semblable à l'émeu, et j'ai su aussitôt comment faire pour que mes pieds touchent à peine terre, à l'image de cet oiseau qui court si vite sans jamais voler. Il y a là un rythme différent de tous les autres. Je crois que dans ces moments-là, mon cœur, au lieu de battre plus vite a, au contraire, tendance à ralentir, et que l'air qui emplit mes poumons vient de plus loin. Je fais alors partie du vent. Sans aucun effort, je peux courir ainsi toute la journée. J'éprouve une merveilleuse sensation, et j'en suis reconnaissant à mon corps. »

Beatrice trouva réconfortant de rencontrer un être qui ne jugeait pas naturelles ses performances physiques, les appréciait, et se sentait tellement en accord avec lui-même et le monde qu'il pouvait en profiter pleinement.

De temps à autre, un soleil voilé émergeait de l'épaisse couche de nuages et éclairait les marcheurs qui avançaient en se suivant, le long d'un étroit couloir bordé de chaque côté par des escarpements de granit rouge. À un moment, l'espace se resserra tellement qu'ils durent se plaquer contre la paroi rocheuse pour pouvoir continuer leur route. Puis la pluie se mit à tomber doucement. « Dépêchons-nous, cria une voix en tête de file, ce chemin va bientôt se transformer en une rivière qui charriera toute l'eau descendant de la montagne et écrasera tout sur son passage. » Pressant le pas, ils longèrent rapidement le couloir, puis grimpèrent jusqu'à une hauteur de quatre à cinq mètres pour atteindre une vaste plateforme rocheuse, située devant l'entrée d'une grotte.

Au cours de la journée, chacun avait ramassé des branches cassées qu'ils posèrent debout les unes contre les autres pour les faire sécher. Cette grotte, lieu de repos sacré, avait été aménagée des années, peut-être même des centaines d'années auparavant. Du sable fin et blanc, amené de loin, avait été répandu sur le sol pour le rendre plus confortable. L'endroit où devait brûler le feu était marqué par des traces de calcination et par des pierres éparpillées destinées à former un foyer circulaire. Allumé en ce point précis, le feu réchaufferait l'intérieur de la grotte, mais la fumée serait chassée vers le dehors. Mitamit ramassa les fragments d'os abandonnés par les gros animaux venus là dévorer leur proie. Trois des femmes, chacune munie d'un filet fait de cheveux et d'herbe, tamisèrent le sable, poignée par poignée, puis le répandirent de nouveau le long de la paroi du fond. Armée d'une branche pourvue de feuilles épaisses et solides, Apalie balaya le sol et remit à leur place les pierres du foyer. Googana examina les peintures rupestres, dressant mentalement la liste de celles qui avaient besoin d'être restaurées et ravivées.

Le petit groupe demeurerait là un moment. Il y avait du travail à faire, et l'eau, la nourriture abondaient. Plus de dix espèces différentes d'oiseaux venaient se poser par ici, et toute une gamme d'animaux rampants, sautillants ou ondulants fréquentaient les lieux. On trouvait également des plantes comestibles, curatives, et d'autres pouvant servir à un usage cérémoniel.

En moins de deux heures, les corvées quotidiennes étaient accomplies, le feu brûlait, et chacun put se régaler de la chair et de l'esprit de l'un de ceux qui avaient volé près des étoiles et dans le soleil couchant.

Tandis que la pluie tiède continuait doucement à tomber, Googana se tenait au bord de l'escarpement, le visage levé vers le ciel, et il buvait l'eau qui pénétrait dans sa bouche. En revenant vers le feu, il déclara à Beatrice : « Et dire qu'il existe des êtres qui ne goûtent jamais la pluie. Est-il vrai que certains passent leur vie entière sans jamais prendre plaisir à se faire mouiller par la pluie ? J'ai entendu dire qu'ils se mettaient à courir lorsque les nuages crevaient, et qu'ils tenaient au-dessus de leur tête un morceau de tissu fixé au bout d'un bâton. Pourquoi font-ils cela ? »

Beatrice regarda Benala, et les deux femmes éclatèrent de rire.

« Oui, c'est vrai, expliqua Beatrice, les Mutants restent rarement sous la pluie, mais ce n'est pas uniquement par choix. Ils portent souvent des vêtements qui changeraient d'apparence s'ils étaient mouillés. Ils ont également à leur poignet des montres qui s'arrêteraient ou rouilleraient à cause de l'humidité ; et les coiffures des femmes ne résisteraient pas à la pluie. Ils préfèrent amener l'eau à l'intérieur de leurs maisons, et pouvoir ainsi se mettre dessous ou se plonger dedans lorsqu'ils en ont envie, et non quand l'Unique l'a décidé.

— Mais comment en sont-ils venus à penser qu'ils savent mieux que l'Unique le moment où il faut rester sous l'eau ?

— Je ne suis pas sûre de pouvoir répondre à cette question. Cela a commencé il y a longtemps, bien longtemps, lorsque les hommes ont cru qu'ils pouvaient dominer la nature et avoir ainsi une vie plus facile.

— Mais quand tes besoins sont satisfaits, tu es heureux. Que veulent-ils de plus ?

— Ils recherchent le confort. Être heureux ne leur suffit pas. Ils ont besoin de se sentir à l'aise, et pour eux tout doit être pratique.

— Pratique ? Je ne comprends pas ce mot.

— Ils veulent contrôler la situation. Ne pas être obligés par exemple de rechercher quotidiennement leur nourriture alors qu'ils pourraient avoir mieux à faire. Ils stockent donc des provisions pour plusieurs lunes. Ils n'aiment pas non plus devoir marcher pour se rendre d'un lieu à un autre et trouvent plus pratique d'utiliser un moyen de transport. Avant, ils montaient à cheval, puis ils ont appris à conduire une voiture, et à présent ils empruntent également l'avion, le train ou le bateau. Mais tout évolue, et il existe toujours quelque chose de plus pratique, de plus confortable.

— Et que font-ils des règles de l'Unique ? Ils ne savent donc pas qu'un homme est incapable d'empêcher le vent de danser, les éclairs de parler, les fleurs d'éclore ou les fruits de mûrir ? Comment peuvent-ils faire provision de nourriture alors qu'ils ignorent ce que le monde leur réserve pour le lendemain ?

— Ils ne pensent pas que le monde puisse leur réserver quoi que ce soit car ils croient le maîtriser. Pour eux, les êtres humains sont la seule forme d'intelligence existant sur terre, et ils peuvent donc faire ce qui leur plaît. Ils sont convaincus que le monde leur a été donné afin qu'ils en usent selon leur bon vouloir.

— Les humains, la seule intelligence ! Et les dauphins, les baleines qui parlent et pensent ?

— Oh, il y a également les loups, les perroquets, les chimpanzés, surenchérit Benala. Il existe toutes sortes d'animaux et d'oiseaux extrêmement intelligents, mais les Mutants ne voient pas comment ces créatures pourraient évoluer et se développer au-delà de leur apparence actuelle. Ils ne croient pas que les animaux aient beaucoup à offrir. Ils pensent vraiment avoir été conçus pour conquérir le monde et imposer leur loi. »

Googana ne répondit pas. Le calme régnait dans la grotte, et tous ceux qui avaient suivi attentivement cette conversation essayaient de la comprendre avec leur cœur et laissaient leurs émotions les submerger.

Le lendemain, le petit groupe passa son temps à ramasser des poils d'animaux, des cheveux, et des plumes, avec lesquels ils fabriquèrent des pinceaux. Le jour suivant, ils préparèrent de la peinture blanche et de la noire, à base de terre pilée. À une certaine époque, expliquèrent-ils à Beatrice, seuls quelques hommes, experts en la matière, étaient autorisés à retoucher ces peintures rupestres, mais leur tribu avait totalement disparu. À présent, c'était à eux d'en prendre soin. Ils demanderaient aux esprits des ancêtres la permission d'accomplir cette tâche et, avec leur aide, ils seraient capables de restaurer, pour un certain temps encore, les peintures de cette grotte.

Les lignes originales furent retracées avec soin, trait par trait, dans le moindre détail. Pas une seule ne fut oubliée, ni rajoutée. Ce travail de patience fut accompli avec ferveur par des hommes dont chaque geste était empreint d'amour et de respect.

Ce soir-là, Karaween et Apalie firent savoir qu'elles aimeraient donner une représentation devant le petit groupe et les esprits des ancêtres présents dans la grotte.

Les cinq spectateurs s'assirent à l'intérieur, face à la nuit, tandis que les deux actrices se tenaient sur la plate-forme rocheuse. Les rayons de la lune leur servaient de projecteurs et, aucun arbre n'interceptant la lumière, la scène était brillamment éclairée.

La pièce qu'elles jouèrent était une sorte de comédie où elles se moquaient d'elles-mêmes, se parodiaient dans leurs activités quotidiennes, montrant combien elles avaient été parfois maladroites avant de parvenir à maîtriser certaines tâches. Il y avait bien longtemps que cet endroit empreint d'un caractère sacré n'avait résonné de rires aussi francs. Un animal ou deux s'arrêtèrent même pour écouter ce bruit inhabituel, si bien accueilli par la nature environnante.

Au matin, les oiseaux chantaient déjà lorsque Beatrice ouvrit les yeux. Karaween, le dos appuyé contre la paroi de la grotte, écoutait le monde s'éveiller.

« Merci pour le spectacle d'hier, chuchota Beatrice, c'était vraiment très drôle. Ton nom devrait être Artiste. Parle-moi de toi et dis-moi pourquoi tu t'appelles Karaween. »

La jeune fille de seize ans fit signe à Beatrice de la suivre. Elles quittèrent la grotte sans faire de bruit et, escaladant l'escarpement, trouvèrent un endroit confortable où poursuivre leur conversation.

« J'ai choisi ce nom, il y a quelques mois, parce que j'ai senti le besoin de m'intéresser à des sujets plus adultes. Pendant très longtemps, j'ai été une experte en jeux. C'est l'un des miens que l'on a adapté et qui est utilisé quand nous demandons à quelqu'un qui souhaite se joindre à notre groupe de dessiner sur le sable. Je connais des douzaines de jeux dans lesquels intervient un cercle. Il y en a un que j'appelle "Le tour de la lune". Deux joueurs se tiennent debout, dos à dos, sur le pourtour du cercle. Au signal, ils se mettent en marche, sautant sur un pied de chaque côté de la ligne, une fois à l'intérieur, une fois à l'extérieur du cercle. Lorsqu'ils se rencontrent, celui qui a parcouru la plus longue distance continue à jouer, son adversaire étant remplacé par un nouveau joueur. Celui qui a eu moins de chance attend qu'une autre occasion lui soit offerte. Et le jeu ne s'arrête que quand tout le monde est las de rire et épuisé de fatigue.

« Un autre, "Le dessin unique", se joue dans un petit cercle à l'intérieur duquel, chacun à leur tour, les joueurs font un dessin, mais il ne peut y en avoir deux sur le même sujet. Le jeu est terminé lorsque toute la surface est couverte. Les joueurs essaient d'avoir des idées nouvelles et différentes chaque fois.

« Quand la terre est douce et le sable très fin, nous jouons à "La recherche de l'objet perdu". Chaque joueur est muni d'un petit bâton, et tous sont assis en rond autour d'un monticule de sable dans lequel est caché un minuscule objet, comme le cristallin d'un animal que l'on a mangé rôti pour le dîner. À tour de rôle, les joueurs fouillent le sable. C'est un jeu merveilleux pour capter l'attention des plus jeunes, mais il n'y a plus d'enfants parmi nous.

« Les enfants adoraient inventer des histoires et les illustrer. Quelquefois, l'un d'eux commençait par tracer le début d'un dessin et un autre entamait aussitôt une histoire, puis un troisième complétait le dessin, et le suivant poursuivait l'histoire, et le jeu continuait ainsi, chacun ayant plusieurs tours à jouer. La fin de l'histoire était hasardeuse.

« J'ai lancé un jeu dans lequel les joueurs, munis de longs bâtons, se passaient un charbon ardent ou une pierre chauffée. Je leur ai aussi appris comment faire tournoyer un bâton enflammé et le faire circuler derrière leur dos et sous leurs jambes.

« Les jeux sont une bonne chose, et il existe un temps pour les rires et l'amusement, mais j'ai senti qu'il fallait que je devienne plus responsable. À présent, j'apprends à tresser des paniers. J'utilise surtout de l'osier parce que c'est ce que l'on trouve le plus facilement, mais je sais également me servir de certaines parties du corps des animaux.

« Je suis née ici et j'y ai passé les seize étés de ma vie. Un jour, un hélicoptère est venu et a emmené mes parents et d'autres membres de la tribu. Il était marqué de la grande croix des docteurs. Depuis, je suis restée auprès de Wurtawurta. Je suis heureuse que tu te sois jointe à notre groupe. On voit si rarement quelqu'un de nouveau parmi nous. »

Avant de redescendre, Beatrice et Karaween

ramassèrent tout ce qui pouvait leur être utile, et elles arrivèrent à la grotte au moment où les autres commençaient à s'agiter. Lorsqu'ils couchaient à la belle étoile, tous se réveillaient très tôt, mais dans l'obscurité de la grotte il était normal qu'ils dorment plus longtemps. Tout au long de la journée, Beatrice pensa à la jeune Karaween et à son désir de grandir. J'espère qu'elle conservera cette fougue créatrice et une partie de son charme enfantin, songea-t-elle. Je sais maintenant combien il est important d'avoir un esprit sain dans un corps sain.

Le jour suivant se leva clair et lumineux. Tandis qu'elles ramassaient de petites pierres pour les faire chauffer dans le feu, Beatrice dit à Wurtawurta :

« Tu as vécu dans les deux mondes, le moderne et celui-ci, isolé de tout. Quelles sont, selon toi, les différences fondamentales entre les deux cultures ?

— Elles sont nombreuses. Par exemple, l'une des plus importantes est la façon de résoudre un problème. Je me souviens de gens qui se disputaient, criaient, et en arrivaient même à se battre au cours d'une querelle. Mais la question n'en était pas réglée pour autant. Les deux parties se séparaient furieuses, et chacun s'en allait de son côté, plein de ressentiment. À présent j'ai appris que tout le monde ne pouvait pas être d'accord sur tout. Ici, chacun est ouvert aux idées et aux opinions des autres. Nous établissons souvent des comparaisons entre nous et la nature, et nous constatons par exemple que les arbres ne se cassent pas parce qu'ils ploient. Plus ils grandissent, plus ils ploient.

« Quand deux personnes sont en désaccord, il faut d'abord qu'elles essaient de déterminer quel est leur point de vue. Tu sais qu'il existe sept directions différentes — le nord, le sud, l'est, l'ouest, le ciel au-dessus, la terre au-dessous, et l'intérieur de soi — et donc sept points de vue différents. Il est possible que l'une de ces personnes s'exprime depuis l'ouest, le couchant, le passé, et qu'elle ait donc une certaine façon de voir les choses ; alors que l'autre parle depuis l'est, le levant, dans une optique différente, plus orientée vers l'avenir. À moins que toutes les deux ne parlent du dedans de soi, exprimant ce qu'elles ont au fond de leur cœur ? Si elles sont incapables d'admettre le point de vue l'une de l'autre et d'arriver à un accord, elles devront alors changer de place. Oui, se mettre physiquement à la place l'une de l'autre, et reprendre leur discussion avec la même agressivité et la même passion. Habituellement, elles finissent par se comprendre. Si elles n'y parviennent vraiment pas, elles s'arrêteront et se diront : "Qu'est-ce que tout cela peut nous apporter ?"

« Tu sais, Beatrice, pendant des milliers d'années, les nôtres se sont entraidés. Chacun participe, est respecté, encouragé, mais nous formons une équipe, un groupe humain qui a une mission spirituelle.

« Il existe une autre différence essentielle entre nos deux cultures : la notion de compétition. Dans le monde des Mutants, il n'y a de place au sommet que pour un seul individu, et tous les autres doivent s'entasser dans le bas. Cela forme une sorte de triangle avec, à la base, la majorité des hommes qui n'en soutiennent qu'un. Il est difficile de comprendre comment des parents peuvent expliquer à un enfant qu'un seul d'entre eux peut gagner alors que tous les autres perdront. Je pense que la compétition, en provoquant l'impression d'insatisfaction et de limitation, et en exacerbant les sentiments d'envie et de violence, a contribué plus que tout autre facteur à diviser les individus.

— Bien sûr, lança Beatrice, les Mutants diraient que c'est ce qui a fait progresser le monde et l'a rendu plus agréable à vivre. Ceux qui inventent de nouvelles choses ont droit à la gloire et la fortune.

— C'est vrai, mais sommes-nous meilleurs pour autant ? La terre est-elle plus saine, l'avenir paraît-il plus brillant, plus prometteur à cause de cette compétition ? Je ne porte aucun jugement puisque je sais que tout cela fait partie de l'Ordre divin, mais personnellement, je n'aime pas l'odeur qui s'en dégage. Pourtant, il faut que je respecte ceux qui estiment n'en avoir jamais assez et prônent l'idée d'êtres supérieurs. Les Aborigènes ont toujours préféré un modèle social basé sur le puzzle plutôt que sur le triangle. Nous avons le sentiment que chacun a sa place dans notre société et en est un élément essentiel. Si un seul individu manque, nous sommes incomplets ; il laisse un trou béant. Nous possédons tous une spécificité. Certains apportent à notre groupe leur expérience de chasseur, d'autres sont doués pour enseigner, cuisiner, guérir, écouter, danser... Nous avons un chef, mais nous n'ignorons pas que tout le monde est apte à commander et que chacun d'entre nous pourrait occuper cette position si les autres membres de la tribu le voulaient bien. Nous savons également suivre notre chef. Ces deux aptitudes se valent, et il y a un temps et une place pour chacune d'elles. »

Songeant à la disparité existant dans les villes entre les Aborigènes moyens et la progéniture des immigrants européens, Beatrice se demanda quels étaient ceux qui pensaient en termes d'insatisfaction et de limitation. Peut-être les uns comme les autres, se dit-elle ; après tout, nous vivons chacun notre Rêve.

35

À l'aube, quand Beatrice se réveilla, une question qui l'avait poursuivie dans son sommeil continua à la tourmenter. Où est ma place ? se demandait-elle. Elle avait songé à choisir un nouveau nom, mais ce n'était pas quelque chose à faire à la légère. Il devrait être plaisant à l'oreille, et il lui faudrait s'habituer très vite à y répondre. Il devrait également refléter qui elle était à ce stade de son existence. Qui suis-je ? s'interrogea-t-elle donc.

Je suis une Aborigène qui cherche son chemin, quelqu'un dont la sensibilité a été ébranlée, mais qui est à présent entouré d'amour, d'amis et de maîtres.

Je me sens acceptée, sécurisée.

Il n'y a pas un don particulier que j'aimerais exploiter, et pourtant je sens en moi un tas de possibilités.

J'ai conscience d'évoluer, mais j'ignore totalement ce que je deviendrai.

Une semaine plus tard, elle déclara à Wurtawurta : « Le moment de ma fête est venu. Je suis prête à prendre un nouveau nom. »

Wurtawurta annonça aux autres ce que Beatrice lui avait confié. Ils sourirent tous en hochant la tête et décidèrent que la cérémonie se déroulerait trois jours plus tard. Ils seraient alors rendus dans un lieu particulier et auraient le temps de faire tous les préparatifs voulus. Un climat de fête régna durant les deux jours de marche qui suivirent, et chacun essaya de deviner quel nom Beatrice avait choisi.

L'après-midi du troisième jour, ils arrivèrent près d'un cratère très profond. Un cercle de terre d'une centaine de mètres de diamètre avait surgi du sol. Dans le monde moderne, si cet espace avait été destiné à abriter des réunions sportives, il aurait pu contenir des rangées et des rangées de gradins. Tel un serpent ondulant, un petit cours d'eau traversait le fond. La force qui avait creusé ce trou géant avait en même temps mis au jour une rivière souterraine.

Tandis qu'ils entamaient leur descente, Benala expliqua à Beatrice : « Il existe des histoires contradictoires sur l'origine de ce trou. La tribu qui veillait sur la piste chantée qui passe là ne l'a jamais mentionné, et pourtant, comme tu peux le constater, il est bien trop important pour qu'on ne le remarque pas. Aujourd'hui, tous les membres de cette tribu ont été déplacés. Le dernier d'entre eux, contraint de partir il y a environ cinq ans, n'a jamais parlé de ce cratère. Il est donc vraisemblablement apparu après son départ. Seule une force colossale peut l'avoir creusé.

— Comme tu le sais, ajouta Wurtawurta en plaisantant, toutes nos montagnes, nos rivières et nos vallées sont nommées et identifiées d'après les esprits qui les habitent et leurs histoires, mais ce lieu est comme toi, nouveau et à la recherche d'un nom. »

En dépit de son imagination débordante, Beatrice avait du mal à concevoir ce qui pouvait être à l'origine de ce trou, mais elle était heureuse de s'être trouvée non loin de là quand elle avait décidé de choisir un nouveau nom. Cet endroit lui semblait parfaitement adapté aux circonstances.

Au coucher du soleil, le ciel se zébra de pourpre, et chacun pensa que c'était une magnifique couleur pour la fête nocturne de Beatrice. Des petits morceaux d'écorce d'arbre, réservés pour ce genre d'occasions, furent éparpillés dans le feu d'où se dégagea une douce senteur. Karaween ajouta de l'herbe salée à chaque portion de viande qu'elle distribua. Apalie avait préparé une boisson en faisant macérer des feuilles au goût piquant dans de l'eau, et en enfermant le tout dans une vessie qu'elle avait exposée au soleil la journée entière.

Après le repas, chacun raconta des histoires, et plus tard, marquant le rythme à coups de bâton, tous chantèrent, dansèrent, et évoquèrent d'autres fêtes du même type. Karaween et Apalie entraînèrent ensuite Beatrice auprès du petit ruisseau et, puisant de l'eau dans leurs mains, elles la laissèrent couler doucement sur le corps de la jeune femme afin de laver toute trace de son ancienne vie et de son ancien prénom. Lorsqu'elle se réveillerait le lendemain, elle serait une personne nouvelle, et porterait un nouveau nom.

À son retour, ses compagnes lui collèrent sur le front de petites plumes préalablement trempées dans du sang animal. L'ouvrage fini ressemblait à une tiare légère et duveteuse, et Beatrice se sentit aussi majestueuse qu'une reine. Tous s'assirent alors autour du feu car Beatrice devait murmurer son nouveau nom à l'oreille de l'un d'entre eux. Celui qui serait choisi allait devoir faire preuve d'imagination, car il lui faudrait improviser aussitôt un chant, un poème ou une petite pièce afin de révéler ce nom à tous les autres. Cette coutume était destinée à maintenir bien vivantes les capacités créatrices de chacun.

Beatrice se leva et tourna autour de ses six compagnons, puis elle s'arrêta et feignit de se pencher vers l'oreille de Wurtawurta avant de se redresser et de reprendre sa ronde. Ils éclatèrent tous de rire. La jeune femme procurait vraiment de la joie à cette famille. Elle s'efforçait de rendre cette fête amusante. Elle continua à sautiller comme une enfant autour de ses amis, puis brusquement, avant que quiconque n'ait eu le temps de réaliser ce qui se passait, elle murmura son nom à l'oreille de Mitamit. Celui-ci en fut très surpris. Il n'aurait jamais osé rêver d'un tel honneur. Ils étaient amis, mais tous deux étant célibataires, il fallait se montrer prudent. Il n'avait aucunement l'intention de prendre une épouse et ne désirait pas donner de fausse impression.

Il se leva et récita :

Le héron a un long cou,
Le pingouin, de petites pattes,
Le kookaburra, une voix forte,
Mais l'aigle est notre préféré.
Qu'ont-ils tous en commun ?
Des œufs dans leur nid.
Si vous deviez lui choisir un nom,
Lequel lui irait le mieux ?
Elle a quitté le monde blanc et transparent,
Et n'a pas une coquille bien dure pour la protéger.
Je vous présente Minendie, Jaune d'Œuf.
Oui, ce nom te va bien.

Désormais, plus personne ne l'appellerait Beatrice. Ils furent tous très satisfaits du poème de Mitamit. Lorsque celui-ci lui demanda d'expliquer son choix, Minendie lui répondit : « Je crois que tu as vu dans mon cœur. » Puis, se tournant vers les autres, elle ajouta : « Il vous a dit exactement ce que je ressentais. J'ai l'impression d'avancer avec vos bras autour de mes épaules pour me guider, m'aider à grandir, à changer et à évoluer. Je me sens encouragée et protégée. Mais j'ai également le sentiment de ne pas savoir d'où vient ce jaune d'œuf, et j'ignore ce qui va en sortir. Vous êtes pour moi comme la mère que je n'ai pas connue. Chaque jour, vous réchauffez le nid, et vous acceptez, sans condition, ce qui va éclore. Je n'ai jamais rien éprouvé d'aussi merveilleux et je vous serai éternellement reconnaissante de m'avoir offert votre amitié. »

La fête se poursuivit, ponctuée d'autres chants et d'autres danses, jusqu'à ce qu'enfin, épuisé, chacun s'endormît.

Levant les yeux vers le ciel, Minendie se délivra de tout ce qui pesait sur Beatrice. Elle se sentit enfin en paix avec le père Felix, le père Paul, la sœur Agatha, et les autres. Elle venait de naître, et demain serait un nouveau jour.

36

Certains jours, ils parlaient en marchant ; d'autres jours, ils restaient silencieux. Mais chaque soir venait le moment où ils partageaient chants et musique. Ils avaient toujours avec eux deux baguettes de bois sec et poreux, d'environ vingt centimètres de long, arrondies aux deux extrémités. Elles étaient décorées de dessins brûlés dans le bois. Chaque nuit, ils se les repassaient et, les frappant l'une contre l'autre, donnaient le tempo. Ils utilisaient également des morceaux de bois ramassés dans les environs, ou deux pierres, ou bien ils tapaient sur leurs cuisses pour marquer le rythme.

Un soir, Mitamit découvrit un arbre mort dont les fourmis blanches avaient dévoré le cœur. Il coupa une branche droite de plus d'un mètre de long, souffla à l'intérieur et y fit circuler du sable afin de l'évider. Puis, se servant de pierres, de sable et de morceaux de bois, il polit l'une des extrémités pour pouvoir y placer ses lèvres. Il venait de fabriquer un *didgeridoo*, un instrument que les Aborigènes utilisaient depuis des milliers d'années. Selon le grain du bois et l'espèce à laquelle appartenait l'arbre, les sons obtenus étaient plus ou moins graves ou aigus, mais Mitamit était un musicien accompli, et avec cet instrument sans anche, il savait imiter le chant des oiseaux et le cri de certains animaux.

Lorsqu'ils se trouvaient près d'un point d'eau où poussaient des plantes aquatiques, ils cueillaient de longs brins d'herbe qu'ils tenaient entre leurs deux pouces et sur lesquels ils soufflaient pour obtenir des sons remarquables. En liant ensemble des morceaux de roseaux creux de différentes longueurs, ils fabriquaient un instrument qui rappelait l'harmonica.

« Tout le monde est doué pour la musique, prétendaient-ils. Elle fait partie de notre mission sur terre. Si quelqu'un ne chante pas parce qu'il s'en croit incapable, cela n'empêche pas qu'il soit un chanteur au plus profond de lui-même. Il ne fait simplement pas honneur au don qu'il possède. »

Ils chantaient les événements historiques ; ils chantaient le Rêve qui avait créé le monde ; et ils composaient au moins un nouveau chant chaque nuit. Quelques-uns de ces chants accompagnaient une danse qui exigeait la participation des femmes. Elles se suivaient alors en file ou tournaient en rond dans un sens, puis dans l'autre. Certaines fois, chacun était encouragé à danser librement et à s'exprimer individuellement.

Un soir, le regard rempli de souvenirs, Wurtawurta expliqua tout bas : « Dans de nombreuses tribus, hommes et femmes ne dansaient jamais ensemble. Mais c'était il y a bien longtemps, avant que nous soyons si peu nombreux. Parfois, la nécessité nous pousse à changer des choses de peu d'importance. »

Chaque nuit, après avoir fini de jouer, ils remerciaient la nature qui leur avait fourni de quoi faire de la musique, lui exprimaient leur reconnaissance pour ce moment de joie, puis ils détruisaient leurs instruments et les rendaient à la terre.

Une fois, alors que Minendie semblait particulièrement émue par la musique, Wurtawurta lui confia : « Si un être humain naissait seul, sur une île déserte, il lui faudrait cultiver deux caractéristiques très importantes, des caractéristiques avec lesquelles il est venu au monde, comme l'oiseau est né en sachant comment construire son nid. Sais-tu lesquelles ? »

Minendie fit non de la tête.

« Son don pour la musique et son sens de l'humour. Une personne solitaire doit apprendre à fredonner, à chanter, et peut-être même trouver une façon de reproduire quelques notes de musique. Il lui faudra également découvrir son propre rire. Oui, la musique et le rire sont d'excellentes médecines pour le corps et l'esprit. »

Minendie n'y avait jamais songé, mais dans son cas cela paraissait vrai. Elle se sentait toujours beaucoup mieux lorsqu'elle riait, et elle réagissait si fortement à la musique qu'en l'écoutant elle avait parfois l'impression de marcher, de danser ou de pleurer. Elle n'avait pas été abandonnée sur une île déserte, mais presque.

Ils ne suivaient pas un chemin au hasard. Ils connaissaient les saisons, savaient quelles plantes donneraient des fruits, et à quel moment. Et ils étaient profondément respectueux de l'engagement qu'ils avaient pris de veiller sur les territoires des tribus qui ne pouvaient plus le faire elles-mêmes.

Au fil des ans, ils avaient constaté certains changements sur terre. Après la pluie, lorsque les points d'eau séchaient, il restait un résidu sur les rochers. Chaque été, la température semblait plus élevée, et les hivers étaient plus chauds. La chaleur était parfois si étouffante que certains serpents avaient quitté leur habitat d'origine à la recherche d'un nouvel endroit où vivre. Les poissons qu'ils pêchaient présentaient des excroissances internes, et plus tard le mal était devenu visible à l'extérieur. Un jour, au bord d'un marécage, Wurtawurta montra à Googana des têtards et de minuscules grenouilles difformes. Certains n'avaient qu'une seule patte postérieure, d'autres un côté exagérément développé, et plusieurs possédaient trois pattes postérieures. Le petit groupe décida alors de discuter de ce qu'il avait observé et de ce qui arrivait à la terre, à l'occasion de la réunion des vingt membres de la tribu des Hommes Vrais qui devait avoir lieu bientôt.

37

Un jour où ils étaient tous assis à l'ombre des arbres, Minendie leur demanda si la vie des femmes et des hommes de la tribu avait toujours été aussi agréable, si l'égalité entre les sexes avait toujours été de règle. Il ne semblait exister parmi eux aucune suprématie masculine, mais elle aurait aimé savoir si cela était dû à la façon dont Googana et Mitamit se comportaient, ou si tous les Aborigènes vivant en groupe se conduisaient de la même manière. Dans le monde des Blancs, les hommes se croyaient assurément supérieurs, et chez les Noirs, ils se pensaient incontestablement plus intelligents que les femmes.

« Chez nous, il y a les affaires des hommes et celles des femmes, lui répondit Wurtawurta. Les unes ne sont pas plus importantes que les autres. Nos esprits sont semblables, mais nos corps sont différents. Les femmes ne participent pas aux affaires des hommes et n'en parlent pas. Elles ignorent ce qui se passe réellement entre eux. Avec les conversations de tête à tête et de cœur à cœur, il n'existe pas de véritables secrets, mais ce que font les hommes entre eux ne nous concerne pas. Depuis que les choses ont tellement changé et que les réfugiés se sont regroupés, j'ignore comment les hommes assument les différentes coutumes tribales. Je crois que tous ont toujours souhaité être plus liés à la procréation, et que ce besoin insatisfait les rapproche et les pousse à se concentrer sur ce qu'ils appellent leurs affaires d'hommes. C'est leur façon de vivre cette séparation dans une société par ailleurs unie.

« Par contre, je sais parfaitement en quoi consistent les affaires des femmes. Nous sommes tenues d'informer les jeunes filles de ce qui se passe dans leur corps lorsqu'elles grandissent et se développent, de leur expliquer comment accepter cela, et combien ces quelques jours par mois sont importants et merveilleux dans le processus de vie. La naissance est l'affaire des femmes. Les hommes ne sont jamais présents quand le bébé est amené, à force de cajoleries, à venir voir l'endroit où il a choisi de naître. Nous accordons une très grande importance à la sagesse et aux conseils des grand-mères. Lorsqu'une femme atteint l'âge d'être grand-mère ou arrière-grand-mère, elle sait ce qui est bien, ce qui est passager ou durable. Elle a connu toutes sortes de gens et peut aider les individus et la communauté à mieux se comprendre. »

Puis Wurtawurta se mit à réciter :

Un bébé appartient à sa mère,
Un enfant à la communauté,
Un adolescent à ses maîtres,
Une jeune femme à son époux,
Une mère à sa famille,
Une grand-mère à son peuple.

« Le rôle que joue la Gardienne des Réponses dans les affaires des femmes est très important. Je demanderai à Apalie de t'en parler. »

Deux jours plus tard, Apalie fit savoir à Minendie qu'elle désirait l'emmener loin du reste de la tribu pour s'entretenir avec elle d'affaires de femmes, et qu'elles reviendraient le jour suivant. Lorsqu'elles se furent suffisamment éloignées, elles s'assirent confortablement sur le sable, et Apalie posa devant elles un petit sac en déclarant : « Je suis pour le moment la Gardienne des Réponses. C'est un rôle que nous nous repassons dès que l'une d'entre nous exprime le désir de se voir confier cette tâche. Plonge ta main dans le sac. »

Minendie fit ce qu'Apalie lui demandait et en retira un morceau de peau de forme ronde, de la taille d'une grosse pièce de monnaie. Ses deux faces étaient parfaitement lisses. Un symbole était imprimé par le feu dans la peau parcheminée. Lorsque Minendie retourna le disque, elle remarqua qu'un autre symbole était imprimé au verso.

« Il existe trente-deux motifs différents qui permettent d'apporter une réponse aux questions posées. Je vais te montrer comment cela fonctionne. Remets la pièce dans le sac. Maintenant, laisse la paix te gagner et pense à une question pour laquelle tu aimerais obtenir une réponse. Je vais, moi aussi, laisser la quiétude m'envahir, puis nous placerons nos mains au-dessus du sac. Quand tu auras formulé ta question, dans ton esprit et dans ton cœur, choisis une nouvelle pièce. »

Minendie retira du sac le même disque frappé du même symbole que la première fois.

« Ce n'est pas inhabituel, expliqua Apalie. Après tout, le monde des esprits connaît déjà ta question, et la réponse, avant que tu y aies toi-même pensé. Pourtant tu avais bien des chances de recevoir un autre conseil car toutes les pièces sont différentes. »

En disant cela, elle retourna le sac, et les autres disques de cuir tombèrent sur le sol.

« Le symbole que tu as choisi est celui de la maturité. Il signifie que quelqu'un — ou quelque chose — est arrivé au sommet. Que le temps de la lutte est terminé, et celui de l'accomplissement venu. Est-ce que cela répond à ta question ?

— J'ai demandé si nous trouverions le reste de la tribu des Hommes Vrais, et si la réunion au sujet de notre inquiétude en ce qui concerne la terre serait un succès. Selon moi, j'ai reçu le conseil de ne pas me tourmenter à propos du "quand", du "où" ni du "qui". Tout est entre les mains de l'Unique et arrivera à son heure.

— Tu as très bien analysé ce symbole, lui répondit Apalie en alignant les disques sur le sable. Je pense qu'un jour tu désireras, toi aussi, devenir Gardienne des Réponses. »

Apalie passa plusieurs heures à apprendre à sa nouvelle élève la signification des divers symboles, comment utiliser son savoir, comment réparer et remplacer les pièces endommagées.

38

Minendie demanda à Apalie si, avant de rejoindre les autres, elle voulait bien lui raconter son histoire, et celle-ci accepta : « J'ai vu quarante fois l'été céder la place à l'hiver. Je fais partie de cette tribu depuis maintenant huit ans, et pourtant je pense souvent à ma famille et à la vie que nous avons connue. Je suis née sur une réserve. Quand j'ai eu huit ans, nous avons quitté notre abri traditionnel et nous nous sommes installés dans un logement en tôle ondulée, nouvellement construit. Un long mur et quelques cloisons placées à intervalle régulier formaient une suite de pièces munies chacune d'une porte et d'une petite fenêtre sur laquelle il est possible qu'à l'origine on ait prévu de poser une vitre, mais cela n'a jamais été fait. Chacun de ces espaces familiaux comprenait un lit, une table, des chaises, et quelques meubles dont un coffre pour ranger les vêtements et un placard pour la vaisselle. Au centre de la pièce, une ampoule pendait au bout d'un fil. On branchait parfois une radio à la douille. Nous n'avons pas gardé les meubles longtemps car mon père les a vendus, perdus au jeu, ou cassés dans un accès de colère. Ma mère était également douée pour jeter ou briser les choses.

« Mes grands-parents ont toujours refusé de vivre là. Ils sont restés sur les terres où le gouvernement avait regroupé les personnes âgées ne parlant pas l'anglais. Ils avaient construit leur propre abri dont l'ossature était faite de branches et de broussailles, sur laquelle ils avaient ajouté du carton, de la toile et des cageots. Les Anciens ne se sont jamais vraiment conformés au mode de vie des étrangers. Mon grand-père dissimulait ses parties génitales, mais il n'a jamais eu de vêtements. Ma grand-mère portait une jupe et un morceau de tissu noué autour de la poitrine.

« Grand-père était un homme triste qui ne souriait jamais. Il passait son temps à marcher dans les bois ou restait assis à l'ombre d'un arbre. Il parlait rarement, si ce n'était pour demander à grand-mère de lui apporter un bol de nourriture ou du thé dans un quart en fer. Il préparait souvent ses propres repas avec ce qu'il avait trouvé au cours de ses promenades.

« Le jeudi, les hommes allaient habituellement chercher les vivres et le tabac qui étaient distribués chaque semaine. Mais cela ne se passait pas ainsi dans ma famille où cette tâche était dévolue à ma mère et à ma grand-mère.

« J'avais environ quatre ans lorsque ma mère a suivi pour la première fois un Blanc sur la plate-forme de son camion. Quatre ans plus tard, quand nous nous sommes installés dans le logement en tôle ondulée, elle avait complètement changé. Je me souviens de la première dispute entre mes parents. J'ai vu mon père attraper ma mère par le bras et l'entraîner. Je les ai suivis de loin. Ils ont rejoint un homme blanc qui, à son tour, a pris ma mère par le bras et l'a obligée à monter à l'arrière de son vieux camion rouge. Mon père s'est éloigné en donnant des coups de pied dans la terre. Puis il m'a vue et m'a chassée. Il a ensuite plié un billet d'un dollar qu'il a mis dans la poche de son pantalon.

« Après cela, il lui est arrivé souvent d'encaisser un dollar pour les services de sa femme. Ma mère était jolie, elle passait beaucoup de temps avec moi et me fabriquait des petits jouets, mais cela s'est arrêté quand mon père l'a obligée à suivre d'autres hommes. À partir de ce moment-là, grand-mère a veillé sur moi, s'est chargée de mon enseignement et, répondant à mes questions, a essayé de donner un sens à ma vie.

« Elle me parlait de grands espaces libres, de forêts merveilleuses pleines d'oiseaux de toutes les couleurs, de rivages, de chutes d'eau et de lagons d'un bleu profond. Elle me racontait aussi les plaines herbeuses couvertes de kangourous et me disait comment, au moment voulu, les siens mettaient le feu aux régions arides pour que la saison des pluies fasse sortir de terre de nouvelles pousses vertes. Elle me décrivait le vaste désert, sa beauté et la paix qu'il offrait.

« Lorsque j'ai eu douze ans, une épidémie s'est propagée dans toute la communauté, et mes parents sont morts. Je suis restée avec mes grands-parents, devenant la protégée de toutes les personnes âgées, et je n'ai plus jamais vécu dans le logement en tôle ondulée. Grand-père est mort quand j'avais seize ans, et grand-mère a disparu à son tour alors que j'en avais dix-huit.

« Je suis partie, et j'ai été d'un endroit à l'autre pendant des années. Je n'ai jamais eu envie de me marier ni d'avoir d'enfants. Pour moi la vie n'avait aucun sens. Et puis un jour, j'ai rencontré un nomade qui passait en ville, et je l'ai suivi dans le désert. Il y a huit ans de cela.

« J'ai choisi le nom d'Apalie, qui veut dire Fille de l'Eau, parce qu'une vieille femme, qui n'est plus avec nous aujourd'hui, m'a appris à humer la présence de l'eau dans l'air, à l'entendre courir sous terre, à la sentir dans mon corps. Sa profonde vénération et son respect pour ce fluide vital m'ont inspirée. L'eau ne pose pas de questions, elle accepte et s'adapte à toutes les formes de récipients. Elle peut être chaude, froide, ruisseau ou pluie. Elle nourrit les plantes, les animaux, les poissons et les hommes. Elle respecte toutes les formes de vie et se donne librement. L'eau est légère et pourtant, goutte après goutte, elle parvient à faire un trou dans la pierre. L'homme peut la rendre boueuse, mais dès qu'il la laisse en paix, elle redevient limpide. Je suis fière d'être apparentée à l'eau. »

Minendie pensa alors : tous les êtres humains, où que ce soit, ont une histoire à raconter, pour peu que l'on soit prêt à l'entendre. Si l'on prenait la peine d'écouter les autres, je suis certaine que la compréhension entre les individus, les pays, les gouvernements et les religions progresserait à pas de géant.

39

Ils marchaient souvent en silence, mais en réalité ils se parlaient à la façon ancienne, par télépathie.

« Comment fait-on cela ? demanda un jour Minendie. Est-ce que je pourrais apprendre, moi aussi ?

— Bien sûr, lui répondit Benala. Les Mutants n'utilisent pas la télépathie parce qu'ils en ont peur. Ils aiment garder leurs secrets et ne disent pas toujours la vérité. Ils sont terrifiés à l'idée que quelqu'un pourrait se promener dans leur tête et leur cœur, et découvrir ce qu'ils cachent au fond d'eux-mêmes. Ils prétendent qu'il est impossible de communiquer de la sorte et, même en admettant que ce soit réalisable, ils jugent que ce ne serait pas souhaitable, et même néfaste, car faire appel au surnaturel effraie nombre d'entre eux. Ils pensent que la télépathie va au-delà de l'aptitude normale de l'homme. Ils ont tort. Elle ne demande qu'un peu de pratique et de concentration. »

Ce soir-là, une fois le feu de camp allumé, Benala apprit à Minendie à regarder les flammes et à faire le vide à l'intérieur de sa tête au point de ne plus voir ni entendre ce qui se passait autour d'elle. La jeune femme réussit à se mettre dans une sorte de transe, puis tout le groupe se concentra afin de lui communiquer une image mentale de la couleur rouge. Elle savait que lorsqu'elle serait capable de recevoir cinq couleurs, elle pourrait à son tour apprendre progressivement à transmettre des messages. Elle éprouva bien des difficultés cette nuit-là. En essayant d'analyser ce qui pouvait ainsi la bloquer, elle finit par reconnaître que mettre son esprit à nu l'effrayait.

Wurtawurta lui expliqua alors de sa voix douce : « Il faut que tu comprennes qu'il n'y a ni bien ni mal. Nous ne t'applaudirons pas parce que tu auras fait une bonne réponse et nous ne froncerons pas non plus les sourcils si tu penses différemment de la plupart d'entre nous. Le monde n'est pas noir et blanc, mais de toutes les couleurs intermédiaires. Quelque chose qui te paraît repoussant au point de te rendre malade rien que d'y penser sera considéré comme sacré par d'autres personnes, et le deviendra peut-être pour toi à un autre moment de ta vie, dans une situation et un endroit différents. Seule l'honnêteté compte. Il te suffit d'être honnête avec toi-même et d'accepter tes sentiments. Observe-toi. Tu as parfaitement le droit de te sentir mal à l'aise, mais ne nie pas, ne cache jamais ce que tu éprouves. À partir de là, tu apprendras vite que les gens peuvent être différents et que chacun a raison de suivre son propre chemin. Si tu n'as aucun respect pour tes sentiments, il te sera impossible d'en avoir pour ceux des autres. La loi universelle veut que personne ne puisse pénétrer à l'intérieur de ta tête et lire tes pensées contre ta volonté. La télépathie est un art qui exige une grande ouverture d'esprit. »

Dès que Minendie eut compris cela, les leçons devinrent beaucoup plus faciles. Elle apprit d'abord à recevoir et à transmettre une couleur. Il lui fallait la visualiser, sentir sa texture et son odeur, utiliser tous ses sens. Après les couleurs vinrent les formes : des cercles, des carrés, des triangles ; les choses se compliquèrent avec les sphères de couleur. Et enfin elle parvint à transmettre et à recevoir des idées abstraites. La télépathie n'était pas une voix qu'elle entendait dans sa tête, ni des mots écrits dans son cerveau, mais une sorte de connaissance. Elle s'exerça quotidiennement, et finit par ne plus avoir besoin de se mettre dans un état de transe pour entretenir des conversations silencieuses. Elle devint même sensible aux pensées collectives venues de loin. Quand, se tournant dans une certaine direction, les autres membres du groupe disaient sentir un grand chagrin, une souffrance, ou au contraire une explosion de joie, elle était capable, elle aussi, d'intercepter l'énergie subtile qui était transmise.

Minendie en arriva à la conclusion que la télépathie aidait les gens comme elle à se débarrasser de leurs pensées secrètes et à les exposer au grand jour. Je trouve très agréable d'être là où je suis, à la place que j'ai choisie, se dit-elle.

Il faisait très chaud, mais la nature, prise de pitié, entretenait un léger souffle d'air.

Tout en relevant ses longues mèches et en s'efforçant de les maintenir sur le haut de sa tête, Minendie demanda : « Quand allons-nous retrouver les autres ?

— Très bientôt, lui répondit Apalie en l'aidant à attacher ses cheveux.

— Tout à l'heure, j'ai entendu quelqu'un dire que nous étions parfois impossibles à repérer, que les Mutants, venus nous civiliser et nous sauver de nous-mêmes, ne pouvaient pas nous voir. Il y a plusieurs années, on m'a également raconté que dans les temps anciens les nôtres savaient créer l'illusion et disparaître.

— Oui, c'est vrai, affirma Apalie sans quitter des yeux la touffe de cheveux de Minendie qui se balançait à chacun de ses pas comme la crête d'un coq.

— Comment faisaient-ils ? Est-ce que je pourrais apprendre cela aussi ?

— Il ne s'agissait ni d'un tour de magie ni d'un truc, mais d'une façon de se comporter face à un agresseur. Lorsque les Hommes Vrais étaient confrontés à un Blanc armé d'un fusil, venu les tuer, quelle attitude pouvaient-ils adopter ? Ils n'avaient pas d'arme et même s'ils en avaient eu, ils ne s'en seraient pas servis. Ils contrôlaient leur énergie et se savaient immortels. Ils étaient l'Éternel. Ils ne connaissaient même pas la peur. Ils ne jugeaient pas celui qui pointait son arme sur eux. Ils comprenaient qu'il se conduisait comme il pensait devoir le faire. Selon lui, tout était parfait, il ne commettait pas d'erreur. Il estimait être, à ce moment-là, à sa juste place. Les nôtres observaient ce qui se passait, mais refusaient d'encourager quelque chose qui avait pour eux une odeur et un goût déplaisants. Alors ils canalisaient leur énergie et s'efforçaient de ressentir ce qu'ils croyaient être bon pour toute vie. Quand ils en avaient la possibilité, ils adoptaient la meilleure posture possible, debout, les jambes légèrement écartées, les bras le long du corps, les mains ouvertes, paumes tournées vers leur agresseur. Puis ils imaginaient une lumière étincelante, l'énergie de l'esprit, qui montait de la terre, passait par leurs pieds et leurs jambes, et envahissait tout leur corps. Chacune de leurs cellules se chargeait de cette perfection. Ils permettaient alors à cette beauté d'émaner d'eux et de rayonner vers l'homme armé de son fusil. Sans bouger un seul de leurs muscles, ils enlaçaient et serraient contre eux celui qui en voulait à leur vie. Ils lui transmettaient leur totale acceptation, leur respect, leur compréhension, et leur amour. Ils lui parlaient silencieusement, de tête à tête et de cœur à cœur. Il était très important de lui expliquer qu'il ne commettait pas une erreur, et qu'il n'en avait jamais commis. Nul ne peut en commettre. Nous venons de la même Source, nous retournerons à elle, et nous avons tous reçu le même cadeau. Nous formons un tout, et leur agresseur, lui aussi, faisait partie de cette perfection. Ils ne l'approuvaient pas, ne l'excusaient pas, mais se gardaient bien de le juger. Ils aimaient la personne mais réprouvaient ses actes.

« Aimer son agresseur et l'accepter inconditionnellement, quelles que soient les circonstances, réveille en celui-ci des niveaux de conscience enfouis au plus profond de lui-même. Un conflit éclate alors entre l'esprit qui l'habite, et qui sait véritablement qui il est, et son cerveau terrestre, qui le croit parfaitement capable de commettre un meurtre. La situation se règle alors d'elle-même en faisant naître chez l'agresseur une émotion animale. Il réagit par une peur phénoménale à l'amour inconditionnel et total, mais une peur différente de l'instinct de survie empruntée aux animaux à quatre pattes. Les humains y ont ajouté la crainte de l'imaginaire, l'appréhension du futur, des événements récurrents, de l'inexpliqué, et ils sont terrifiés par la pureté de l'acceptation véritablement inconditionnelle. Ce que l'on craint le plus se manifeste généralement à nous, comme par exemple les serpents venimeux. Mais on ne verra pas celui qui n'a pas conscience de sa propre valeur, qui ne craint pas pour sa vie et pense que son existence n'a aucune importance aux yeux des autres. Certains chasseurs voient les serpents ou les sangliers, et pourtant nombreux sont ceux qui ont raconté que nous disparaissions.

« L'illusion est dans l'œil de celui qui regarde. On est parfaitement protégé lorsqu'on croit ne pas avoir besoin de l'être. »

40

Leurs corps bruns luisant dans la lumière du Soleil, leur Mère à tous, ils prirent la direction de la côte nord. C'était le meilleur endroit que pouvaient choisir des Aborigènes, vivant en marge de la loi, qui souhaitaient se réunir pendant quelques jours sans se faire repérer. Le dernier d'entre eux à s'être rendu dans le monde des Mutants en avait rapporté la liste des lois les plus récentes que tous les autochtones devaient respecter, sous peine de sanctions. Les Hommes Vrais n'avaient nullement l'intention de se conformer à des lois édictées par le gouvernement australien. Ils obéissaient à des règles venues de bien plus haut.

Ils pénétrèrent dans une région marécageuse, protégée de la vue par une épaisse végétation. C'était là qu'ils avaient prévu de retrouver les autres membres de la tribu. Il n'y avait guère de place où marcher, et ils se déplaçaient sur les très grosses racines, longues de trois à cinq mètres, qui proliféraient tout autour des arbres géants, nombreux en cet endroit. L'eau du marais devait leur arriver à la taille, et elle était certainement plus profonde dans les criques peuplées de crocodiles et de serpents. Le petit groupe se sentait ici à l'abri des chasseurs à deux pattes. Les pilotes d'avions ne pouvaient pas les repérer, et aucun bateau à moteur n'approcherait sans qu'ils l'entendent. La nourriture était abondante, on trouvait là poissons, grenouilles, œufs, tortues, serpents, sangsues, et toutes sortes de plantes.

Minendie était impatiente de connaître les treize

autres membres de la tribu. Ils étaient divisés en trois groupes, deux composés de quatre individus, et le dernier de cinq. Généralement, ils se réunissaient quatre fois par an.

Plus ils approchaient du lieu du rendez-vous, plus la végétation se faisait dense, et ils avancèrent bientôt dans une sorte de jungle. Privé de la lumière du soleil, cet endroit était frais et humide. De la mousse, dont les tons de vert variaient, semblait tout recouvrir. Minendie glissait sur le sol trempé. Elle n'aurait pas aimé rester là longtemps ; la lumière du soleil lui manquait déjà.

Ils perçurent bientôt des bruits de voix. Le moindre murmure résonnait dans cette caverne sous les arbres. Ils avaient renoncé à la télépathie, l'expérience leur ayant appris qu'une grande confusion régnait quand trop de personnes communiquaient en même temps.

Minendie, qui avait choisi son nouveau nom depuis peu, était très curieuse de connaître celui que portait chacun des treize autres membres de la tribu, et la raison de leur choix. Elle décida de les questionner dès qu'elle les rencontrerait. Elle pourrait ainsi associer chaque visage à un nom, et mieux s'en rappeler. Au fond, se dit-elle en plaisantant, j'avais l'habitude de noter tout cela par écrit.

Le petit groupe tomba d'abord sur deux femmes souriantes qui serrèrent les nouveaux venus dans leurs bras. Minendie se présenta, et l'une des femmes, dont l'épaule s'ornait de scarifications, lui dit s'appeler Gardienne du Temps. Quand Minendie lui demanda pourquoi elle avait choisi ce nom, Gardienne du Temps lui expliqua : « Il définit la responsabilité qui m'incombe. Depuis des siècles, un membre de la tribu est chargé de se souvenir chaque année des événements importants comme les naissances, les morts, la première apparition d'un avion... Avec un autre compagnon, qui peint ces informations sur les parois d'une grotte, je contribue à conserver notre histoire. Depuis que je porte ce nom, il a pris une signification différente pour moi. Il existe trois façons de concevoir le temps. Il y a le passé, hier, qui est derrière nous. Le futur, demain, qui est devant et ressemble à une ligne droite. Et puis il y a le temps en forme de cercle. Nous venons de l'Éternel et nous retournerons vers lui. Personnellement, je me sens en accord avec le temps tel qu'il est représenté dans notre art : par un simple point. Il nous est impossible de changer le passé et nous ne sommes pas certains d'avoir un avenir. Aussi nos illustrations sont-elles constituées de points, chacun marquant un moment précis. Le seul temps qui importe vraiment est le présent, chaque instant, chaque point. Si nous vivons chaque jour du mieux que nous pouvons, en nous comportant le plus honnêtement possible, nous aurons réussi notre voyage en tant qu'être humain. »

Sincèrement touchée que Minendie ait pensé à l'interroger sur son nom, Gardienne du Temps ajouta : « Sois la bienvenue dans notre tribu. »

L'autre femme se nommait Celle-qui-parle-aux-ancêtres. Elle avait un visage long et fin, à l'expression sérieuse. Elle expliqua à son tour : « J'ai choisi ce nom parce que je n'étais pas très sûre de mes sentiments à l'égard de la vie et de la mort. Il me paraissait difficile de conserver une attitude positive alors que notre peuple souffrait tant. Je voulais apprendre à communiquer avec le monde des esprits, si toutefois il existait ; savoir si ceux qui le demandaient pouvaient obtenir des conseils. Mon nom a d'abord été Celle-qui-aimerait-parler-aux-ancêtres, mais à présent, je peux dire que je leur parle. Si l'on y prête attention, chacun de nous est guidé. Il m'est difficile d'imaginer une vie où je ne m'adresserais pas au monde invisible et à ceux qui ne sont pas nés. Cela m'aide certainement à conserver un esprit positif. »

Un groupe de trois personnes, deux hommes et une femme, s'approcha de Minendie. Celle-ci se présenta et leur fit part de son désir de connaître leur nom et la raison de leur choix.

Le premier homme était petit, trapu, et semblait

très joyeux. Il dit : « Je m'appelle Faiseur de Boucliers. C'est ce que j'aime faire. En as-tu déjà vu un ? On ne les porte plus pour se protéger au cours d'une bataille, mais seulement comme ornement. J'en fabrique depuis des années, et j'ai utilisé presque toutes les matières : la fourrure, l'herbe, les cheveux, la pierre, les os, le bois, les plumes, les dents, les griffes, la peau de serpent. Lorsque j'ai commencé, je travaillais uniquement pour les hommes. Les femmes faisaient fabriquer les leurs par l'une d'entre elles, et c'était leur affaire. Mais nous sommes devenus si peu nombreux qu'un jour on m'a demandé de créer ma première pièce pour une femme. Aujourd'hui, je fais les deux. Si tu n'en as jamais vu, tu ne sais pas comment on s'en sert. Nous les utilisons pour nous exprimer. Parfois ils symbolisent un besoin de protection, notre vulnérabilité. Il nous faut une armure pour nous protéger des tristes paroles venues de la ville. D'autres fois, il représente un cœur qui n'est pas encore prêt à s'ouvrir. Je prends beaucoup de plaisir à les créer. »

Son compagnon se nommait Semblable au Buffle d'Eau. Il était sans aucun doute possible l'homme le plus fort de toute la tribu. « J'aime mon nom parce que le buffle d'eau n'appartient pas vraiment à la faune d'Australie. Il a été introduit par les *boat people*. Il possède une puissance énorme, beaucoup d'endurance, un grand pouvoir d'adaptation, et parvient même à survivre quand il retourne à l'état sauvage. Notre situation est l'inverse de la sienne. Nous sommes natifs de ce pays, mais nous nous sentons déracinés et nous devons faire preuve d'une force brutale et farouche pour survivre. »

La femme qui les accompagnait avait des mèches blanches qui paraissaient avoir été peintes dans ses cheveux par ailleurs si noirs. Elle était enthousiaste et pétillante. Elle raconta à Minendie : « Je m'appelle Trois-en-une. J'ai réalisé qu'en vieillissant, je voyais parfois encore le monde avec des yeux d'enfant. À d'autres moments mon regard était celui d'une femme, et chaque jour, je m'efforce d'avoir un point de vue plus raisonnable, celui de l'Ancienne que je suis. Je n'ai envie de renoncer à aucune de ces trois facettes de ma personnalité. J'aime me sentir une adulte responsable, et je suis fière de moi quand je prends une sage décision, mais je suis également heureuse de rire comme une enfant. Ma curiosité vis-à-vis du monde ne s'est pas atténuée. Je pense que mon nom signifie : "Accepte-moi comme je suis, car je ne grandirai pas." »

L'homme à qui Minendie se présenta ensuite était grand et mince, et devait avoir une quarantaine d'années. Il s'appelait Celui-qui-hésite. « J'ai choisi ce nom, persuadé que ce ne serait pas pour longtemps, dit-il. Je ne savais pas lequel de mes dons exercer, je n'étais pas sûr de vouloir me marier, et j'ignorais si notre groupe parviendrait à assumer ses responsabilités de gardien des traditions, tant de tribus les ayant abandonnées. Il y a des années que je porte ce nom et, ajouta-t-il en riant, je suis toujours Celui-qui-hésite. »

Une femme s'approcha de Minendie : « Je m'appelle Celle-qui-s'épanouit, lui dit-elle. Pour moi, la nature a une façon magique de faire régner l'ordre sur terre. Les nuits deviennent froides afin que les petites graines puissent amasser suffisamment de force et éclater dès que le soleil brille. La nature, voyant les pétales des fleurs fanés, les branches desséchées, fait souffler le vent et, sélectivement, plante par plante, arrache ce qui est mort et entasse les débris dans une ravine. Les feuilles mortes servent d'abri aux petits rongeurs et aux lézards apeurés. Lorsque tout devient très silencieux, les oiseaux descendent du ciel et se cachent. Ils s'enveloppent de leurs ailes et demeurent immobiles. L'air se fait lourd, le ciel vire au noir, et c'est alors qu'il faut se préparer à assister au grand spectacle de la nature. Un éclair éclate, et ses longues pattes d'araignée courent dans toutes les directions. Souvent, l'une d'elles descend jusqu'à venir toucher la terre. S'estompant aussi vite qu'il est apparu, l'éclair est aspiré par la noirceur du ciel. Pendant un instant, le silence règne, puis retentit un grand bruit. Il est parfois si fort qu'on croirait que la terre s'ouvre en deux. Le sol gronde et le son rebondit sur le sable. De grosses gouttes commencent alors à tomber ; des nappes de pluie traversent l'horizon, courbant tout sur leur passage. Chaque creux dans la terre ou dans les rochers se remplit d'eau. Il y en a tant qu'elle roule sur le sol comme une vague. Puis, quand les premiers rayons du soleil apparaissent, on peut voir, aussi loin que porte le regard, un vaste champ de fleurs. Je trouve que ceux de ma tribu ressemblent à ces petites graines assoupies. Ils se fondent dans le paysage et personne ne leur prête attention. Mais lorsque le moment sera venu, nous nous épanouirons, éclatants de couleurs. J'ai toujours pensé que les petites graines devaient éprouver une certaine appréhension. Elles luttent très fort pour rester fertiles et n'ont aucun contrôle sur les éléments. Elles sont parfaitement adaptées à leur environnement, tout comme nous. Chaque fois que le soleil se lève, j'ai l'impression de m'épanouir. »

Minendie l'aima aussitôt.

Vint ensuite une femme aux cheveux blancs et au visage sévère qui dit s'appeler Celle-qui-voit-à-travers-l'eau.

« C'est un nom très intéressant, s'exclama Minendie. Est-ce que tu nages ? Cherches-tu quelque chose sous l'eau ?

— Non, répondit lentement la femme âgée. L'eau à travers laquelle je vois, ce sont mes larmes. Je sens le chagrin et j'entends les pleurs des nôtres, là-bas, très loin. Ils ne quittent pas mes pensées, je leur transmets l'énergie du Serpent Arc-en-ciel, et je vois pour eux quand ils ne peuvent pas le faire. Chaque jour, je me répète que je ne suis pas sur terre pour comprendre le sens du Rêve qui se déroule. Mais je sais que la Nature, notre Mère, trouvera la solution la meilleure pour toute vie. »

Un jeune homme très mince, l'air sérieux, expliqua que son nom était Hibou Blanc. « Il existe bien des hiboux différents, mais le blanc est devenu très rare. Cet oiseau est habituellement silencieux, une caractéristique que j'apprécie. Je répète souvent les choses deux fois dans ma tête avant de les dire. Je n'ose peut-être pas m'exprimer, mais c'est sans doute parce que je ne suis pas toujours très tolérant avec ceux qui parlent tout le temps et ne disent jamais rien. »

« Mon nom est Sœur de la Fourmi, dit une femme âgée d'une cinquantaine d'années qui portait un bracelet de graines à la cheville. Je l'ai choisi afin qu'il rappelle sans cesse à notre groupe qu'avec du temps et de la patience, de minuscules créatures sont capables de construire des édifices monumentaux qui ne détruisent rien et sont en accord avec l'harmonie de la nature. Nous, membres de la tribu des Hommes Vrais, sommes peu nombreux mais patients, endurants, et prêts à consacrer nos vies à sauver notre terre et à préserver notre culture. »

Un homme séduisant, digne et imposant, âgé d'une soixantaine d'années, prit la parole à son tour. « Je suis Celui-qu'on-appelle-de-loin. Pendant toute une période de ma vie, j'ai éprouvé un fort ressentiment à l'égard des envahisseurs européens qui avaient conquis notre pays sans que nous résistions, sans même que nous nous unissions pour lutter contre eux. À présent, j'ai l'impression que je devais venir ici, dans ce désert, et faire partie de ce groupe pour comprendre le rôle que j'ai à jouer en tant qu'être humain. Le soutien que j'ai trouvé au sein de la tribu m'a sauvé la vie. Je m'efforce à mon tour de me montrer protecteur et responsable. Je maîtrise mon énergie et je m'efforce de ne rien ajouter de négatif à la conscience et au Rêve du monde. »

Un homme particulièrement petit se présenta ensuite : « Mon nom est Gardien de la Mémoire. Je suis l'artiste qui travaille avec Gardienne du Temps pour continuer à raconter notre histoire sur les parois de la grotte. C'est une responsabilité qui se transmet dès que quelqu'un manifeste le désir de tenir ce rôle important. J'aime dessiner et peindre, et je me réjouis d'être ce que je suis aujourd'hui. »

Le dernier membre de la tribu était le plus bel homme que Minendie eût jamais vu. Son sourire découvrait une rangée de dents blanches et parfaites. Ses grands yeux noirs avaient une expression douce et amicale. Il paraissait fort, sa peau était lisse et son teint uni. Son regard enveloppa Minendie lorsqu'il s'approcha d'elle et lui dit : « Je suis Faiseur de Boomerangs. Sois la bienvenue dans notre tribu. Mon nom se passe d'explication. Je me sens très lié à nos frères et sœurs de la grande famille des arbres donneurs de vie. Il en existe une infinité de variétés, et pourtant il n'y en a pas deux qui soient semblables, et l'esprit de chacun est aussi différent que le lieu où il pousse. Le boomerang est d'une aide précieuse quand on sait communiquer avec l'esprit de l'arbre qui l'habite. Il peut avoir différentes formes. Certains sont destinés au sport, d'autres à leur usage premier qui est de tuer par surprise et sans faire souffrir. Tant qu'il y aura des Aborigènes sur cette terre, on trouvera un homme qui, comme moi, s'appellera Faiseur de Boomerangs. »

Les membres de la tribu discutèrent un moment avant de se mettre en quête de nourriture et de préparer le repas. Après avoir mangé, Minendie s'assit sur une énorme racine et observa ses compagnons réunis. Elle était heureuse de pouvoir se souvenir du nom de chacun. Elle avait également l'impression qu'elle les connaissait tous, et que des liens s'étaient très vite noués entre eux.

41

Googana était assis un peu à l'écart, sur une souche légèrement élevée afin d'être vu de tous. Les autres s'étaient installés en face de lui. De toute évidence, il présidait la réunion.

Hibou Blanc se tenait non loin de Minendie, et elle ne s'attendait pas à le voir intervenir souvent. À côté de lui était assise Celle-qui-voit-à-travers-l'eau, et la jeune femme se demanda si la discussion qui allait suivre ajouterait à ses larmes et au chagrin qu'elle avait au fond du cœur. Elle sourit à Celle-qui-s'épanouit et fit un petit signe de tête à Gardien de la Mémoire.

« Je suis très heureux de vous revoir, dit Googana en promenant son regard sur tous ses compagnons réunis et en s'efforçant d'établir un contact avec chacun d'eux. Je propose que, l'un après l'autre, vous nous parliez des changements que vous avez observés sur la terre, et que vous nous fassiez part de vos inquiétudes. »

Ils s'exprimèrent chacun à leur tour sur les faits mystérieux dont ils avaient été les témoins au fil des années. Les oiseaux devenaient moins nombreux ; ils étaient souvent malades et perdaient leurs plumes. On comptait également de moins en moins d'œufs dans chaque nid, et leur coquille était fragile. Des espèces entières d'oiseaux avaient disparu. Les plantes se faisaient plus rares, les fleurs fleurissaient en moins grand nombre ; elles étaient plus petites et plus pâles. La température variait de façon imprévisible. La chaleur était de plus en plus torride l'été, et les hivers toujours plus chauds. Une espèce entière de serpents était devenue invisible. Certains poissons, qu'il fallait auparavant soulever à deux, étaient à présent beaucoup plus petits. Wurtawurta leur parla des têtards difformes qu'elle avait découverts. Le massacre des kangourous, des dingos et des koalas pouvait être directement imputé aux Blancs. Le déséquilibre écologique provoqué par l'introduction d'animaux étrangers comme les moutons, les bovins, les chameaux, les chevaux, les buffles d'eau, les lapins, les chats, les chiens, les crapauds, les rats, et les insectes, était directement lié à la présence des Européens. Mais personne ne connaissait la cause de tous ces changements.

Googana intervint à son tour : « Il faudrait également que nous discutions de ces dernières lois établies à notre intention. »

Il se mit alors à les énumérer. Tout Aborigène devra :

Remplir un formulaire de recensement,
Se faire inscrire sur les rôles d'impôts,
Déclarer chaque naissance,
Déclarer chaque décès,
Enterrer ses morts, et ne le faire que dans les endroits
[prévus à cet effet,
Envoyer ses enfants à l'école,
Faire vacciner tous ses enfants,
Obtenir un permis pour conduire tout engin
[mécanique.

« Comment allons-nous pouvoir faire tout cela, sans porter le moindre jugement ? demanda Celui-qu'on-appelle-de-loin.

— La question n'est pas de savoir comment faire, répondit Googana, mais d'être obligés de le faire. Notre devoir sur cette terre consiste à mettre toutes nos idées, tous nos actes, toutes nos paroles, toute notre énergie au service de ce que nous souhaitons voir progresser, de ce qui a pour nous une bonne odeur, de faire notre possible pour que l'harmonie entre tous les êtres vivants puisse régner sur cette terre. »

D'autres prirent la parole :

« On ne peut pas revenir en arrière. Seule la Nature, notre Mère, pourrait rétablir les choses.

— Le passé ne sera pas restauré, mais il sera peut-être remplacé par quelque chose de nouveau et de plus fort.

— L'homme noir ne peut pas sauver le monde. Il n'est même pas certain de pouvoir se sauver lui-même.

— Le problème n'est pas de sauver le monde. Nous nous efforçons de garder les choses comme elles étaient autrefois, et nous croyons ainsi sauver la terre. Peut-être le monde n'est-il pas en train de se perdre mais simplement de changer, radicalement. »

Googana s'adressa à Minendie : « Tu es la dernière parmi nous à avoir été en contact avec le monde des Mutants. Certains disent qu'ils sont responsables de la plupart des problèmes. Comment est-il possible qu'ils aient quelque chose à voir dans le fait que les oiseaux perdent leurs plumes ?

— Je l'ignore. Ils font constamment de nouvelles découvertes. De temps à autre, certains protestent et prétendent par exemple que les usines empoisonnent l'air et l'eau. Je ne sais pas si c'est vrai. Les Blancs n'ont jamais beaucoup aimé dire la vérité. "Pourquoi nous empoisonnerions-nous nous-mêmes ?" » s'indignent-ils.

Ils hochèrent tous la tête. Oui, c'était une bonne question ! Il paraissait évident que les Blancs ne se souciaient guère de veiller sur la terre. Ils passaient leur temps à couler du béton partout, à tuer des animaux pour le sport, mais iraient-ils jusqu'à s'empoisonner eux-mêmes ? Et leurs poisons seraient-ils capables d'affecter la vie des animaux et des oiseaux sur de pareilles distances ?

La discussion se poursuivit, et quelqu'un déclara : « Il ne serait pas bon de nous rendre en ville pour exprimer nos inquiétudes sur ces nouvelles lois. Je suis sûr que d'autres l'ont fait avant nous. Et n'oublions pas que certains des nôtres les approuvent. Ils ont choisi de ressembler à l'homme blanc et de vivre comme lui. »

Ils finirent par tomber d'accord sur le fait qu'il était important de ne pas céder à l'illusion d'insatisfaction et de limitation. Ils ne prendraient pas les armes pour se défendre mais ne renonceraient pas pour autant à honorer toute vie et à mener une existence en harmonie avec la nature. Ils continueraient à se déplacer par petits groupes, chacun veillant sur les lieux sacrés à la place des absents.

Ils décidèrent enfin de se retrouver, trois mois plus tard, à l'endroit le plus favorable pour la saison. Ils passèrent encore quatre jours dans ce marécage où Minendie apprit à mieux connaître ses compagnons. Un soir, alors qu'elle partageait une patte de tortue avec Benala, celle-ci lui dit : « Si tu désires partir avec les autres pour les mois à venir, tu es libre de le faire. Nous sommes très heureux de t'avoir avec nous, mais il ne faut pas te sentir obligée de nous suivre. Karaween va accompagner Celle-qui-parle-aux-ancêtres. Je crois que Hibou Blanc et elle se plaisent. Dans le passé, il existait un système appelé les "barrières de peau". Les gens ne pouvaient se marier qu'avec les membres de certaines tribus, et cela dépendait de leurs liens de parenté. Ces deux-là ne sont apparentés en aucune façon, et ils sont donc libres de choisir de se marier ou non. »

Minendie aurait aimé parler longuement avec Celle-qui-s'épanouit, mais elle était mariée à Semblable au Buffle d'Eau, et la jeune femme se demandait si sa compagnie ne leur poserait pas de problèmes. Après plusieurs discussions, il fut décidé que Minendie pourrait se joindre à ses nouveaux amis, Celui-qui-hésite complétant ce petit groupe.

42

Ils avaient quitté le marécage depuis trois jours, et le soleil venait de se lever, quand Celui-qui-hésite s'éloigna du groupe. Minendie le vit courir en zigzag, la tête baissée. Il gardait les deux mains derrière le dos et tenait une lance.

À midi, il revint en portant un kangourou. Les autres creusèrent un trou dans lequel ils allumèrent un feu. Ils y déposèrent l'animal sur le dos, laissant ses quatre pattes dépasser, et le recouvrirent de terre. Celle-qui-s'épanouit détacha la chair des pattes de derrière de façon à voir les os blanchir. Lorsque cela se produirait, et que les griffes des pattes de devant tomberaient, la viande serait cuite.

Alors qu'elles étaient assises un peu à l'écart, Celle-qui-s'épanouit demanda à Minendie : « Tu n'as jamais songé à te marier ?

— Non, répondit Minendie en prenant une peau de lapin sur laquelle elle travaillait depuis deux jours pour en faire un nouveau sac. Je n'ai encore rencontré personne que j'aimerais épouser. Je ne pense pas être quelqu'un de très romantique.

— Je crois qu'il est sage de se trouver soi-même avant de choisir un compagnon. D'après ce que tu nous as dit, tu commences seulement à te sentir toi-même.

— J'ai cette cicatrice depuis que je suis toute jeune, expliqua Minendie en montrant sur son ventre la longue ligne, à présent presque invisible. Je ne peux pas avoir d'enfants.

— Je suis désolée, je ne savais pas. Mais il est bon

que les femmes comprennent qu'elles ne recevront pas toutes la visite d'un esprit désireux de venir sur terre. Dans les années qui arrivent, nous devrons sans doute dire aux esprits d'attendre que le monde soit mieux préparé à les accueillir. »

Quelques heures plus tard, la viande était cuite. Les quatre amis mangèrent en silence après avoir remercié l'esprit du kangourou. Minendie, qui contemplait les flammes, dit tout haut, presque sans y penser : « C'est un grand feu qui m'a amenée ici !

— Comment ? demanda Celui-qui-hésite en posant à côté de lui l'os qu'il rongeait.

— J'habitais en ville, et la maison dans laquelle je travaillais et où je logeais a brûlé. Ce fut pour moi une sorte de délivrance, et je suis partie droit devant moi. Lorsque j'étais enfant, les religieuses de l'orphelinat où j'ai grandi associaient toujours le feu à l'enfer. Je ne crois pas les avoir entendues dire quelque chose de positif à son sujet.

— Nous avons une prière au feu qui est aussi ancienne que notre peuple, dit Celui-qui-hésite. Veux-tu que je te l'apprenne ?

— Oh oui ! répondit Minendie avec enthousiasme.

— D'accord. La voici :

Puisse le feu être dans nos pensées,
Les rendre vraies, bonnes et justes,
Et nous empêcher d'accepter celles qui ne le sont pas.
Puisse le feu être dans notre regard,
Ouvrir nos yeux, et nous permettre de voir ce qui est [bon.
Qu'il nous protège de tout ce qui nous est étranger.
Puisse le feu être sur nos lèvres
Afin que nous sachions dire la vérité, avec gentillesse,
Aider et encourager les autres.
Puisse le feu être dans nos oreilles
Afin que nous sachions mieux écouter,
Entendre l'eau couler,
Être attentifs à la création entière et au Rêve.
Qu'il nous protège des bavardages,

De tout ce qui peut nuire
Et briser notre famille.
Puisse le feu être dans nos bras et nos mains
Afin que nous sachions nous rendre utiles et faire
[naître l'amour.
Puisse-t-il habiter tout notre être,
Nos pieds et nos jambes, et nous permettre
De parcourir la terre avec respect et attention,
De suivre le chemin de la bonté et de la vérité.
Qu'il nous empêche de nous écarter de ce qui est vrai.

— C'est très beau, murmura Minendie en observant les visages rayonnants de ses amis. Il n'est pas étonnant que les nôtres aient été tellement surpris en entendant les missionnaires leur décrire l'enfer comme un lieu abominable où brûlait un feu éternel. Il est vraiment très curieux de voir comment deux groupes d'individus peuvent percevoir une même chose de façon tellement opposée. Les uns ne s'attachent qu'au côté négatif et prient leur vie entière pour ce qu'ils croient inaccessible : l'homme né sans péché. Aux yeux des autres, les enfants naissent innocents et purs, dans un monde d'abondance où nous sommes invités par la Source. Ceux-là n'ont pas de mot pour "travail". Chacun s'exprime en faisant ce qui lui plaît et lui paraît facile. Les termes "primitif" et "civilisé" ne semblent pas être bien utilisés. »

43

Au cours des années qui suivirent, la tribu se réunit tous les trois mois, et à ces occasions, les groupes se reformèrent, permettant ainsi à chacun de mieux connaître ses dix-neuf compagnons. Tous acceptèrent de bonne grâce de continuer à enseigner à Minendie chants et danses.

Les Hommes Vrais ne fêtaient pas les anniversaires. Pour eux, le mot « fête » avait un sens particulier. Ils ne célébraient que les accomplissements personnels, et étaient tous d'accord pour penser qu'avoir une année de plus n'entrait pas dans cette catégorie. Lorsqu'il estimait le moment venu, chacun annonçait aux autres qu'il était temps d'organiser une fête en son honneur. Les membres du groupe prêtaient alors toute leur attention à celui qu'ils fêtaient. Personne ne disait : « Je voudrais qu'une fête ait lieu en mon honneur » sans être sûr de l'avoir mérité, et nul n'aurait songé à mettre en doute ou à nier ce mérite.

Minendie garda le même nom pendant trois ans. Un jour, alors qu'elle ramassait des coquilles d'œufs pour les réduire en poudre fine et les incorporer à de la nourriture ou en faire de la peinture pour se peindre le corps, elle se dit qu'il y avait bien longtemps qu'elle se nommait Jaune d'Œuf, et qu'il lui faudrait peut-être se décider à éclore. Elle réfléchit à ce problème pendant une semaine entière avant d'annoncer à ses compagnons qu'elle avait choisi un nouveau nom.

Cette fois, ne se trouvant pas à proximité d'un point d'eau, ils durent utiliser de la fumée pour brûler symboliquement toute trace de l'ancienne personnalité de Minendie. Une nouvelle femme allait naître et se joindre à leur cercle. Minendie murmura le nom qu'elle avait choisi à l'oreille de Sœur de la Fourmi. Quelques secondes plus tard, celle-ci se leva et annonça en chantant :

Vous pensiez que Minendie, notre Jaune d'Œuf,
Se transformerait en oiseau.
Devenir quelque chose d'autre
Aurait paru un peu ridicule.
Après tout, elle pouvait choisir le cacatoès,
Le kookaburra ou le perroquet.
Avec les centaines de deux-pattes qui existent
Il lui était facile de faire son choix.
Mais Minendie m'a surprise
Son nom est Mapiyal, Platypus[1].
Habitante des deux mondes,
Elle demeurera unique pour nous.

« Pourquoi Mapiyal ? demanda l'un d'entre eux. Dis-nous ce que tu as au fond du cœur.

— Je pense souvent aux deux mondes, celui des Mutants et le nôtre. Le platypus vit dans l'eau et sur la terre ferme. Il est plus à l'aise dans l'eau où il passe une grande partie de sa vie, mais pour respirer il doit faire surface, quitter l'élément dans lequel il se sent en sécurité. J'y ai beaucoup réfléchi, et il est juste qu'à présent je devienne Mapiyal. Merci pour ton chant, Sœur de la Fourmi. »

1. Le platypus, que l'on appelle également ornithorynque, est un mammifère ovipare (*N.d.T.*).

44

Les mois et les années passèrent. La vie en pleine nature était paisible et extrêmement satisfaisante. Il y avait toujours de nouvelles choses à voir, des découvertes à faire, et des façons différentes de s'exprimer, tout en parcourant une région connue, en compagnie de vieux amis, et en perpétuant les anciennes traditions.

Lorsque Wurtawurta eut cent deux ans, elle annonça, à l'occasion d'une réunion de toute la tribu, qu'elle avait demandé à la Divine Unité de pouvoir retourner vers l'Éternel, si toutefois cela était pour son plus grand bien. Elle en avait reçu la permission.

Mapiyal et plusieurs autres membres de la tribu allaient, pour la première fois, être les témoins de la séparation délibérée d'un esprit et d'un corps humain. Ayant foi en l'Éternel et sachant que la conscience n'apparaissait pas au moment de la conception, ils étaient tous partisans d'une mort voulue d'où la souffrance fût exclue. Chacun d'entre eux avait déjà été initié à plusieurs des phases nécessaires à l'accomplissement de l'acte final. Ils savaient comment se servir d'images mentales pour réchauffer leur corps durant les nuits glaciales, ou au contraire le rafraîchir lorsque la chaleur demeurait étouffante après le coucher du soleil. On leur avait enseigné quels étaient les centres vitaux situés le long d'une ligne partant d'entre leurs jambes et montant jusqu'au sommet de leur tête. Ils étaient capables de dormir de courts instants, les yeux ouverts, quand cela s'avérait nécessaire, et de ralentir certaines de leurs fonctions pour atteindre à un état de sommeil profond et relaxant. Ils étaient tous passés maîtres dans l'art de quitter leur corps et de se projeter mentalement ailleurs.

Il leur fallut plusieurs jours pour se préparer à la cérémonie de passage de Wurtawurta. Lorsque l'aube de cette journée si particulière se leva, Mapiyal se demanda si le jour de sa mort, en se réveillant, elle aurait conscience de vivre son dernier matin. Peut-être cette question la troublait-elle profondément parce que son énergie vitale lui disait : « Tu ne mourras pas, mais tu retourneras à la Source, et tu le sais au plus profond de ton cœur. Tu as décidé de venir sur terre, et tu pourras choisir de partir. Il n'existe pas d'accidents, seulement des liens spirituels que notre manque de recul nous empêche de discerner. »

La cérémonie en l'honneur de Wurtawurta dura la journée entière. Des plantes particulières avaient été mises à infuser, et un soin particulier apporté à la collecte et à la préparation de la nourriture. Chaque membre de la tribu eut l'occasion de s'exprimer sur la vie de Wurtawurta et sur les moments passés à ses côtés. Celle en l'honneur de qui la fête était donnée parla à son tour et s'adressa à chacune des personnes présentes. Elle dit à Mapiyal combien elle lui était reconnaissante d'avoir évoqué, plusieurs années auparavant, la sensation que pouvait procurer la soie. Elle s'en était servie au cours de ses visions et l'utiliserait cette fois encore en retournant vers l'Éternel. Les membres de la tribu invitèrent les esprits des plantes et des animaux à venir partager cette journée avec eux.

Au moment où le soleil se coucha, chacun vint à son tour serrer Wurtawurta dans ses bras et lui dire : « Nous t'aimons et nous t'encouragerons tout au long de ton voyage. » Puis ils s'éloignèrent tandis que la vieille femme voûtée s'asseyait, jambes croisées. Elle agit alors mentalement sur chacun de ses centres vitaux, abaissa la température de son corps, ralentit sa circulation, son rythme cardiaque, et eut enfin recours à la traditionnelle technique de respiration qui mit fin à sa vie. Lorsque son cœur s'arrêta de battre, sa tête tomba sur sa poitrine, et elle glissa sur le côté. Elle était partie, sortie d'elle-même, comme elle l'avait fait si souvent et avait appris aux autres à le faire ; seulement, cette fois, elle ne reviendrait pas. Son corps resterait là et serait dévoré par toutes les formes de vie qui voudraient s'en nourrir. Il n'y aurait pas d'enterrement.

Un mois plus tard, le groupe de cinq personnes dont faisait partie Mapiyal tomba sur l'épave d'un petit avion. Dans cet endroit dégagé se dressait un amas de très hauts rochers. L'avion avait dû en heurter un, car les débris étaient enchâssés parmi eux. L'épave devait être difficile à repérer depuis le ciel.

Au milieu des débris, ils trouvèrent les corps de deux hommes qu'ils enterrèrent car ils respectaient les croyances d'autrui. Ils voulurent signaler l'endroit au cas où quelqu'un découvrirait un jour l'épave, et Mapiyal suggéra de fabriquer une croix avec deux bâtons puisque c'était ainsi que les Mutants semblaient indiquer l'emplacement d'une tombe. Ils ramassèrent quelques lambeaux de tissus qui paraissaient provenir de la veste de l'un des hommes, de la chemise de l'autre, et de la garniture d'un siège, et les brûlèrent. Chacun envoya, sur un arc-en-ciel imaginaire, l'énergie de la fumée vers ces morts et leurs familles qui devaient s'inquiéter de leur disparition.

Mapiyal pensa que ces hommes volaient probablement pour voir s'il ne restait pas, dans l'intérieur du pays, des Aborigènes qu'il fallait sauver malgré eux. Ils faisaient simplement ce qu'ils croyaient être bien.

45

Chaque année, Mapiyal devenait plus paisible, plus digne et plus grave. Ayant souvent changé d'activité, elle avait participé à la vie de la communauté de diverses façons, mais n'avait jamais été tentée de choisir un nouveau nom. Tous les deux ou trois ans, Benala quittait la tribu et allait séjourner quelques jours dans la ville la plus proche, d'où elle rapportait des informations sur le monde des Mutants. Chaque fois qu'elle partait, elle demandait à Mapiyal si elle aimerait l'accompagner. Curieuse, celle-ci était tentée d'accepter, mais elle avait l'impression que ce n'était pas une bonne chose à faire, et elle finissait toujours par refuser.

Le détenu matricule 804781, connu sous le nom de Jeff Marsh, avait changé lui aussi, et en vieillissant il était devenu un homme calme et digne. Il avait maintenant quarante ans et ses cheveux grisonnaient.

Il avait accès à tous les livres de la bibliothèque et étudiait diverses formes d'expression artistique et la vie de nombreux artistes. Il avait commencé par donner des leçons à l'un de ses codétenus et, au cours des années, ces leçons s'étaient transformées en un programme d'enseignement dont il avait été chargé. Par la suite, tout en continuant à enseigner, il s'était mis lui aussi à peindre, à dessiner et à créer des objets, et son action avait été une telle réussite que la prison organisait à présent une vente annuelle où les œuvres des détenus étaient exposées et vendues.

Jeff avait l'impression d'être enfin reconnu, et sa force créatrice, que l'on appréciait tant à l'occasion des ventes annuelles, occupait toute sa vie. Il s'était fixé pour but de mieux faire chaque année. Cet homme qui avait passé deux fois plus de temps derrière les murs d'une prison qu'en liberté avait enfin trouvé sa place. Il s'était installé dans une routine et éprouvait un sentiment de paix.

46

Réunis dans le désert, assis sur le sable, les membres de la tribu des Hommes Vrais contemplaient le ciel nocturne d'un noir velouté. Deux nuits auparavant, ils avaient vu une vive lumière traverser la voûte céleste et n'avaient pas su déterminer s'il s'agissait d'une étoile filante ou d'une nouvelle invention venue du monde des Mutants. La nuit d'après, elle était encore apparue et avait suivi la même trajectoire. Perplexes, ils étaient persuadés qu'elle ne se montrerait plus, et pourtant ils la virent une fois encore. Cela faisait trois nuits consécutives qu'ils pouvaient l'observer, évoluant parmi les étoiles. Ils se demandèrent si cela n'était pas un signe envoyé par l'Éternel et décidèrent d'en appeler aux rêves pour obtenir un conseil.

Habituellement, les Hommes Vrais ne rêvaient pas la nuit. Selon eux, le sommeil était un temps de repos permettant au corps de récupérer et de guérir, et lorsqu'une partie de leur conscience était occupée à rêver, il se produisait une déperdition d'énergie. Les Mutants rêvaient la nuit, mais cela était compréhensible. Dans leur monde, personne n'était autorisé à rêver éveillé, en plein jour.

Ce soir-là, Mapiyal, comme les autres membres de la tribu, prit un coquillage qu'elle emplit d'eau. Elle en but la moitié tout en demandant à recevoir un rêve qui la renseignerait sur cet objet brillant dans le ciel. Elle boirait le reste de l'eau à son réveil pour mieux se souvenir de son rêve, comprendre son sens et savoir quoi faire.

Elle rêva d'un petit enfant monté sur une tortue. Ce devait être un garçon, mais elle n'en était pas sûre. Au début, il se montra patient, puis il se mit à pleurer. Il suppliait la tortue d'aller plus vite, mais celle-ci conservait son allure.

Le lendemain matin, les compagnons de Mapiyal, voulant l'aider à trouver une explication à son rêve, lui demandèrent : « Quel sentiment éprouvais-tu à l'égard de cet enfant ?

— Je l'aimais, comme s'il avait été le mien.

— Et comment la tortue te paraissait-elle ?

— Timide, repliée sur elle-même, lente et sérieuse. Ce n'était pas un animal qu'on pouvait tirer ou fouetter pour qu'il aille plus vite. Il ne s'agissait pas d'une tortue d'eau, comme les nôtres, mais d'une tortue terrestre.

— Et que penses-tu de tout cela ?

— Je me sens à l'aise dans mes relations avec les tortues en général, mais pour être franche, je dois avouer que je ne me suis jamais préoccupée de celles qui vivent sur terre. Pour moi, c'est une espèce étrangère, venue peut-être d'Amérique. Mais je ne vois aucune relation entre elle et l'objet qui brille dans le ciel. Ce rêve peut signifier que cet enfant a mis très longtemps pour arriver jusqu'à moi. »

Et elle ajouta en riant : « C'est vrai, j'ai cinquante-quatre ans ! »

Selon l'une des compagnes de Mapiyal, ce rêve indiquait qu'un membre de la tribu devait se rendre dans le monde des Mutants afin d'obtenir des informations de première main. Pour une autre, il annonçait que le monde changeait ; la terre avait commencé, et le tour du ciel était venu.

Cela faisait trente-quatre ans que Mapiyal avait quitté la ville et s'était jointe à la tribu. Elle n'avait jamais regretté sa décision et rien de son existence précédente ne lui manquait. Elle avait vieilli et pouvait le constater en regardant son corps, mais pendant toutes ces années, elle n'avait pas eu l'occasion de voir son visage. Quand ils arrivaient près d'un point d'eau, elle n'en avait pas le temps, et l'eau était souvent trop trouble pour lui renvoyer un reflet fidèle. Elle n'avait pas songé à son visage depuis très longtemps, et elle était étonnée que cette pensée lui ait traversé l'esprit. Elle ne se souciait pas de son aspect physique, seul le regard des autres lui importait, et elle se sentait rassurée en voyant leur expression.

Les informations que Benala rapportait chaque fois qu'elle revenait de la ville n'étaient guère encourageantes en ce qui concernait le rétablissement du mode de vie traditionnel des Aborigènes. Peut-être était-il temps pour Mapiyal de partir. Ce n'était pas la curiosité qui la poussait, mais elle pensait avoir à présent quelque chose à offrir aux siens. Il lui fallait absolument consulter la Gardienne des Réponses avant de prendre une décision.

Plus tard ce jour-là, Mapiyal s'éloigna du groupe avec la Gardienne des Réponses, et quand elles furent seules, elle laissa la quiétude envahir son esprit. Plongeant la main dans le sac, elle en retira un disque de cuir sur lequel était dessiné le symbole représentant les sept directions : le nord, le sud, l'est, l'ouest, le ciel au-dessus, la terre au-dessous et l'intérieur de soi. Cela signifiait qu'elle devait étudier avec attention la direction d'où elle était venue et celle qu'elle désirait prendre. Elle avait toujours été parfaitement consciente du chemin qu'elle avait suivi avec ceux de la tribu, sans pourtant en décider. Au cours des années, ils s'étaient dirigés vers les quatre horizons. Elle songea aux trois autres directions : le ciel au-dessus, la terre au-dessous, et son moi intérieur. Elle se sentait confiante en écoutant sa voix venue du dedans, et à l'aise quand elle consultait les esprits du monde d'en haut et ceux des animaux d'en bas. Le symbole indiquait sans doute qu'il lui fallait considérer attentivement l'une des quatre directions du vent. Il ne dépendait que d'elle de partir avec les autres ou de retourner vers la ville. Elle comprit intuitivement que sa décision était prise.

Ce soir-là, elle annonça à ceux du petit groupe qu'elle les quittait. Elle se rendrait dans une ville où elle serait sûre que résidait une colonie aborigène. Si les choses n'avaient pas radicalement changé, elle savait trouver là des alliés qui lui procureraient des vêtements, un abri, de la nourriture, et lui offriraient leur amitié. Après des siècles passés à tout partager et à s'entraider, ces qualités semblaient solidement ancrées dans le caractère de tous les Aborigènes. Ils ne tournaient jamais le dos à un frère ou à une sœur de passage.

Le lendemain, le soleil se leva lentement comme pour donner à Mapiyal une chance de reconsidérer sa décision, mais elle était convaincue que pour elle, le moment de partir était venu. Elle dit au revoir à chacun de ses amis et exprima son désir de revenir un jour.

Ils avaient estimé qu'il lui faudrait marcher sept à huit jours avant de rencontrer le premier groupement aborigène. Il lui en fallut neuf. Arrivée à la tombée du soir, elle s'assit à l'écart et observa de loin les cinq habitations de fortune. Elles donnaient l'impression d'être en cours de construction ou de démolition ; il était difficile d'en décider. Trois d'entre elles seulement avaient des marches de bois en façade. Une seule avait des vitres aux fenêtres qui d'ailleurs étaient ouvertes pour mieux laisser l'air circuler. Plusieurs personnes entraient et sortaient, mais la plupart se tenaient à l'extérieur. Les cinq maisons étaient nichées parmi de grands arbres verts. Mapiyal remarqua une femme avec un double menton et un ventre légèrement proéminent, qui paraissait avoir le même âge qu'elle. Elle la vit se mêler aux autres et plus tard cuisiner au barbecue, dans la cour. Elle pensa que c'était la personne idéale à qui s'adresser.

Elle attendit le moment propice pour le faire. Elle espérait que la femme serait seule un moment, mais tout le monde s'attarda, et au petit matin, ils étaient toujours là, en train de discuter. Mapiyal s'endormit par moments, mais jamais très longtemps. Juste avant l'apparition du soleil, elle vit la femme sortir de chez elle et s'asseoir sur les marches pour boire une tasse de thé. Elle se dirigea alors vers les maisons en époussetant le vêtement de peau qu'elle s'était confectionné. Lorsqu'elle approcha, la femme leva les yeux vers elle.

« C'est aujourd'hui ! dit Mapiyal, car elle avait complètement oublié comment on se saluait dans le monde des Mutants.

— Bonjour ! répondit l'autre en la regardant, l'air éberlué. D'où sors-tu ?

— J'appartiens à la tribu des Karoon. Je suis venue vers toi parce que j'ai besoin d'aide. Il y a très longtemps que j'ai quitté la ville. Il me faudrait des vêtements, et aussi consulter une carte pour savoir où je me trouve. »

La femme paraissait sympathique. Elle secoua la tête et dit : « Je peux te donner quelque chose à mettre, tu dois faire à peu près la même taille que moi. Par contre, je n'ai pas de carte ; je n'en ai même jamais vu. Mais ne t'inquiète pas, je suis sûre qu'on t'en dénichera une. Entre, je vais te préparer une tasse de thé. »

Elle se leva et pénétra dans la maison tout en continuant à parler : « Je ne savais pas qu'il y avait encore des nomades dans le bush. On nous a dit que tout le monde en était parti. J'aimerais bien que tu me racontes comment vous vivez. »

Elle prépara une tasse de thé, qu'elle tendit à son invitée avant de disparaître dans une pièce d'où elle revint avec deux robes, l'une bleue et l'autre avec des motifs imprimés. Elles avaient des manches courtes, un élastique à la ceinture, et des boutons du col à la taille. La femme les avait faites elle-même, sur le même modèle.

« Tiens, tu peux les essayer, j'espère qu'elles t'iront. Je m'appelle Sally, et toi ?

— Bea. »

Mapiyal ne savait absolument pas pourquoi elle

avait lancé cela. Il y avait des années qu'on ne l'appelait plus Beatrice. Mais maintenant qu'elle avait donné ce prénom, elle devait le garder. Si elle était restée avec sa famille, le moment aurait été idéal pour en choisir un autre. Va pour Bea, se dit-elle, j'y penserai comme à un dérivé de Bee[1], cette petite créature qui passe son temps à butiner du pollen çà et là, et aide ainsi les fleurs à se reproduire. Elle travaille au bien-être de sa communauté, avec douceur, mais sait qu'elle peut piquer si la nécessité s'en fait sentir. Bea espérait bien ne jamais avoir besoin de se servir de son aiguillon.

Sally et Bea passèrent les heures qui suivirent à discuter. Bea avait quitté son emploi en 1956 ; on était à présent en 1990, et tout avait changé. Sally lui parla de télévision, de téléphone sans fil, d'ordinateur, de satellite et de vaisseau spatial. Elle n'avait ni télévision, ni téléphone, ni ordinateur, mais savait tout sur eux, car elle avait des amis qui en possédaient. Par contre, elle était incapable d'expliquer la présence de cet objet brillant dans le ciel, « mais les Américains et les Russes s'activent là-haut », dit-elle.

Bea lui raconta sa vie avec les Hommes Vrais, et la matinée passa très vite. Tous les membres de la petite communauté étaient à présent au courant que Sally avait accueilli une nomade du désert. Un par un, ils entrèrent dans la cuisine, se présentèrent, posèrent des questions et répondirent à celles de Bea. Au moment du déjeuner, Bea réalisa qu'elle avait oublié ce qu'étaient les haricots en boîte et le pain blanc enveloppé de plastique. Bien que reconnaissante envers Sally de son hospitalité, elle mangea très peu, se demandant si son estomac était prêt à accepter ce genre de nourriture.

Le soir, ils s'assirent tous sous les arbres, et Bea écouta chacun d'eux parler du sort qui, selon lui, était réservé aux Aborigènes d'Australie. Il en ressortit que quatre-vingt-dix pour cent d'entre eux étaient

1. Bee : abeille (*N.d.T.*).

sans emploi. Les indemnités de chômage et l'aide sociale n'étaient pas adaptées à leurs besoins. Les jeunes recevaient une bonne instruction, mais ils n'étaient pas incités à poursuivre leurs études car il n'y avait pas de travail pour eux. On trouvait bien quelques Aborigènes dans l'administration, la presse et les autres médias, mais la plupart d'entre eux avaient la peau plutôt claire. Une peau noire constituait un véritable handicap. La santé des Aborigènes en général était très préoccupante. Le diabète et l'alcoolisme faisaient de tels ravages que vivre jusqu'à quatre-vingts ans devenait rare.

Le problème le plus important concernait la loi sur les droits fonciers traditionnels. Personne au gouvernement ne la comprenait et ne se mobilisait pour protéger les sites sacrés. On avait donné un peu de terre aux Aborigènes, mais les compagnies minières avaient obtenu le droit d'en exploiter le sous-sol. Tous les plus beaux endroits du continent étaient à présent des parcs nationaux, mais même là, la terre n'était pas épargnée.

Tous estimaient que les Aborigènes manquaient d'orgueil, mais on ne leur avait rien laissé qui aurait pu les rendre fiers. Ils avaient perdu tout contact avec leur héritage.

Cette nuit-là Sally installa Bea sur le divan, mais le sommeil fut long à venir. Bea n'avait plus l'habitude de dormir dans un lit et elle finit par sortir. Plusieurs autres personnes couchaient dehors, et elle trouva un coin confortable sur l'herbe épaisse. Elle avait emporté un drap qu'elle étala sur le sol car on l'avait mise en garde contre de minuscules insectes qui piquaient et se glissaient sous la peau.

Tandis qu'elle regardait les étoiles, elle avait du mal à imaginer comment, sous la Voie lactée, deux communautés aussi peu éloignées géographiquement pouvaient vivre aussi différemment.

Je ne saurai sans doute jamais ce qu'était cet objet brillant dans le ciel, mais c'est peut-être ce dont s'est servi l'Unique pour m'amener jusque-là, se dit-elle.

J'ai le sentiment de ne pas avoir été appelée ici pour recueillir des informations mais pour en apporter. Je dois d'une certaine façon aider les miens à se souvenir de leur héritage et leur rendre orgueil et dignité. Peut-être le moment est-il venu pour nous d'influencer les Mutants au lieu de plier sous leur puissance et leurs exigences ? Peut-être est-il temps pour l'abeille de butiner ?

En se réveillant, Bea entendit le gazouillement des oiseaux et le rire des enfants. Sally avait demandé à un voisin d'emmener sa nouvelle amie en ville. Il y avait là une bibliothèque et une mairie où elle trouverait certainement une carte à consulter. Après le petit déjeuner, composé de thé et de gâteaux, Sally serra Bea dans ses bras et, les larmes aux yeux, lui dit : « J'espère que tu reviendras, mais je sens bien que tu ne le feras pas. Je te souhaite de réussir et je veux t'aider. Tiens, prends ça. » Elle lui mit quelques billets roulés dans la main et lui referma le poing.

Une voiture était garée non loin de la maison, et le moteur tournait au ralenti. Le chauffeur, un jeune Aborigène mince, vêtu d'un blue-jean et d'un T-shirt, attendait à côté. Quand Bea se dirigea vers lui, le jeune homme s'installa derrière le volant, prêt à partir. Une femme était assise à ses côtés et un homme occupait la moitié de la banquette arrière. Bea les connaissait tous les deux et aucune présentation ne fut nécessaire. Elle grimpa à l'arrière. L'homme se rendait chez le médecin et la femme allait retrouver des amis. Ils discutèrent pendant tout le trajet, et Bea se sentit de moins en moins étrangère.

À la mairie, un homme serviable qui marchait en s'aidant d'une canne apporta plusieurs cartes qu'il déploya sur une table. À la manière d'un professeur, il indiqua à son élève ce qu'elle trouverait dans chacune des directions. Il lui parla des bureaux des Affaires aborigènes et des foyers pour les autochtones. À sa question, il répondit ne pas avoir entendu parler d'un objet brillant, apparu dans le ciel deux semaines auparavant.

Bea décida de continuer sa route et, ayant appris que le gouvernement avait installé un bureau des Affaires aborigènes dans presque toutes les petites villes, elle s'y rendit systématiquement. Le bureau était rarement ouvert, mais elle rencontra toujours quelqu'un pour lui indiquer où trouver le responsable local. Le poste de directeur du bureau des Affaires aborigènes, quoique conférant du prestige à celui qui l'occupait, était mal payé. L'intention du gouvernement paraissait claire. Deux cents ans plus tôt, la suprématie blanche avait rabaissé les siens, mais pourquoi donc ne réagissaient-ils pas ? Elle ne constatait plus de haine raciale ; les Blancs ne montraient que de l'indifférence envers les Aborigènes. Dans les magasins où elle entrait, les vendeurs la traitaient comme n'importe quelle cliente blanche. Dans chaque ville qu'elle traversait, elle trouvait un endroit où dormir, se laver et se changer, et elle pouvait se nourrir pour une somme modique.

Un mois plus tard, elle arriva sur la côte ouest. Elle était assise sur un banc, devant le bureau des Affaires aborigènes, quand une femme apparut à la porte du bâtiment et l'invita à la suivre.

« Asseyez-vous, lui dit-elle en la regardant par-dessus ses lunettes, nous avons quelques papiers à remplir. Quel est votre prénom ?

— Bea.

— Et votre nom de famille ? »

Bea ne sut que répondre. Elle n'avait pas de nom de famille. À l'orphelinat, personne ne s'était préoccupé de lui en donner un. Mrs Crowley ne le lui avait jamais demandé, et Mildred non plus. Mais il y avait trente-quatre ans de cela.

« Quel est votre nom de famille ? » répéta la jeune femme un peu plus fort, au cas où Bea serait sourde.

Dans le désert, elle aurait pu choisir tranquillement un nom, après y avoir mûrement réfléchi, mais ici, il lui fallait se décider vite. Rapidement, elle essaya de voir où elle en était de sa vie et comment son nom pourrait refléter cela. Elle se souvint d'une phrase : « Notre peuple connaît des hauts et des bas, comme l'eau d'un lac. »

« Lake, répondit-elle. Je m'appelle Bea Lake.

— Votre numéro d'enregistrement sur les rôles d'impôts ? »

Sa gorge se serra. « Je n'en ai pas.

— Encore une ! Bien, nous remplirons des papiers pour cela aussi. Vous ne pouvez pas travailler sans payer d'impôts.

— Travailler ? s'étonna Bea.

— Oui, c'est votre jour de chance, lui dit la femme en ôtant l'une de ses boucles d'oreilles et en massant son lobe douloureux tout en continuant à écrire. Une famille très sympathique cherche une nurse. Elle offre une chambre et les repas en plus du salaire. Il ne faut s'occuper que d'un seul enfant, un garçon. Quelle est votre adresse ?

— Eh bien, à vrai dire, je n'en ai pas.

— Je vais noter celle du foyer. Vous pourrez rester là quelques jours. C'est un endroit où il me sera facile de vous contacter. Vous saurez vous occuper d'un enfant, n'est-ce pas ?

— J'aime beaucoup les enfants, mais...

— Oh, mon Dieu, la coupa la jeune femme blonde en regardant sa montre. Je dois fermer pour le déjeuner, et vous, il faut que vous filiez et que vous attrapiez le bus. Voici un plan pour vous rendre chez les Carpenter. Prenez le bus numéro quarante-quatre, puis changez et prenez le seize. La maison n'est qu'à six rues du terminus. Voilà mon numéro, téléphonez-moi après votre entrevue avec Mrs Carpenter. Voici également l'adresse et le numéro de téléphone du foyer. Si vous ne restez pas là, dites-leur bien où vous serez de façon que je puisse vous joindre au cas où Mrs Carpenter déciderait que vous faites l'affaire. Franchement, je crois que vous avez de grandes chances, mais ce n'est pas moi qui vous engage, n'est-ce pas ? »

L'employée se leva, tira sur sa jupe courte, qui était remontée sur ses hanches, et traversa le bureau en chancelant sur ses talons aiguilles. Elle ouvrit la porte, signifiant ainsi à sa nouvelle cliente qu'elle devait partir.

Tout cela s'était passé si vite que Bea ne savait trop quoi penser. Elle vit l'employée tourner la clé dans la serrure et pendre la pancarte « Fermé » à la porte vitrée. Au-dessus du banc sur lequel elle était assise précédemment, elle remarqua la plaque « Bureau des Affaires aborigènes », et juste au-dessous une autre où était inscrit « Bureau de placement Baker ». Elle secoua la tête et rit intérieurement en se disant que la vie était bizarre. En arrivant, elle avait trouvé le bureau des Affaires aborigènes fermé, comme d'habitude. Plus elle y pensait et plus l'idée de devenir bonne d'enfants lui paraissait attirante. Elle s'habituerait ainsi plus vite au monde moderne, et c'était un travail qu'elle pourrait quitter quand elle le voudrait. Elle marcha jusqu'au coin de la rue où se trouvait l'arrêt du bus quarante-quatre qui ne tarda pas à arriver. En suivant les instructions de l'employée de l'agence Baker, elle parvint facilement jusqu'à la maison des Carpenter.

Située dans un quartier résidentiel, la maison semblait de construction récente. Bea sonna et attendit. Elle aperçut une ombre à travers la vitre gravée et biseautée de la porte. La poignée tourna, et Bea se trouva face à une femme d'origine asiatique au visage souriant.

« Bonjour, je suis envoyée par le bureau de placement.

— Entrez, s'il vous plaît. Je vais prévenir Mrs Carpenter. Vous pouvez attendre là », dit la femme en indiquant un vaste et beau salon, dont les hautes fenêtres ouvraient sur un jardin.

La pièce était lumineuse, les murs blancs et le marbre du sol beige clair. Des tapis blancs étaient judicieusement disposés entre les meubles de ton pastel. Des touches d'or illuminaient les chandeliers et les cadres des photos. Les rayons du soleil qui filtraient à travers les vitres parfaitement nettes venaient se réfléchir sur une grande coupe de cristal posée sur une table, au centre du salon. Dans cette coupe remplie d'une eau bleutée flottait une rose blanche.

Bea contourna un piano à queue, installé dans l'un des coins du salon, pour aller regarder des photographies accrochées au mur, en ligne droite, tels des petits soldats en ordre de marche. Elle cligna des yeux et étudia de plus près l'une d'entre elles. Un petit garçon aux cheveux bouclés, qui ressemblait à l'enfant de son rêve, la fixait à son tour. Il existait cependant une différence : l'enfant de son rêve, qui chevauchait une tortue, était aborigène ; celui-ci était un Blanc.

« Bonjour, dit une voix douce derrière elle. Je suis Natalie Carpenter. Comment vous appelez-vous ?

— Bea, répondit-elle en observant la mère de cet enfant adorable, qui devait également être la décoratrice de ce salon magnifique. Je suis envoyée par le bureau de placement. »

Natalie Carpenter était une personne très soignée. Elle portait un pantalon rose satiné et un haut assorti ; une chaîne d'or ornait son cou, et des boucles d'oreilles en or et perles dépassaient à peine de ses cheveux châtain clair, bien brossés. Elle semblait prête pour un défilé de mode. Elle était aimable et vive, et Bea l'aima aussitôt. David, le petit garçon, faisait sa sieste, mais Natalie insista pour que Bea vît la chambre d'enfant. Elle lui montra également celle qui lui serait éventuellement destinée. Elle expliqua que Kuno, l'employée japonaise, s'occupait de la maison et des repas. Quand Bea la quitta, Natalie lui dit qu'elle devait recevoir d'autres personnes et ferait connaître sa décision au bureau de placement. Bea était bien trop consciente du pouvoir de l'univers pour ne pas croire que cette porte avait été ouverte à son intention par l'Esprit divin. Cette nuit-là, elle dormit au foyer. Le lendemain, elle reçut un appel téléphonique lui faisant savoir que les Carpenter l'avaient choisie pour s'occuper de leur enfant.

David était un petit garçon de quatre ans, éveillé et bien élevé, et Bea sut qu'ils s'entendraient parfaitement bien quand, dès le premier jour, il tint à partager avec elle un pot de crème glacée au moment du goûter. Il aimait lui lire des histoires et cela permettait à Bea de se réhabituer à la langue écrite. Il prenait beaucoup de plaisir à aller se promener dans le parc et à courir à l'air libre. Il avait enfin une *nanny* qui, comme lui, se sentait chez elle dans la nature. À sept heures, dès que David était couché, Bea pouvait disposer de ses soirées. Elle s'investit dans la politique locale concernant les Aborigènes et assista à des réunions.

Elle vivait chez les Carpenter depuis deux mois quand Kuno lui demanda si elle pouvait aller faire quelques courses pour elle en compagnie de David. Le père de Natalie venait dîner, et elle désirait lui préparer un dessert qu'il appréciait particulièrement.

Ce soir-là, au moment de coucher David, Bea fut priée de se rendre au salon en compagnie du petit garçon. Lorsqu'ils arrivèrent dans la pièce, un homme grand, aux cheveux blancs et à l'allure imposante entra, venant du jardin. Natalie dit alors : « J'aimerais vous présenter mon père, Andrew Simunsen. Papa, voici Bea, notre *nanny*.

— Très heureux de vous rencontrer, Bea. Mon petit-fils vous aime beaucoup, et ça me fait très plaisir. »

Bea aurait reconnu Andrew n'importe où. Il n'avait pas tellement changé. Il était toujours mince et avait conservé sa silhouette athlétique et ses oreilles légèrement décollées. Seuls ses cheveux blancs ajoutaient à son allure distinguée.

« Je suis très heureuse de vous revoir, dit Bea, il y a si longtemps !

— Je crains de ne pas me souvenir, répondit

Andrew en faisant tourner le verre qu'il tenait à la main.

— La pension de Mrs Crowley ; je suis partie tout de suite après l'incendie.

— Oh oui, bien sûr ! Beatrice. Quelle surprise ! Vous avez l'air en pleine forme. Je suis content que vous alliez si bien. Mon Dieu, c'est vraiment étonnant ! »

Après que David eut dit bonsoir à ses parents et à son grand-père, Bea l'accompagna dans sa chambre. Quand il fut endormi, elle descendit s'asseoir un moment dans le jardin. Tandis qu'elle contemplait les étoiles, quatre fois moins nombreuses que dans le désert, elle se demanda quelle porte allait s'ouvrir devant elle cette nuit-là. Peu après, Andrew et les Carpenter sortirent à leur tour, chacun un verre à la main.

« Bea, parlez-moi de vous, lui dit Andrew en avalant une gorgée de vin blanc.

— Oh, je n'ai pas grand-chose à raconter, mais vous, par contre, vous paraissez avoir eu une vie intéressante. J'aimerais bien connaître votre histoire.

— Mon histoire ? lança-t-il en éclatant de rire. Oui, j'ai bien réussi. Dans l'exploitation minière. Les vôtres m'ont beaucoup aidé, au début. Un jour, j'ai entendu un gars parler d'un endroit particulier d'où semblait se dégager un pouvoir singulier. Je ne savais même pas si un tel endroit existait vraiment. Mais peut-être y avait-il là un filon... Le gars en question a fini par me dire où il se trouvait. Après avoir fait quelques sondages, j'ai aussitôt déposé une demande et obtenu une concession minière pour ce terrain. Vous ne pouvez pas savoir la quantité de fer, d'uranium et même d'or que j'ai découverte en me documentant sur les lieux sacrés des Aborigènes. Bien sûr, maintenant nous payons des droits pour exploiter les mines. Il y a encore de temps à autre des petits tiraillements, mais rien de sérieux. Les vôtres ont parcouru un long chemin. Regardez-vous,

Bea. C'est merveilleux de vous voir ainsi en pleine forme. »

Tandis qu'il levait son verre pour le vider, le clair de lune fit scintiller le diamant qu'il portait au doigt.

Cette nuit-là, allongée sur son lit, la fenêtre ouverte, Bea écouta les bruits nocturnes de la ville. Ainsi, pensa-t-elle, Andrew Simunsen trouve que nous avons parcouru un long chemin. Ce n'est pas comme cela que je le sens ni que je le goûte. Sans vouloir juger que celui-ci a raison ou celui-là tort, j'éprouve le besoin de savoir où nous en sommes et de mettre toute mon énergie au service des miens, pour leur plus grand bien.

47

À l'occasion de réunions politiques, Bea rencontrait quelquefois Judy, une Aborigène de trente-cinq ans qui semblait avoir reçu une bonne instruction et s'exprimait avec facilité. Bea pensa qu'elle serait la personne idéale pour lui fournir certaines informations. Un soir que se tenait une petite réunion à neuf où la discussion portait sur un problème de décharge que la mairie voulait créer à la périphérie de la ville, près d'un quartier aborigène, Bea demanda à Judy si elle pouvait y participer. Au cours de la soirée, elle apprit que Judy était enseignante et s'intéressait tout particulièrement aux adolescents qui buvaient et se défonçaient en reniflant de la colle. Judy lui parla des nombreux Aborigènes enfermés dans les prisons et les pénitenciers, et des efforts qu'elle faisait pour éviter que cela n'arrive à ses jeunes protégés.

« Je sais qu'ils ne sont pas foncièrement mauvais ; il y avait très peu de crimes avant la venue des Européens. En fait, les criminels, c'étaient eux, et ils sont arrivés les chaînes aux pieds. Alors, pourquoi y a-t-il aujourd'hui un si fort pourcentage d'Aborigènes dans les établissements pénitentiaires ? J'ai interrogé des délinquants, et ils m'ont dit qu'ils volaient pour se procurer de l'argent parce que les indemnités de chômage étaient insuffisantes. Certains d'entre eux ont essayé de trouver un emploi, mais beaucoup y ont renoncé. La plupart des délits sont commis sous l'emprise de l'alcool. Les jeunes boivent parce qu'ils n'ont rien de mieux à faire. C'est pour eux comme une aventure. Quand ils sont ivres, ils se sentent bien, et la vie leur paraît plus drôle. Si je leur parle de leur avenir, ils me répondent : “Quel avenir ?”

— Mais toi, quel avenir espères-tu pour les Aborigènes ?

— J'aimerais que nous prenions nos affaires en main. Si nous fabriquions des meubles et que nous n'achetions que ceux faits par des Aborigènes, il arriverait un moment où notre travail s'améliorerait tellement que tous les gens, quelle que soit la couleur de leur peau, auraient une préférence pour notre style, nos coloris et nos finitions. Nous pourrions peut-être même en exporter. Les meubles ne sont qu'un exemple. Nous comptons parmi nous de merveilleux artistes, mais ils sont exploités. Il faudrait que nous ayons nos propres galeries et que nous nous chargions de la promotion de nos artistes. Nous devrions avoir nos usines de vêtements, de chaussures, de cosmétiques ; nos fleuristes et nos épiceries. Il n'existe pas un seul restaurant aborigène. Pense à tous les étrangers qui se sont installés chez nous et ont ouvert un commerce qui marche très bien. Nous, nous sommes nés ici. Pourquoi ne pourrions-nous pas faire la même chose qu'eux ?

« J'ai également beaucoup réfléchi à notre mode de vie ancestral, à notre culture qui est à cheval sur deux mondes. Par exemple, il est évident que nous éprouvons des difficultés à payer nos impôts. Quand l'un de nous travaille et touche son salaire, il lui est très difficile d'en soustraire une partie pour ses impôts à venir. D'autre part, beaucoup de nos hommes sont alcooliques, et il est impossible de compter sur eux pour gérer convenablement les revenus de la famille. On pourrait peut-être créer des sociétés de gestion qui tiendraient la comptabilité des petites entreprises, et confier les finances familiales aux grand-mères qui recevraient l'argent des salaires et des allocations, et seraient chargées de le redistribuer. Je suis certaine que ça marcherait !

« Il est tout à fait possible de construire une société aborigène prospère et moderne, où régneraient l'intégrité, l'honnêteté et l'orgueil. Sans être obligés de couvrir de tapis le sol de nos maisons si nous n'en avons pas envie, pourquoi ne pas fabriquer les plus beaux tapis de tout le pays et les vendre à ceux qui en ont besoin ? Nous pourrions honorer les esprits du bois tout en bâtissant nos maisons, faire en sorte de les entretenir et de les réparer nous-mêmes, et veiller à ce que le bois dont elles sont faites retourne à la terre si ces maisons venaient à être abandonnées.

« En l'an 2000, les Jeux olympiques vont attirer beaucoup de monde. Si nous nous organisions bien, les étrangers pourraient découvrir des Aborigènes fiers et prospères.

« Je suis également très préoccupée par le sort de ceux des nôtres qui sont emprisonnés à l'étranger parce qu'ils n'ont pas su s'intégrer à la société et ont commis des crimes. Certains ne se sont jamais vu offrir la moindre chance. Ils n'ont pas eu leur mot à dire lorsqu'on les a enlevés à leurs parents et emmenés tout enfants dans des pays étrangers. Ils ne savent même pas ce que signifie être aborigène. Il faut absolument faire quelque chose pour eux. Nous ne pouvons pas leur tourner le dos et nous comporter comme s'ils n'existaient pas. Ce sont nos frères et nos sœurs. Nous devons nous efforcer de les retrouver et les ramener chez eux.

— Tes projets sont très ambitieux, dit Bea, tandis que Judy faisait une petite pause pour reprendre son souffle.

— Si la faculté de ressentir des émotions et d'avoir de l'ambition nous a été accordée, ce n'est pas pour satisfaire un intérêt personnel, mais pour le bien de tous. Est-ce que tu m'aideras ? Je peux compter sur toi ?

— Oui, répondit Bea, je ferai tout ce que je pourrai. »

Elles continuèrent à bavarder pendant une heure encore, et lorsque Bea regagna enfin la maison des Carpenter, questions et réponses se bousculaient dans sa tête

Bea pensa immédiatement à Andrew Simunsen ; une visite à son bureau lui semblait la meilleure façon d'aborder le sujet. Le mardi suivant, elle put enfin mettre son plan à exécution. Natalie et David étant sortis ensemble, elle disposait de son après-midi.

Elle enfila sa plus jolie robe et prit un bus qui la conduisit au cœur du quartier des affaires. Lorsqu'elle en descendit, elle eut aussitôt sous les yeux l'empire qu'Andrew avait bâti. La structure de l'immeuble était faite de ciment lisse et de piliers argentés et brillants, et soixante-dix pour cent de la construction était composée de verre parfaitement net. On entrait dans le bâtiment par une porte vitrée imposante. Le nom d'Andrew et le numéro de son bureau étant inscrits en lettres blanches sur une plaque noire, Bea prit l'ascenseur jusqu'au quatrième étage.

Le bureau occupait l'étage entier. Une jeune femme aux courts cheveux auburn retenus par deux jolis peignes dorés était assise derrière un comptoir installé au milieu de la réception semi-circulaire.

« Puis-je vous aider ? demanda-t-elle.

— Oui, j'aimerais voir Andrew Simunsen.

— Avez-vous rendez-vous ?

— Non, mais je suis une amie. Dites-lui, s'il vous plaît, que Bea est là ; Beatrice...

— Je suis désolée, mais il vous faut prendre rendez-vous.

— S'il vous plaît, dites-lui simplement que je suis là.

— Je ne peux pas le faire dans l'immédiat, Mr Simunsen est en réunion. Prenez donc rendez-vous, insista la réceptionniste.

— Non, répondit Bea en secouant la tête. Je vais attendre là. »

Elle se dirigea vers l'un des fauteuils larges et profonds, recouverts de tissu fleuri, et s'installa confortablement. Elle était bien déterminée à patienter le temps qu'il faudrait. Une heure plus tard, la porte de l'ascenseur s'ouvrit, et Andrew en sortit, accompagné d'un autre homme.

« Mr Simunsen, lança la réceptionniste au moment où il allait entrer dans son bureau, cette dame désirerait vous voir, mais elle n'a pas rendez-vous. »

Bea se leva et, la reconnaissant immédiatement, Andrew traversa la réception.

« Bea, que se passe-t-il ? David est blessé ? Natalie ? Est-ce que tout va bien ?

— Oui, oui, le rassura Bea, tout va pour le mieux à la maison, mais il y a quelque chose dont j'aimerais vous parler. Quelque chose de très important...

— Bien sûr... D'accord... Oui..., répondit-il en prenant le temps de mettre de l'ordre dans ses pensées. Cindy, conduisez Beatrice dans la salle de conférences et apportez-lui une tasse de thé. Je n'en ai pas pour longtemps. »

La réceptionniste fit signe à Bea de la suivre tandis que les deux hommes disparaissaient dans le bureau d'Andrew.

La salle de conférences était une vaste pièce, tout en longueur. L'un des murs, entièrement vitré, donnait sur un parking où de petits arbres poussaient dans des carrés de terre creusés à intervalles réguliers dans l'asphalte noir. Une longue table occupait une grande partie de la salle et des fauteuils à roulettes, en cuir noir, capitonnés et à haut dossier, étaient alignés de chaque côté.

« Asseyez-vous, je vais vous apporter une tasse de thé », dit la réceptionniste en quittant la pièce.

Bea avait à peine goûté à son thé quand Andrew arriva et s'assit en face d'elle. Sa présence sembla rapetisser l'espace qui se trouva réduit aux dimensions d'une table de cuisine.

« De quoi s'agit-il ? »

Bea lui parla de sa vie dans l'intérieur du pays et lui décrivit quel genre d'hommes étaient les Aborigènes.

Elle lui dit combien elle avait constaté d'inégalité dans la société actuelle. Elle partageait les idées de Judy en ce qui concernait la formation et pensait qu'il fallait encourager l'autarcie en aidant les Aborigènes à créer leurs propres entreprises et à les gérer eux-mêmes. Elle lui confia également son inquiétude pour ceux des siens qui étaient détenus dans des pays étrangers. Et enfin, elle lui demanda de la soutenir tant sur le plan administratif que financier. Elle lui fit remarquer que son aide pourrait être une sorte de remerciement envers les gens, naïfs et confiants, qui lui avaient révélé l'emplacement de lieux sacrés, sans avoir conscience de ce dont ils se dépouillaient.

Andrew sembla soulagé. Il craignait de la voir aborder un sujet plus grave, le concernant personnellement.

« Oui, dit-il, je peux vous aider à venir au secours des vôtres. »

Ils discutèrent une demi-heure encore et lorsqu'ils se quittèrent, Andrew avait accepté de rencontrer Judy. La réunion à trois eut lieu la semaine suivante.

Parmi tous les projets qu'ils décidèrent de mettre en route, Bea se motiva particulièrement pour celui qui consistait à obtenir le retour de tous les Aborigènes détenus à l'étranger.

Elle continua à s'occuper de David durant la journée. Les Carpenter l'encouragèrent à apprendre à conduire afin qu'elle puisse aller se promener plus librement avec l'enfant. Elle passa et obtint son permis. Ce jour-là, le brandissant à bout de bras, elle poussa un grand cri de joie. Dans la société où elle vivait actuellement, cela signifiait qu'elle avait réussi ; à présent, elle était quelqu'un qui existait vraiment.

Le soir et les week-ends, Bea écrivait des lettres et collectait des informations. L'obstacle principal sur lequel elle butait résidait dans le fait que la plupart des pays ne possédaient pas de fichier central des casiers judiciaires. Aux États-Unis par exemple, chaque établissement tenait son propre fichier, et celui-ci recensait les détenus noirs, latino-américains, asiatiques, blancs ou amérindiens. Les Aborigènes entraient dans la catégorie « autres ». Au cours des mois qui suivirent, elle écrivit donc à chacun des cinquante États d'Amérique en demandant à l'administration pénitentiaire de bien vouloir lui communiquer le listing informatique des détenus, hommes et femmes, inscrits dans la rubrique « autres » ; puis elle envoya quelques lettres personnelles à certains d'entre eux.

Au mois de juin, elle reçut enfin un document venu des États-Unis, identifiant un détenu comme étant un Aborigène. Cet homme était condamné à la détention criminelle à perpétuité sans possibilité de mise en liberté conditionnelle. Il avait déjà passé trente ans derrière les barreaux. Elle reçut également l'autorisation d'écrire directement à Jeff Marsh, matricule 804781.

Cher Jeff,

Je voudrais d'abord me présenter. Je m'appelle Bea Lake. J'ai cinquante-six ans, je suis aborigène, et je cherche à entrer en contact avec tous mes frères et sœurs qui sont incarcérés de par le monde. On m'a dit que vous étiez vous-même aborigène. J'aimerais que vous m'écriviez pour mieux vous connaître et devenir votre amie. Je joins à ma lettre une enveloppe à mon adresse pour la réponse. J'espère avoir très vite de vos nouvelles.

Bien sincèrement à vous.
Bea

Chère Bea,

Merci pour votre lettre. Je n'ai pas l'habitude qu'on m'écrive. Je reçois parfois un mot de remerciement de quelqu'un qui a acheté une de mes peintures ou un de mes dessins qui sont vendus à l'occasion de l'exposition annuelle organisée par la prison. Oui, je suis aborigène. Je suis né en Australie et j'ai, moi aussi, cinquante-six ans. J'ai vécu là-bas jusqu'à l'âge de sept ans, où j'ai été adopté. Je n'ai gardé aucun souvenir précis de ce pays, mais je conserve de cette époque une impression de totale liberté et d'insouciance. L'enfer a commencé quand j'ai quitté l'Australie.

J'aimerais bien vous écrire, mais le prix des timbres risque de me poser un problème. Pour le moment, j'ai un peu d'argent car je touche cinq pour cent sur les ventes de l'exposition annuelle. Je n'ai pas encore tout dépensé. Je ne sais pas combien il faut compter pour expédier une lettre à l'étranger, mais si cela coûte trop cher, je n'écrirai pas souvent.

De quoi voulez-vous que nous parlions ?

Bien sincèrement à vous.
Jeff Marsh

Au cours des deux années qui suivirent, Bea et Jeff échangèrent des lettres dans lesquelles ils se racontèrent leur vie. Bea parla de ses changements de nom, et Jeff lui révéla qu'il avait lui aussi changé d'identité. Ils furent étonnés de constater que leurs dates de naissance respectives étaient si proches. Selon les documents officiels, ils étaient nés à un jour d'intervalle. L'acte de naissance de Bea précisait qu'elle avait vu le jour dans la ville où se trouvait l'orphelinat. Jeff était censé être né à Sydney.

Pendant ces deux ans, Bea s'activa et réussit à constituer un comité de soutien afin de mener une action au plan international. Le gouvernement finit par s'intéresser à son projet d'échange et de rapatriement de prisonniers. D'après Bea, le but à long terme, pour les Aborigènes d'Australie, consistait à prendre en charge leur propre système judiciaire. S'ils détenaient le pouvoir de punir, d'incarcérer et de réhabiliter les leurs, cela pourrait avoir une influence sur les jeunes et les empêcher de commettre des délits. Huit mois plus tard, le gouvernement australien fit savoir à Bea qu'il envisageait d'accepter le transfert de Jeff Marsh, cet Aborigène de nationalité américaine, mais qu'il restait encore bien des problèmes à régler. Le détenu était-il prêt à accepter cet échange ? Quelles étaient les solutions concrètes envisagées, dans ce cas précis, si la population aborigène voulait véritablement punir et réhabiliter selon ses propres lois ? Comment protéger la société contre de nouveaux délits susceptibles d'être commis par cet homme reconnu coupable de meurtre ?

Bea fit une fois encore appel à son vieil ami Andrew qui n'avait jamais cessé de la soutenir. Elle lui fit part de la réponse du gouvernement et lui demanda son avis.

« Je crois, lui conseilla-t-il, que vous devriez aller rendre visite à ce Jeff dans sa prison pour savoir ce qu'il pense d'un éventuel retour en Australie. Il faut le rencontrer et vous faire une idée sur lui, voir quelle sorte de gars il est. Je sais que vous êtes très optimiste, mais c'est peut-être quelqu'un d'irrécupérable. Je prends à ma charge tous vos frais de voyage. »

48

Bea loua une voiture au comptoir signalé par la pancarte jaune Budget. La jeune employée en uniforme lui remit ses papiers, une clé de contact à laquelle était fixé un badge qui portait le numéro trente-trois, indiquant la place de parking où était garée la voiture, et une carte de la région sur laquelle elle souligna au feutre orange la route à suivre pour se rendre jusqu'à la ville la plus proche. Se fiant aux panneaux, Bea arriva au parking et à la place trente-trois où elle trouva une Ford blanche neuve. Le compteur ne marquait que soixante-quinze kilomètres. Elle s'installa derrière le volant et, gênée d'être assise à gauche du véhicule, tâtonna, tira et poussa des boutons, et réussit à localiser ceux qui ouvraient les vitres et activaient les essuie-glaces. Elle avança ensuite son siège de façon à mieux atteindre les pédales, et enfin alluma les phares, le parking étant situé en sous-sol. Elle dut monter trois niveaux avant d'arriver au poste de péage de la sortie où un employé, occupé à manger un sandwich au thon à l'odeur désagréable, lui fit signe de passer sans lui poser la moindre question. Une fois à l'extérieur, elle retrouva la lumière du soleil et cligna un moment des yeux avant de s'y habituer.

La route qui menait à la prison traversait une zone rurale qui ressemblait beaucoup à celles qu'elle avait l'habitude de voir en Australie. Cette région connaissant à longueur d'année un climat chaud, des vérandas entouraient les maisons, les fenêtres étaient ouvertes, et un chemin de terre défoncé faisait office d'allée. À intervalles réguliers, elle pouvait voir un véhicule hors d'état de rouler, entouré de hautes herbes sèches, abandonné ou oublié dans un jardin. Elle alluma la radio, mais aucun programme ne lui plut. Après avoir roulé une soixantaine de kilomètres, elle aperçut un panneau de signalisation en bois, aux lettres écaillées, et les restes d'une flèche indiquant la route à suivre pour se rendre à la prison de haute sécurité.

Bea monta une rampe d'accès goudronnée, contourna un mirador et se dirigea vers le parking réservé aux visiteurs où elle gara sa voiture avant de rejoindre un groupe de gens qui attendait en face de l'entrée de la prison, sous un autre mirador vitré d'où un gardien en uniforme les surveillait. Alors qu'elle était sur le point de demander à une femme qui se tenait à ses côtés ce qu'elle devait faire, une voix cria dans un haut-parleur : « Les trois suivants ! » Trois femmes se détachèrent du groupe, traversèrent l'espace goudronné et se dirigèrent vers l'entrée. Bea attendit son tour. Elle constata qu'il n'y avait pas d'hommes parmi les visiteurs, seulement des femmes et quelques enfants. La plupart d'entre eux étaient des Noirs. Toutes les vingt minutes, la voix appelait les trois suivants, et le groupe avançait de quelques pas en traînant les pieds. Le tour de Bea arriva enfin.

Située au centre d'une imposante clôture métallique, haute de quatre mètres cinquante, dont le haut était bordé de fil de fer barbelé, une porte, contrôlée électroniquement, s'ouvrit devant elle. Une fois ce premier barrage franchi, Bea se trouva face à une clôture et une porte identiques. L'espace entre les deux clôtures était occupé par des rouleaux de fils métalliques scintillants, coupants comme des rasoirs, posés au-dessus de rigoles cimentées, large de deux à trois centimètres, où coulait de l'eau, ce qui avait apparemment pour but d'accroître la conductibilité électrique de la clôture d'enceinte. Le bâtiment qui lui faisait face était d'un vert pomme délavé.

À l'intérieur, un gardien lui demanda son passeport. Elle signa le registre des visiteurs et présenta l'autorisation de visite qu'elle avait reçue par la poste. L'homme étudia attentivement la photo du passeport, puis le visage de Bea, s'assurant qu'il s'agissait bien de la même personne. Bea venait de remarquer dans le coin inférieur gauche de la lettre le cachet « Quartier des condamnés à mort », et elle interrogea le gardien.

« C'est ce à quoi il a été condamné, madame, lui répondit-il. Il doit la vie à un caprice du destin. Il devrait être mort depuis longtemps. »

Sans se départir de son air sévère, il lui demanda de déposer son sac sur la table, d'ôter sa ceinture et ses chaussures, et de lui montrer la plante de ses pieds. Elle dut ensuite vider ses poches et se débarrasser de tous les objets métalliques qu'elle avait sur elle. Un gardien au visage dur et luisant de sueur, pesant plus de cent trente-cinq kilos, la fouilla. Il était incapable de se baisser et son investigation se limita aux endroits qu'il pouvait atteindre sans effort. On lui rendit ensuite ses affaires personnelles en lui demandant de les enfermer dans un placard, puis de rapporter la clé, ainsi que ses chaussures, dans la pièce voisine. Après avoir franchi plusieurs portes, elle s'engagea dans un couloir au milieu duquel se trouvait une cage grillagée faisant office de détecteur de métal. Ce contrôle passé, on l'autorisa à remettre ses chaussures.

Une fois sortie de ce couloir, elle en suivit un autre, escortée par un nouveau gardien. Ils firent plusieurs tours et détours avant de pénétrer dans une pièce séparée en deux par une cloison dont le haut était en plexiglas et le bas en métal. Tous les deux mètres, de part et d'autre de la cloison, étaient installées une chaise et une petite étagère équipée d'un téléphone. Les occupants de ce parloir se parlaient face à face, mais par l'intermédiaire de ces appareils.

« Quatre », grommela le gardien, et Bea alla s'asseoir sur la quatrième chaise. Elle n'était là que depuis un court instant quand une porte s'ouvrit de l'autre côté de la cloison et que Jeff Marsh apparut, pieds et mains enchaînés.

La pièce était grise, le sol en ciment et les murs en pierre. Le plafond sale s'écaillait par endroits, laissant apparaître l'installation électrique. Cela faisait plus de trente ans que Jeff n'avait pas revu cette pièce, trente ans que personne n'était venu rendre visite au détenu matricule 804781.

Lorsque la porte s'était ouverte, Bea était déjà assise, à la grande déception de Jeff. Il n'avait pas vu de femme depuis si longtemps ; il aurait aimé pouvoir promener lentement son regard sur elle, depuis le sommet de sa tête jusqu'à la pointe de ses orteils. Elle paraissait lourde ; sa figure était ronde et son nez épaté semblait ne faire qu'un avec ses yeux sombres ; elle ressemblait au visage qu'il observait quand il avait l'occasion de se regarder dans un miroir. Elle venait d'Australie et était aborigène, comme lui ; ce devait donc être quelqu'un de bien. Qui s'attendait-il à voir ? Une fille mince, aux jambes longues, légèrement vêtue, comme sur les posters ? Oui, c'était bien ce dont il avait rêvé.

Durant toutes ces années, il avait espéré recevoir une visite, et quand on lui avait appris que Bea avait demandé la permission de le rencontrer, cela avait ranimé ses désirs les plus profonds. Il avait impatiemment attendu ce moment pendant plus de deux mois. Il avait volontairement oublié que dans l'une de ses lettres Bea lui avait dit avoir son âge. Il était tellement plus agréable de penser à une future visiteuse jeune et belle.

Dès qu'elle le vit, Bea se leva en souriant.

« Salut », lança-t-elle.

Elle n'avait pas la silhouette d'un mannequin.

Le gardien libéra les mains de Jeff qui se laissa tomber sur la chaise numéro quatre.

« Vous n'êtes pas comme je l'imaginais, dit-il en s'emparant du combiné.

— Qui vous attendiez-vous à voir ? demanda-t-elle.

— Je ne sais pas, mais c'est très bien comme ça. Je pensais simplement que vous seriez différente. »

Bea sourit.

« Savez-vous pourquoi je suis ici ?

— Bien sûr, répliqua Jeff. Quelqu'un a fait le projet chimérique que vous pourriez me tirer de ce trou infernal avant que je sois trop vieux et que je meure dans ma cellule !

— De sérieuses négociations ont lieu en ce moment même aux Nations unies pour que les détenus retournent dans leur pays d'origine. Principalement des gens comme vous qui n'ont pas eu leur mot à dire et ont été adoptés par des étrangers ; des gens dont la vie aurait pu être très différente s'ils avaient été élevés par les leurs. Les procédures exactes de réhabilitation n'ont pas encore été mises au point, mais il s'agit bien de réhabilitation et non d'incarcération. Nous avons demandé à ce que vous soyez confié à des chefs de tribu. Vous seriez le premier, et nous ne pouvons pas nous permettre d'échouer. Il est très important que vous compreniez que partir d'ici ne signifiera pas que vous serez libre. Votre cas nous a contraints à nous poser des questions sur nos différends entre groupes de la même tribu. Cela a eu pour effet bénéfique de nous encourager à nous unir. Alors qu'il existait autrefois des centaines de tribus, nous tentons aujourd'hui de nous présenter comme un peuple uni. Vous serez confié à un groupe d'hommes, probablement huit ou dix. Les hommes gèrent leurs propres affaires et les femmes les leurs. Ils vous demanderont de leur raconter l'histoire de votre vie, sans oublier les détails concernant votre crime. Ils voudront que vous leur parliez de votre existence en prison, du début jusqu'au moment où vous en sortirez.

« Je ne peux pas vous dire ce qui se passera. Dans les temps anciens, les hommes reconnus coupables d'avoir mal agi étaient mis à l'écart, tous les membres de la tribu les évitaient, et on leur transperçait parfois les jambes de coups de lance. Chaque tribu avait ses propres règles. De nos jours, bien sûr, tout cela a changé. Si nous obtenons le droit de prendre en charge les nôtres, nous espérons ne pas avoir besoin d'un service de police. Si cela s'avérait impossible, nous tenterions d'instaurer un système juste où chacun pourrait librement exposer son cas. Nous nous efforcerions d'avoir une police et des fonctionnaires honnêtes qui ne seraient pas susceptibles de se laisser corrompre ni séduire par le pouvoir. Jeff, avant d'aller plus loin, je dois absolument savoir si vous êtes prêt à être échangé contre un prisonnier américain détenu en Australie.

— Il m'est impossible de vous répondre tout de suite. Ce serait pour moi un rêve de sortir de derrière ces murs mais, en toute honnêteté, je ne peux pas dire que je ne le ferais pas sans une certaine appréhension, en pensant au sort qui m'attend là-bas. Ici, je ne jouis d'aucune liberté. On me dit ce que je dois mettre, ce que je dois manger, quand prendre une douche ou faire de l'exercice, et même quand parler. Toute ma vie est réglée. Mais il y a si longtemps que je ne suis plus responsable de moi-même que j'ai réellement peur en réalisant qu'il me faudra survivre par mes propres moyens, qui sont très limités. Et puis, ces chefs de tribu me réservent peut-être une peine terrible. Je ne sais pas réellement ce que c'est qu'être aborigène. J'ai essayé de lire quelques livres, mais je ne me suis pas vraiment senti concerné. Pouvez-vous m'aider ? Par où commencer ? »

Bea écoutait attentivement cet homme qui lui parlait de derrière la paroi de plexiglas. Elle comprenait ce qu'il disait et, du moins l'espérait-elle, ce qu'il ressentait.

« Je vous aiderai, Jeff. Je mettrai par écrit la philosophie de la tribu des Hommes Vrais telle qu'elle m'a été enseignée. Je crois qu'en lisant cela, vous constaterez que votre vie n'est pas totalement exempte d'éléments très positifs.

« Les liens qui nous unissent à l'Unique occupent une grande place dans notre vie quotidienne. Nous sommes liés à la nature et à tout le genre humain. Avant notre naissance et après notre mort, nous faisons partie de l'Éternel. Il nous a laissé son message. Tout comme les chrétiens ont une liste de ce qu'ils ne doivent pas faire pour bien se comporter, nous avons la nôtre, mais, ajouta-t-elle en riant, elle contient plutôt ce que nous devons faire. Comme on me l'a expliqué dans le désert, la façon dont les esprits sont censés vivre leur expérience humaine nous concerne tous. Si incroyable que la chose puisse vous paraître, cela s'applique également à vous, ici même. Et cela demeurera vrai, que vous choisissiez de retourner en Australie ou non.

« Je suis désolée que nous ayons si peu de temps à passer ensemble, mais très heureuse d'avoir pu venir vous voir. J'ai l'impression que nous ne sommes plus de simples relations, mais de véritables amis, très proches. J'espère que vous ressentez la même chose. »

Jeff hocha la tête et, après avoir hésité un moment, dit : « Dans une de vos lettres, vous m'avez écrit que vous étiez orpheline vous aussi. Nous sommes peut-être frère et sœur ? »

Bea sourit. Elle s'était posé la même question.

« Ceux de ma tribu diraient que ça n'a aucune importance. Nous devons traiter tous les êtres que nous rencontrons avec le même respect. Si, plus tard, l'un d'entre eux se révèle être un parent, c'est notre récompense.

— Je suppose que j'ai beaucoup à apprendre ! » marmonna Jeff.

Le haut-parleur annonça : « Numéro quatre, la visite est terminée ! »

Bea se leva et dit à Jeff : « Je vous soutiendrai tout au long de votre voyage et j'espère avoir bientôt de vos nouvelles.

— Moi aussi », répondit Jeff en se levant à son tour, les épaules voûtées.

La démarche traînante, il se dirigea vers la sortie où un gardien lui remit ses chaînes aux poignets. Bea s'éloigna tristement.

À la fin de cette journée, deux êtres s'étaient rapprochés, un cercle se trouvait bouclé, un autre s'apprêtait peut-être à s'ouvrir, et deux spirales spirituelles s'élargissaient en montant vers le ciel. Bea pouvait espérer qu'un jour l'exemple de cet homme permettrait à tous les Aborigènes de retrouver dignité et amour-propre. Elle le verrait alors marcher la tête haute, fier de ce qu'il était, comprenant et acceptant son héritage.

Cet espoir enfoui au fond du cœur, elle retourna au motel où elle devait passer la nuit. Assise devant un petit bureau en bois, près de la fenêtre, elle commença à écrire. Le lendemain matin, elle posta son courrier à l'aéroport, juste avant d'embarquer à bord de l'avion qui la ramènerait en Australie.

Deux jours plus tard, le gardien de la prison chargé de distribuer le courrier remit à Jeff une enveloppe volumineuse. À l'intérieur se trouvait un document de plusieurs pages agrafées ensemble, et une lettre.

Cher Jeff,

Comme vous, j'ai été élevée en ignorant tout de mon héritage. Par bonheur, j'ai rencontré les Hommes Vrais du désert. En vivant avec eux, j'ai appris ce qui était important dans la vie. Leurs croyances sont anciennes, mais toujours valables de nos jours. Elles nous concernent, vous et moi. Elles s'adressent à tous.

Si vous choisissez de retourner dans le pays qui vous a vu naître, je ne peux pas me porter garante de ce qui vous adviendra. Je peux seulement vous offrir ce que les nôtres m'ont offert — une compréhension de ce qui nous lie à l'Unique et la prise de conscience que nous sommes les esprits de l'Éternel.

J'ai mis par écrit ce que m'ont enseigné les Hommes Vrais, et j'ai appelé cela le « Message de l'Éternel ».

Vous seul pouvez décider de retourner ou non en

Australie après tant d'années. Quelle que soit votre décision, je la respecterai.

Jeff, soyez sûr que vous serez aimé et encouragé tout au long de votre voyage — par moi, par la tribu des Hommes Vrais, et par tout l'univers.

Bien sincèrement à vous.
Bee

MESSAGE DE L'ÉTERNEL

Écrit par Bee Lake

Le message qui suit s'adresse à tous les hommes, où qu'ils soient. Il était valable pour les habitants des cavernes comme il l'est pour nous, aujourd'hui. Il concerne les hommes aussi bien que les femmes. Il n'est pas destiné à nous permettre d'atteindre à la réussite matérielle, et ne concerne que notre esprit.

Les miens, qui habitent l'intérieur du continent australien, suivent son enseignement depuis le début des temps. Ce ne sont ni des fermiers, ni des marchands, ni des bergers, mais depuis toujours des cueilleurs, des musiciens, des artistes et des poètes qui vivent en harmonie avec la nature et toutes les créatures.

Voici l'un de leurs chants rituels :

Toi, l'Unique, l'Éternel,
Qui chantes pour nous en silence,
Toi dont nous nous transmettons l'enseignement,
Que ta force et ta sagesse guident mes pas.
Fais que je suive tes leçons en marchant,
Que j'honore la finalité de toutes choses.
Aide-moi à toucher avec respect,
À ne parler que de derrière mes yeux.
Permets-moi d'observer sans juger.
Je voudrais ne causer de tort à personne

Et ne laisser derrière moi que musique et beauté.
Quand je retournerai vers l'Éternel,
Puisse le cercle être bouclé
Et la spirale plus évasée.

Tu es un esprit qui a choisi de venir sur cette terre pour vivre une expérience humaine. Ce n'est ni par accident ni par hasard que tu es né de deux êtres qui sont tes parents biologiques. Tu savais qui ils étaient, tu connaissais leurs caractères génétiques et les circonstances dans lesquelles tu serais conçu. Et tu as dit : « Oui ! »

Tu es un esprit qui évolue en pleine lumière. La terre est une école, une planète unique où vivent des formes de vie uniques elles aussi. C'est le seul endroit de l'univers où six sens — la vue, l'ouïe, le goût, le toucher, l'odorat, et l'intuition —, alliés à un champ d'énergie que l'on appelle émotions, permettent de mettre en relation un corps et un esprit.

Tout ce qui est vit sur cette terre vient de la même Source divine, et est composé des mêmes éléments d'énergie. Nous ne formons qu'un tout.

Les dix commandements — ou les règles du « Tu ne dois pas... » — te sont certainement familiers. Les hommes les connaissent depuis des milliers d'années.

Mais celles du « Tu dois... » existent depuis peut-être plus longtemps encore. Si elles avaient été suivies, les autres auraient été inutiles.

Tu as délibérément choisi de venir sur cette terre, et tu as longtemps attendu de pouvoir le faire. Ton expérience humaine aura des effets sur ta progression éternelle.

Voici les dix règles du « Tu dois... » valables pour tous les humains.

1. *Tu dois laisser ta créativité s'exprimer*

Chaque individu voit les choses de façon différente et peut donc offrir au monde sa vision personnelle. Les arts sont une manière d'exprimer sa créativité, mais il en existe d'autres. Peindre, composer de la musique, ou écrire n'est pas plus important que savoir réconforter quelqu'un qui a du chagrin, rétablir l'ordre en cas de conflits ou de troubles, ou raconter des histoires aux enfants.

Certains laissent passer les opportunités qui leur sont offertes d'enrichir leur esprit parce qu'ils sont convaincus de ne pas avoir de dons ou pensent que des circonstances particulières de la vie leur interdisent de s'exprimer. En réalité, quand quelqu'un saisit sa chance et se bat pour donner libre cours à sa créativité, il fait preuve d'un grand courage.

Puisque la société humaine est faite de telle sorte que tous les hommes ne peuvent pas être des chefs, il est d'autant plus important que les autres s'expriment. Toute créativité devrait être positive mais, comme nous disposons chacun de notre libre arbitre, il peut arriver qu'elle s'exprime d'une façon qui s'avère négative pour nous-mêmes et pour le reste du monde.

Nous pouvons nous montrer créatifs dans notre façon de nous coiffer, de choisir nos vêtements, de décorer nos maisons, de cultiver notre jardin, de fabriquer divers objets, ou même de les réparer. L'essentiel est de nous exprimer à travers des actes dont nous puissions être fiers.

2. *Tu dois te montrer responsable*

Tu es un invité sur cette terre, et en tant que tel, tu dois, en la quittant, la laisser dans l'état où tu l'as trouvée, ou en meilleur état encore. Tu dois veiller sur toutes les formes de vie qui ne peuvent pas s'exprimer ou se prendre en charge, et sont démunies. Tu es responsable des promesses que tu as faites, des engagements que tu as pris, et des conséquences de tous tes actes.

Il est important que tu comprennes que ton évolution spirituelle n'a ni début ni fin. Elle n'est pas comme l'eau d'un robinet que l'on ouvre et que l'on ferme. La mort n'est que l'interruption d'une activité intéressante et l'abandon d'un corps. En réalité, il est impossible de tuer quelqu'un. Les êtres humains font partie de l'Éternel, et la mort met seulement fin à l'existence terrestre d'un esprit. Tu es responsable de ton impulsivité, de la douleur et de la souffrance que tu infliges à tes victimes, et des conséquences qui rejaillissent sur tous ceux qui leur sont proches. Les morts ne sont pas malveillants, c'est la société qui l'est.

Pour tenter de réduire les inégalités, tu dois te montrer responsable de tes paroles et de tes actes, apprendre à respecter et à aimer la vie, et tout faire pour la prolonger.

Tu es responsable de ton corps. Il est constitué de parcelles des différents éléments auxquelles ta conscience a donné forme et vie. En le négligeant ou en le maltraitant, tu te montres irresponsable.

Tu es également responsable des conséquences de tes actes sexuels. Tu dois guider l'esprit d'un enfant que tu as conçu, protéger son corps, et par ton exemple faire naître en lui des sentiments positifs.

Cette règle est indissociable de la créativité. Tu es responsable de ce que tu crées et partage avec le monde entier ; tu dois protéger les autres et ne pas attenter à leur vie.

3. *Tu dois aider les autres*

Il ne faut pas traverser la vie comme un voyageur solitaire. Nous devons nous entraider et prendre soin les uns des autres. Une pensée doit précéder chacun de nos actes : « Est-ce pour le plus grand bien de toute vie ? »

Prendre soin des autres signifie leur apporter ton soutien, partager ton savoir avec eux et t'efforcer de donner un aspect positif à leur vie. Tous les hommes ont droit à être traités avec dignité et respect. Venir en aide aux autres, c'est tendre la main aux Anciens, aux enfants, aux malades, aux mourants, sans vouloir en tirer de satisfaction personnelle, sans chercher à obtenir des louanges ou des avantages financiers, mais en se souvenant que nous faisons tous partie du même groupe, celui des êtres humains, et que le sort de la planète dépend des agissements de ce groupe.

4. *Tu dois tendre à la maturité émotionnelle*

Chacun de nous manifeste des sentiments comme la colère, la frustration, le découragement, le désespoir, la culpabilité, la cupidité, la tristesse, l'inquiétude, mais aussi la joie, le bonheur, l'espoir, la paix, l'amour. En vieillissant et en comprenant mieux ce qu'est un être humain, tu dois évoluer, te discipliner et maîtriser tes émotions. Comme l'a dit une fois quelqu'un de célèbre : « Tu es aussi heureux que tu veux bien l'être. »

Nos relations avec les autres, et tous les incidents de la vie, sont autant de cercles. Ils débutent, se poursuivent et se terminent. En mûrissant sur le plan émotionnel, tu n'auras aucune difficulté à boucler chaque cercle, sans laisser d'extrémités effilochées, sans éprouver de sentiments négatifs.

Il est préférable d'avoir connu la colère très tôt, alors qu'on était encore enfant. On peut ainsi comparer ce que l'on ressent quand son corps déborde de rage avec ce que l'on éprouve en faisant preuve de compréhension, en se montrant conciliant et paisible. Seules les émotions permettent à l'esprit et au corps d'entrer en relation. Par exemple, si ton dos te fait souffrir, tu dois te demander pourquoi, ce que cela signifie, chercher à savoir comment tu pourrais y remédier, quelles leçons il te faut en tirer. Puis tu dois tout faire sur le plan physique pour soulager ton corps, sans oublier les pensées et les réflexions que cela t'a inspirées.

Il faut aussi respecter tes sentiments, particulièrement la joie et le chagrin. En les ignorant tu risques de provoquer l'apparition d'une maladie physique.

Le rire est une manifestation de nos sentiments très importante pour notre santé et pour celle de la terre entière. En tant qu'être humain, tu as reçu le sens de l'humour en cadeau, et la possibilité d'en user. En riant et en exprimant ta joie, tu garderas un corps en bonne forme et tu viendras à bout de certains ennuis de santé. L'humour supprime les problèmes, il consolide les relations entre les êtres et apporte la joie. Tu dois cependant demeurer attentif à ce qui te fait rire et à la façon dont tu utilises ton humour, car il ne faut en aucun cas te montrer destructeur.

L'humour est tellement important pour ton bien-être que le soir, tu ne dois pas fermer les yeux si tu n'as pas trouvé une raison de rire ou d'être joyeux au cours de la journée. Si c'est le cas, sors alors de ton lit et pense à quelque chose qui te rende heureux.

Les clowns sont des gens particuliers que l'on rencontre dans toutes les sociétés. Un clown se cache en chacun de nous, et il existe toujours un moment approprié dans notre vie pour dévoiler cet aspect de notre personnalité. On n'est jamais trop vieux pour se conduire en clown.

Mais le plus important reste la véracité. Tu ne peux pas chercher à savoir qui tu es, pourquoi tu es sur cette terre, et dans quel but, sans dire la vérité ; toujours.

5. *Tu dois te divertir*

Oui, te divertir — et divertir les autres — fait partie de tes tâches sur cette terre. Le divertissement doit être délibéré, et a pour but d'encourager ceux qui sont abattus, d'apaiser les déçus, de réconforter les malades ; c'est aussi une façon d'exprimer sa créativité. Te divertir peut t'aider à te discipliner et à mûrir. La difficulté consiste à ne prendre part qu'à des divertissements positifs et à ne pas se cantonner dans le rôle de spectateur. Le divertissement peut exercer une influence extrêmement importante, mais il ne doit jamais faire perdre le sens des responsabilités.

6. *Tu dois apprendre à maîtriser ton énergie*

L'homme ne peut ni créer ni détruire l'énergie, mais seulement l'utiliser et la modifier. Tout le potentiel d'énergie existant fut créé au même instant. Chaque pensée, chaque mot, chaque acte est porteur d'énergie. L'élément le plus infime, visible ou invisible, sur cette terre est une parcelle de cette énergie. Notre monde n'est constitué que d'elle.

Pourquoi, à ce moment précis de notre histoire, est-il tellement important que les humains se rappellent qu'il est de leur devoir de maîtriser leur propre énergie ? Parce que l'énergie collective, résultant de l'addition des énergies individuelles, est à l'origine du monde visible et de l'aura qui enveloppe les êtres et les lieux. Tout ce qui constitue notre monde se développe ou se désagrège en fonction de son niveau d'énergie. Tous les mots que nous prononçons s'envolent, et il nous est impossible de les rattraper, de les corriger, de les rétracter. Ils se fondent dans l'aura qui enveloppe la planète. Au cours des temps, les pensées égoïstes, les actes violents, les cris des victimes sont devenus si nombreux qu'ils constituent à présent une bonne partie de cette enveloppe. Les hommes trouvent plus facile d'exploiter cet aspect négatif des choses plutôt que de s'attaquer à lui et de s'en dégager. Plus de la moitié des esprits qui choisissent aujourd'hui de venir sur terre seront des victimes. Nous sommes responsables de cet état de fait et nous devons y remédier. Une tâche qui ne peut être accomplie que si chacun de nous prend conscience qu'il doit maîtriser son énergie et donner l'exemple. Tout effort finit par porter ses fruits. Se sentir une victime, blâmer les autres et s'apitoyer sur soi-même ne fait qu'ajouter à la vibration négative. Il nous faut changer d'attitude, pardonner et oublier, nous montrer plus optimistes, plus positifs, mettre tout notre cœur à accomplir nos tâches, et nous libérer de ce qui nous donne le sentiment d'être des victimes.

7. *Tu dois t'adonner à la musique*

Les humains ont reçu en cadeau la possibilité de chanter en disposant d'un registre beaucoup plus étendu qu'aucun autre être vivant, et la capacité de fabriquer des instruments. La musique permet d'exprimer sa créativité et de se divertir, mais elle est tellement importante en elle-même qu'elle mérite de compter au nombre des dix règles de vie. Elle a une influence sur tout le genre humain, et son énergie peut guérir à la fois notre corps et la planète entière. La musique qui bat au rythme de notre pouls a une action très positive sur nos nerfs et notre état mental. Tout le monde est doué pour la musique et subit son influence. Elle est notre âme qui parle, la voix de la terre communiquant avec l'univers.

8. *Tu dois lutter pour parvenir à la sagesse*

La sagesse est très différente du savoir. Celui-ci peut provenir de plusieurs sources : les livres, les écoles, les médias, et l'expérience. C'est d'après lui que l'on évalue le QI d'un individu. Une personne peut être extrêmement intelligente et ne pas posséder une once de sagesse. La sagesse est la façon d'utiliser le savoir, la résolution d'agir en tenant compte du bien-être de tous ceux qui sont concernés.

Il n'est pas nécessaire de fréquenter une école ou d'obtenir des diplômes. Il peut être utile de savoir lire et écrire, mais ce n'est pas indispensable pour réussir son voyage spirituel en tant qu'être humain.

Tu dois t'efforcer de te comporter avec sagesse, en te gardant d'oublier que tous les esprits connaissent la même expérience humaine ; ils ne font que passer et sont les invités de notre Mère la Terre. Ils ne forment qu'un avec le Créateur ; tout ce qui vit provient de la même Source. C'est faire preuve de sagesse que d'honorer la finalité de chaque chose et d'agir pour le plus grand bien de toute vie.

9. *Tu dois apprendre l'autodiscipline*

Que la vie sur cette terre soit paisible, productive et joyeuse ne dépend que de nous. Malheureusement, il a pourtant fallu créer des lois pour obliger les hommes à vivre de la sorte.

Il peut nous arriver de tomber dans les excès, de nous adonner à toutes sortes de drogues, de nous montrer négligents, cupides, cruels ou destructeurs. L'autodiscipline nous permet de maîtriser cela et de devenir plus sages.

Elle nous aide également à garder un corps sain. L'état de santé des êtres humains est un baromètre qui nous renseigne sur l'état de santé de la terre. Nous devons développer notre autodiscipline afin de permettre à notre esprit et à notre corps d'entrer en relation. En écoutant ton cœur, tu sauras quand les choses risquent d'aller trop loin. Il faut apprendre à faire la différence entre entendre ce que dit ta tête, et écouter le message que t'envoie ton cœur. Ta tête parle au nom de la société, ton cœur en celui de l'Éternel.

10. *Tu dois observer sans juger*

L'observation dépourvue de jugement est ce que l'on appelle parfois l'amour inconditionnel. Tous les hommes sont des esprits qui ont été créés au même instant. Aucun d'eux n'est plus vieux, plus intelligent, ni meilleur qu'un autre. Tous ont bénéficié du même cadeau : la liberté de choisir. La Source est parfaite, et nous avons été créés à son image, mais le cadeau que nous avons reçu nous laisse croire et nous pousse à nous comporter comme s'il en était autrement. Nous voyons les autres, et nous-mêmes, moins parfaits que nous ne le sommes, et nous agissons avec moins de sagesse que nous n'en possédons.

Il n'existe point de fautes aux yeux de l'Éternel. Tu ne peux pas en commettre puisque la vie t'a été offerte et que tu tentes une expérience. Tu peux observer ce qui se passe, puis, sans juger, décider que pour toi cela a une mauvaise odeur, un goût désagréable, et continuer ton chemin. C'est ainsi que tu parviendras à aimer tous les êtres humains, sans pour autant approuver leurs actions ni la façon dont ils se comportent.

Si l'attitude d'un de tes amis te déplaît, tu ne dois pas juger qu'il a tort, mais simplement que sa manière d'agir n'est pas compatible avec le chemin que tu as choisi de suivre. Une fois ce constat fait, ne consacre plus d'énergie à votre relation ; pas un mot, pas un geste, pas une pensée.

Si tu juges, tu dois également apprendre à pardonner ; aux autres, aux circonstances, et à toi-même. Si tu te contentes d'observer sans juger, le pardon devient inutile.

Pour bien observer, il faut comprendre, savoir

que nous faisons partie de l'Ordre divin parfait, mais qu'en tant qu'être humain nous avons simplement choisi de vivre en deçà de cette perfection. Chaque jour, nous pouvons nous en rapprocher davantage, et alors la terre deviendra un lieu de plus en plus divin. Et à la fin, nous verrons un magnifique cercle d'or se refermer.

Assis sur son lit, dans sa cellule, Jeff tenait à la main la lettre et le document que Bee lui avait envoyés. Il pensait à la terre lointaine qui l'avait vu naître. Pour la première fois depuis des années, il se rappela sa première maison, le ranch des Willett, les insectes, les mouches, les sauterelles, les araignées et les fourmis. Il se souvint des coins de la grange où il aimait se cacher, de l'arbre où il se perchait et restait des heures entières, silencieux et immobile, jusqu'à ce que les oiseaux viennent se poser sur les branches voisines, le prenant peut-être pour l'un des leurs. De son perchoir il pouvait observer les adultes qui travaillaient au-dessous, tout en se sachant invisible.

Ses souvenirs étaient si lointains qu'il avait l'impression que tout cela s'était déroulé dans une autre vie. Il avait oublié ce que c'était qu'être un homme libre. À présent, ces années passées en Australie lui paraissaient les seuls moments de son existence où il eût vécu en harmonie avec le monde qui l'entourait, avec toutes les formes de vie, y compris les créatures les plus minuscules. Là-bas, il passait son temps dehors, en pleine nature, dans un endroit auquel il savait appartenir, où il pouvait réfléchir et éprouver des sensations, au lieu d'être confiné à l'intérieur d'un bâtiment, ou coincé comme ici, dans cette prison où il avait même cessé de penser.

Cela faisait bien longtemps qu'il ne songeait plus au temps de sa jeunesse, qu'il avait abandonné l'idée de seulement marcher en toute liberté. Quelques années auparavant, il s'était intéressé à son peuple, les Aborigènes, mais surtout à leur art dont il n'avait jamais saisi le véritable sens. Il avait passé presque toute son existence en Amérique, mais une partie de lui-même avait toujours cherché à entrer en contact avec les esprits de ses ancêtres.

Il ignorait qu'en entrant en prison, il avait réagi exactement comme sa mère l'avait fait le jour où on lui avait enlevé ses enfants. Elle avait alors déclaré : « Si c'est pour le plus grand bien de toute vie, je suis prête à faire cette expérience. Je ne comprends pas ce qui s'est passé, mais je l'accepte avec tristesse. »

Il relut le document de Bee énonçant les dix règles les plus importantes qu'un être humain devait suivre au cours de son existence, et pensa à sa propre vie. Il avait exprimé sa créativité ; aidé les autres détenus avec ses leçons de dessin et de peinture ; appris à dominer ses impulsions ; et mûri. Il s'était autodiscipliné et savait se divertir. Il était sensible à la musique et se laissait quelquefois aller à chanter. Mais il lui fallait encore se montrer responsable et réparer le mal qu'il avait pu faire. Il n'avait jamais songé à maîtriser sa propre énergie, et l'idée d'observer sans juger était nouvelle pour lui. Et enfin, à la longue, il pouvait espérer devenir sage. Oui, se dit-il, j'ai déjà parcouru la moitié du chemin, et je peux rattraper le temps perdu avant de quitter cette terre. À présent, la question était de savoir où et comment apprendre à vivre selon ces principes.

Jeff ignorait ce que les chefs de tribu lui réservaient s'il retournait dans son pays d'origine. Assis sur son lit, ses papiers à la main, écoutant son compagnon de cellule ronfler, il allait devoir prendre la décision la plus importante de sa vie. Dans le passé, il s'était toujours trouvé quelqu'un pour décider à sa place : les Willett, les Marshall, le juge, les gardiens. Maintenant, c'était à lui de savoir ce qu'il voulait faire de son existence, et il avait peur.

Il relut une fois encore les pages écrites par Bee. Elle lui avait dit s'être elle aussi sentie perdue dans le monde des Blancs jusqu'au jour où elle avait rencontré les Hommes Vrais et adopté leur mode de vie. Tout bas, pour ne pas réveiller l'homme qui dormait au-dessus de lui, Jeff entonna le chant rituel que Bee avait mis par écrit pour lui : « Toi, l'Unique, l'Éternel, qui chantes pour nous en silence, toi dont nous nous transmettons l'enseignement, que ta force et ta sagesse guident mes pas... » Il sentit un frémissement au-dedans de lui, comme si quelque chose, endormi depuis longtemps, venait de se réveiller.

Il plongea la main sous son lit et en sortit un bloc de papier à dessin et un crayon. Il resta un moment les yeux dans le vague, puis se mit à dessiner ce qui lui passait par la tête : un ciel lumineux, plein d'étoiles, et, au-dessous, un vaste paysage aride et poussiéreux, des gens assis autour d'un feu, et qui chantaient.

Maintenant, il comprenait l'art aborigène. Peintures et dessins n'étaient pas faits pour être accrochés à un mur, mais pour être regardés par-dessus, d'en haut ; il fallait dessiner la scène comme si elle devait être vue depuis le ciel, par l'œil de l'Unique observant sa création.

Quand il eut terminé, il étudia son dessin, se demandant ce qui l'avait poussé à répondre ainsi à la question de Bee. Il prit une enveloppe, écrivit nom et adresse, et glissa le dessin à l'intérieur. Puis il s'allongea et ferma les yeux. Il songea au chemin qu'il avait à parcourir, le plus important de toute son existence, et combien il allait devoir être courageux pour retourner vers un peuple qu'il ne connaissait pas, et affronter son jugement. Désormais, il ne se sentait plus ni Geoff ni Jeff. Comme Bee l'avait fait avant lui, il choisirait un nom qui dépeindrait bien l'homme nouveau qu'il était.

En Australie, sur ce continent situé de l'autre côté de la terre, Bee continuait à travailler pour améliorer la situation des siens, et commençait à faire des plans pour retourner dans le désert. Elle rêvait d'un monde moderne qui s'ouvrirait suffisamment pour recevoir la sagesse ancestrale qui ne demandait qu'à être partagée ; un monde où les hommes, tout comme Jeff, seraient prêts à prendre connaissance du « Message de l'Éternel » et à vivre selon ses principes.

Remerciements

Je voudrais remercier Diane Reverand, ma directrice de collection, Candice Fuhrman et Linda Michaels, mes agents, et deux personnes en particulier qui m'ont aidée à rédiger ce livre, Jeannette Grimme et Elsa Dixon. Merci également à Rose Carrano et Cate Cummings.

À Russell Thomas Moore, je voudrais dire : « Tu seras aimé et encouragé tout au long de ton voyage. »

Ce livre est également dédié à Sean, Michael, Karlee, Derrell et Abby.

COLLECTION

AVENTURE SECRÈTE

La spiritualité, l'ésotérisme et la parapsychologie offrent des perspectives fascinantes au monde moderne. Les sciences d'aujourd'hui rejoignent les traditions d'hier : l'invisible et les pouvoirs de l'esprit sont une réalité.

« Aventure Secrète » vous invite à porter un regard neuf sur vous et sur l'univers en répondant aux plus grandes questions de tous les temps.

ÉNIGMES

Edouard Brasey • L'énigme de l'Atlantide
Graham Hancock • Le mystère de l'arche perdue
Pierre Jovanovic • Enquête sur l'existence des anges gardiens
Chris Morton • Le mystère des crânes de cristal
Joseph Chilton Pearce • Le futur commence aujourd'hui
Lynn Picknett & Clive Prince • La révélation des templiers

ÉPANOUISSEMENT PERSONNEL

Melody Beattie • Les leçons de l'amour
Deepak Chopra • Les sept lois spirituelles du succès
Deepak Chopra • Les clés spirituelles de la richesse
Deepak Chopra • Les sept lois pour guider vos enfants sur la voie du succès
Deepak Chopra • Le chemin vers l'amour
Marie Coupal • Le guide du rêve et de ses symboles
Wayne W. Dyer • Les dix secrets du succès et de la paix intérieure
Joseph Murphy • Comment utiliser les pouvoirs du subconscient
Joseph Murphy • Comment réussir votre vie
Marianne Williamson • Un retour à l'Amour

PARANORMAL/DIVINATION/PROPHÉTIES

Édouard Brasey • Enquête sur l'existence des fées et des esprits de la nature
Jean-Charles de Fontbrune • Nostradamus, biographie et prophéties jusqu'en 2025
Dorothée Koechlin de Bizemont • Les prophéties d'Edgar Cayce
Maud Kristen • Fille des étoiles
Rupert Sheldrake • Les pouvoirs inexpliqués des animaux
Sylvie Simon • Le guide des tarots

POUVOIRS DE L'ESPRIT/VISUALISATION

Marilyn Ferguson • La révolution du cerveau
Shakti Gawain • Techniques de visualisation créatrice
Shakti Gawain • Vivez dans la lumière
Jon Kabat-Zinn • Où tu vas, tu es
Bernard Martino • Les chants de l'invisible
Éric Pier Sperandio • Le guide de la magie blanche

LOBSANG T. RAMPA

Le troisième œil
Les secrets de l'aura
La caverne des Anciens
L'ermite

JAMES REDFIELD

La prophétie des Andes
Les leçons de vie de la prophétie des Andes
La dixième prophétie
L'expérience de la dixième prophétie
La vision des Andes
Le secret de Shambhala
(Avec Michael Murphy et Sylvia Timbers) Et les hommes deviendront des dieux

ROMANS ET RÉCITS INITIATIQUES

Deepak Chopra • Dieux de lumière
Laurence Ink • Il suffit d'y croire...
Gopi Krishna • Kundalinî – autobiographie d'un éveil
Shirley MacLaine • Danser dans la lumière
Shirley MacLaine • Le voyage intérieur
Shirley MacLaine • Mon chemin de Compostelle
Dan Millman • Le guerrier pacifique
Marlo Morgan • Message des hommes vrais
Marlo Morgan • Message en provenance de l'éternité
Michael Murphy • Golf dans le royaume
Scott Peck • Les gens du mensonge
Scott Peck • Au ciel comme sur terre
Baird T. Spalding • La vie des Maîtres

SANTÉ/ÉNERGIES/MÉDECINES PARALLÈLES

Janine Fontaine • Médecin des trois corps
Janine Fontaine • Médecin des trois corps. Vingt ans après
Caryle Hishberg & Marc Ian Barasch • Guérisons remarquables
Caroline Myss • Anatomie de l'esprit
Pierre Lunel • Les guérisons miraculeuses
Dr Bernie S. Siegel • L'amour, la médecine et les miracles

SPIRITUALITÉS

Jacques Brosse • Le Bouddha
Deepak Chopra • Comment connaître Dieu
Deepak Chopra • La voie du magicien
Sa Sainteté le Dalaï-Lama • L'harmonie intérieure
Sam Keen • Retrouvez le sens du sacré
Thomas Moore • Le soin de l'âme
Scott Peck • Le chemin le moins fréquenté
Scott Peck • La quête des pierres
Scott Peck • Au-delà du chemin le moins fréquenté
Ringou Tulkou Rimpotché • Et si vous m'expliquiez le bouddhisme ?
Baird T. Spalding • Treize leçons sur la vie des Maîtres
Neale D. Walsch • Conversations avec Dieu
Neale D. Walsch • Présence de Dieu

VIE APRÈS LA MORT/RÉINCARNATION/INVISIBLE

Vicki Mackenzie • Enfants de la réincarnation
Daniel Meurois & Anne Givaudan • Récits d'un voyageur de l'astral
Raymond Moody • La vie après la vie
Raymond Moody • Lumières nouvelles sur la vie après la vie
Jean Prieur • Le mystère des retours éternels
James Van Praagh • Dialogues avec l'au-delà
Brian L. Weiss • Nos vies antérieures, une thérapie pour demain
Brian L. Weiss • Il n'y a que l'amour

À DÉCOUVRIR DANS LA MÊME COLLECTION

LE GUERRIER PACIFIQUE

Dan Millman

Un des meilleurs romans initiatiques de notre époque

« *Tout commença en décembre 1966, qui marqua le début d'une série extraordinaire d'événements dans ma vie. J'étais en troisième année à l'université de Californie à Berkeley. Un jour à trois heures vingt du matin, dans une station-service ouverte toute la nuit, je rencontrai pour la première fois Socrate. (Il ne me dit pas son vrai nom, mais après avoir passé un moment avec lui cette nuit-là, je l'appelai d'instinct comme l'ancien sage grec ; le nom lui plut et lui resta). Cette rencontre fortuite, ainsi que les aventures qui ont suivi, allaient changer ma vie.* »

L'homme que l'auteur appelle Socrate a réellement existé. Âgé de presque cent ans, Socrate révèle une formidable jeunesse d'esprit et un humour décapant. À son contact, Dan, un sportif de haut niveau en mal de vivre, voit ses croyances complètement bouleversées. Guidé par le vieux sorcier excentrique, Dan triomphe peu à peu de ses peurs et de ses illusions pour vivre comme un amoureux et un guerrier… pacifique.

DAN MILLMAN

Ancien champion du monde de gymnastique au trampoline, Dan Millman a influencé à travers ses livres et ses conférences les plus grands de ce monde dans toutes les disciplines : sport, art, spectacle, affaires, politique, psychologie. Il vit avec sa famille au nord de la Californie.

5624

Achevé d'imprimer en France (Malesherbes)
par Maury-Imprimeur le 15 mai 2008.
Dépôt légal mai 2008. EAN 9782290348284
1er dépôt légal dans la collection : septembre 2000
Éditions J'ai lu
87, quai Panhard-et-Levassor, 75013 Paris
Diffusion France et étranger : Flammarion